郑州大学
ZHENGZHOU UNIVERSITY

U0461327

法律硕士专业学位研究生案例教程系列丛书

主　编◎苗连营

副主编◎王玉辉　李建新

经济法学

案例教程

主　编◎王玉辉

知识产权出版社
全国百佳图书出版单位
—北京—

图书在版编目（CIP）数据

经济法学案例教程/王玉辉主编. —北京：知识产权出版社，2023.6
（法律硕士专业学位研究生案例教程系列丛书/苗连营主编）
ISBN 978-7-5130-8777-3

Ⅰ. ①经… Ⅱ. ①王… Ⅲ. ①经济法学—案例—研究生—入学考试—自学参考资料
Ⅳ. ①D912.290.5

中国国家版本馆 CIP 数据核字（2023）第 096871 号

内容提要

经济法学体系庞大、结构分散、综合性极强，其与经济社会发展的紧密连接性决定了经济法学内容的动态性，也进一步增加了经济法学教与学的难度。本书以经济法总论、市场规制法、宏观调控法三大主体内容为纲，收集、遴选国内外典型经济法案例，以案为基进行理论阐述，将主要的经济法制度进行重点呈现，以期达到实践案例与理论知识的融会贯通。

读者对象：法律硕士专业学位研究生、相关专业师生

责任编辑：黄清明　　　　　　　　　　　责任校对：王　岩

执行编辑：刘林波　　　　　　　　　　　责任印制：刘译文

封面设计：杨杨工作室·张　冀

法律硕士专业学位研究生案例教程系列丛书

经济法学案例教程

主　编◎王玉辉

出版发行：知识产权出版社 有限责任公司	网　　址：http://www.ipph.cn
社　　址：北京市海淀区气象路 50 号院	邮　　编：100081
责编电话：010-82000860 转 8117	责编邮箱：hqm@cnipr.com
发行电话：010-82000860 转 8101/8102	发行传真：010-82000893/82005070/82000270
印　　刷：天津嘉恒印务有限公司	经　　销：新华书店、各大网上书店及相关专业书店
开　　本：787mm×1092mm　1/16	印　　张：17.75
版　　次：2023 年 6 月第 1 版	印　　次：2023 年 6 月第 1 次印刷
字　　数：386 千字	定　　价：86.00 元

ISBN 978-7-5130-8777-3

编　委　会

丛 书 主 编　苗连营

丛书副主编　王玉辉　李建新

本 书 主 编　王玉辉

本书副主编　张　彬　杨妮娜　张素伦

本 书 编 委　孔少飞　吕明瑜　李　健　张素伦

　　　　　　张　彬　杨妮娜　姚保松　曹明睿

本书审稿人　张　彬

本书统稿人　张　彬

本 书 校 对　刘偲娴　汤懿扬

总　序

　　高等院校是培养法治人才的第一阵地，高校法学教育在法治人才的培养中发挥着基础性作用。中共中央印发的《法治中国建设规划（2020—2025年）》明确提出：深化高等法学教育改革，优化法学课程体系，强化法学实践教学，培养信念坚定、德法兼修、明法笃行的高素质法治人才。法学学科是实践性极强的学科，法学实践教学改革是促进法学理论与法学实践有机融合、推动法学高等教育改革的重要路径和抓手。

　　案例教学是法学实践教学的重要组成部分，以学生为中心，通过典型案例的情境呈现、深度评析，将理论与实践紧密结合，引导学生发现问题、分析问题、解决问题，进而掌握理论、形成观点、提高能力。强化案例教学是培养法律硕士专业学位研究生实践能力的重要方式，也是促进教学与实践有机融合、推动高等院校法学实践教学模式改革、提高法治人才培养质量的重要突破点。《教育部关于加强专业学位研究生案例教学和联合培养基地建设的意见》（教研〔2015〕1号）明确指出，重视案例编写，提高案例质量。通过撰写案例教程，开发和形成一大批基于真实情境、符合案例教学要求、与国际接轨的高质量教学案例，是推进案例教学的重要基础，对法学理论及各部门法的学习与知识创新具有重要意义。

　　作为国内较早招收法律硕士专业学位研究生的高等院校之一，郑州大学法学院始终致力于培养复合型、应用型专门法律人才，高度重视法律硕士实践教学与案例教学改革，先后组织编写了"卓越法治人才教育培养系列教材""高等法学教育案例教学系列教材"等系列高水平教材。为进一步深化新时代法律硕士专业学位研究生培养模式改革，培养德法兼修、明法笃行的高素质法治人才，我院组织相关学科骨干教师编写了这套"法律硕士专业学位研究生案例教程系列丛书"。

　　本套丛书内容全面、体系完备，涵盖了《法理学案例教程》《行政法学案例教程》《刑法学案例教程》《民法学案例教程》《商法学案例教程》《经济法学案例教程》《诉讼法学案例教程》《环境法学案例教程》《国际法学案例教程》《知识产权法学案例教程》《法律职业伦理案例教程》《卫生法学案例教程》等法律硕士专业学位教育教学基础课程教学用书。

丛书具有四个特点：其一，坚持思想引领。各学科团队始终以习近平法治思想为指导，努力推动习近平法治思想进教材、进课堂、进头脑，充分保证系列教材坚持正确的政治方向、学术导向、价值取向。其二，理论与实践紧密结合。各教程所涉案例的编写立足真实案情，关注社会热点、知识重点和理论难点，引导学生运用法学理论，分析现实问题，着力培养和训练学生的法学思维能力。其三，知识讲授与案例评析有机统一。各教程既整体反映了各学科知识体系，又重点解读了相关案例所涉及的理论问题，真正做到以案释法、以案说理，着力实现理论知识与典型案例的有机互动。其四，多元结合的编写团队。案例教程的编写广泛吸纳实务部门专家参与，真正实现高等院校与法律实务部门的深度合作，保证了案例的时效性、针对性、专业性。

衷心希望本套丛书能够切实推进法律硕士专业学位研究生教学模式、培养方式的改革，为培养具有坚定的中国特色社会主义法治理念，以及坚持中国特色社会主义法治道路的复合型、应用型高素质法治人才发挥积极作用。

本套丛书的出版得到了知识产权出版社总编及相关编辑的鼎力支持，在此深表感谢！

郑州大学法学院编委会

2022 年 3 月 9 日

前　言

　　经济法学是一门较为抽象的法律学科，与传统的民商法、刑法、诉讼法学相比，具有交叉性、综合性、现实性等诸多特点。因此，在教学过程中，普遍被认为是教学难点，学生难以掌握与运用。为了能够解决这一教与学的矛盾，本书组织在经济法学科具有多年教学与研究工作经验的专家学者，以及对经济法学有实务工作经验的业界精英编写了本案例教程。

　　本书选取的案例，是以马克思主义工程法学教材系列的经济法学教材内容为框架，选取国内外具有典型意义与代表性的经济法案例，对相关知识点进行讲解。本书围绕每一个案例，都进行了法律条文的梳理与法律理论的阐述，能够清晰地传递出法律知识与法律运用之间的逻辑关系，也通过具体案件，向学生读者传授运用经济法理论解决现实法律难题的基本思路。

　　本书分工主要如下：

　　张素伦负责第一、三、十五章。

　　杨妮娜负责第二、六章。

　　王玉辉负责第四、七章。

　　吕明瑜负责第五、九、十一章。

　　姚保松负责第八章，第十章第二节、第三节。

　　孔少飞负责第十章第一节。

　　曹明睿负责第十二章。

　　张彬负责第十三章。

　　李健负责第十四章。

　　对于本书的编写，尽管我们进行了潜心研讨，精心编排、校对，但是由于编写组能力之所限，仍可能存在诸多不足，欢迎广大读者批评指正。

郑州大学经济法学案例教程编委会

2022 年 3 月 9 日

>> CONTENTS 目 | 录

│第三编　宏观调控法│

第一编 经济法总论

CHAPTER 1　第一章

经济法的产生

 本章知识要点

（1）资本主义国家经济法的产生。资本主义国家经济法是在 19 世纪末 20 世纪初，各主要资本主义国家由自由竞争过渡到垄断阶段之后产生的。从一定意义上说，资本主义经济法是以反垄断为核心的，美国是世界上最早颁布反垄断法的国家。但从经济法开始形成独立部门、独立学科的角度看，其发源地则是德国。（2）社会主义国家经济法的产生。社会主义国家经济法的形成大体可分为两个阶段：一是改革前不成熟的经济法，以苏联为代表，多强调国家的意志和利益，忽视企业的独立主体地位，主要采用行政手段；二是改革后科学意义上的经济法，以中国为代表，贯彻了国家统一领导与企业自主经营相结合的精神，注重经济效益，主要采用间接手段。（3）经济法产生的基础、条件和规律。经济法产生的基础主要表现为：经济结构基础、社会结构基础和法学观念基础；经济法产生的一般条件为：市场之手与国家之手的协调并用，纵向经济关系与横向经济关系的平衡结合，经济民主与经济集中的有机统一；经济法产生的基本规律为：国家介入与社会自治的对立统一律。

第一节　资本主义国家的经济法

资本主义国家发展到垄断资本主义阶段后，制定了许多体现国家干预经济的法律规定，已大大突破了传统民法、商法的范围，标志着现代意义上的资本主义经济法的产生。

 **案例一　北方证券公司诉美国（Northern Securities Co. v. United States）案**[1]

【基本案情】

19 世纪 70—80 年代，美国铁路发展迅速，垄断也随之形成。1882 年 7 月，铁路巨头们就煤炭进入市场的数量和价格达成了协议，以操纵市场价格。它直接的恶果是，1883 年纽约爆发了煤炭价格暴涨和波及广泛的抢购狂潮。不仅如此，所有依赖于铁路运输的东西——木材、肉类、蔬菜、水果、羊毛、棉花——都被垄断控制着。中小农场主们更是发现铁路贵族拥有了巨大的货仓以囤积谷物，他们只能面对两难的选择：或者支付居高不下的铁路运费，或者付出储存粮食的高额代价。

1890 年，国会通过了共和党参议员谢尔曼提出的《保护贸易和商业不受非法限制与垄断之害法》（以下简称《谢尔曼法》）。根据宪法授予国会的管制州际商务的权力，该法规定任何限制州际商务和对外贸易的垄断和阴谋垄断的商业契约、行为和联盟都是违法的。这一法律宣示了美国的一项基本国策：维持公平的市场竞争。

1901 年，美国掀起一场围绕铁路收购的证券风暴，这场风暴的主角是两个铁路大王，希尔和哈里曼。在拥有将近三分之一美国西北铁路网后，希尔仍不满足，为了吞并美国西北部全部的铁路网络，他开始收购相关铁路（伯灵顿铁路）的股票。为了支付高昂的收购费用，希尔把他购得的大部分股票转售给摩根财团控制的北太平洋铁路公司。希尔的这一做法引起了哈里曼的不满。哈里曼控制着西北部一半以上的铁路网，在摩根财团的对手洛克菲勒财团的支持下，哈里曼遂大肆收购北太平洋铁路公司的股票，试图实现对伯灵顿铁路股票权的间接控制。股票市场上的竞买现象引起了股价的剧烈波动，严重影响了股票市场的正常秩序。

为了避免两败俱伤，"华尔街大王"摩根提出了一项全新的垄断计划，以整合希尔和哈里曼的力量，组建一个超级托拉斯"北方证券公司"。这个庞然大物在新泽西州注册，持有 97% 的"北太平洋"股票和 75% 的"大北方"股票，将两个铁路网均纳入其中。这样，垄断的利益从此取代了恶性的竞争，摩根、洛克菲勒、希尔和哈里曼这些金融和铁路巨头们共同掌握了世界上最庞大的铁路联合体，由垄断所产生的巨大利益也源源而来。

1902 年 2 月 19 日，西奥多·罗斯福总统的司法部长诺克斯宣布："北太平洋"和"大北方"的合并违反了《谢尔曼法》，美国政府将调查并控告北方证券公司。当时，国会恰好通过一项新的法律规定，为审理涉及重大公众利益的垄断案，联邦政府可以

---

[1] 董晶晶. 北方证券公司诉美国案［EB/OL］.（2012-08-09）［2021-09-10］. https://bjgy.chinacourt.gov.cn/article/detail/2012/08/id/887162.shtml.

设立专门的由三位法官组成的临时性地区法院。据此，1903 年春，联邦政府在密苏里州的大都市圣路易斯专门成立了三法官地区法院（Three-Judge District Court）来控告和审理北方证券公司一案。

在圣路易斯法庭，联邦政府强调，一条铁路购买另一条铁路所形成的垄断与北方证券公司购买控制两条铁路的控股权之间并无本质上的差别，如果北方证券公司所作所为合法，那么摩根、希尔之流就可以购买并控制全国所有铁路，而通过控制铁路运费，他们甚至能够控制全国的经济。1903 年 4 月 9 日，圣路易斯法庭判决北方证券公司败诉，下令其停业。

北方证券公司不服，向美国联邦最高法院提出上诉。1903 年 12 月 14 日，联邦最高法院的槌声标志着北方证券公司案进入最后阶段，控辩双方的陈词最终归结为两个焦点：（1）北方证券公司是否限制或密谋限制州际商务或者竞争；（2）权力庞大的垄断是否摧毁了其他人的权利。北方证券公司辩称，其不存在限制州际商务和竞争的密谋。公司领有合法的执照，其法人权利与自然人相同，因此它可以和自然人一样自由地处置它的财产，行使合法权利。政府如何能够破坏这一神圣的产权？显然，北方证券公司开始挑战反托拉斯法的合宪性。面对这一挑战，联邦政府代表、司法部长诺克斯针锋相对地指出，反托拉斯法的"实质就是要干涉那些利用自己财富为所欲为的人的权力，这就是该法的唯一目的"。

庭审结束后，联邦最高法院内部辩论了几个星期。最终投票结果 5:4，美国政府胜诉。联邦最高法院指出，反托拉斯法适用于任何一种联合或联合企图，因为它们会消除从事州际商务、有竞争关系的铁路间的竞争，结果导致对此类贸易和商务的限制。判决宣布，新泽西州给予北方证券公司营业特许的做法妨碍了国会行使其管制州际商务的宪法权利，因此无效，北方证券公司必须解散。

【主要法律问题】

1. 在北方证券公司诉美国案中，如何体现市场失灵与国家干预的关系？
2. 北方证券公司诉美国案如何体现经济法产生的根本基础？

【主要法律依据】

美国《谢尔曼法》（The Sherman Anti-Trust Act of 1890）

第 1 条　任何限制州际间或与外国之间的贸易或商业的契约，以托拉斯形式或其他形式的联合，或共谋，都是非法的。任何人签订上述契约或从事上述联合或共谋，将构成重罪。如果参与人是公司，将处以不超过 1000 万美元的罚款。如果参与人是个人，将处以不超过 35 万美元的罚款，或三年以下监禁。或由法院酌情并用两种处罚。

第 2 条　任何人垄断或企图垄断，或与他人联合、共谋垄断州际间或与外国间的商业和贸易，将构成重罪。如果参与人是公司，将处以不超过 1000 万美元的罚款；如果参与人是个人，将处以不超过 35 万美元的罚款，或三年以下监禁。或由法院酌情并用两种处罚。

第3条　任何契约、以托拉斯形式或其他形式的联合、共谋、用来限制美国准州内、哥伦比亚区内，准州之间、准州与各州之间、准州与哥伦比亚区之间，哥伦比亚区同各州间，准州、州、哥伦比亚区与外国间的贸易或商业是非法的。任何人签订上述契约或从事上述联合或共谋，是严重犯罪。如果参与人是公司，将处以不超过1000万美元的罚款；如果参与人是个人，将处以35万美元以下的罚款，或三年以下监禁。或由法院酌情两种处罚并用。

【理论分析】

一、市场失灵与国家干预

《谢尔曼法》颁布前，美国的市场经济体制已经存在突出的"市场失灵"困境。由于"看不见的手"所调节的市场经济无法克服唯利性、市场调节的被动性和滞后性等缺陷和弊端，借助于国家干预的力量来解决市场失灵便成为必然选择。事实上，从19世纪末到20世纪初，随着各主要资本主义国家生产力的不断发展和生产社会化程度的提高，生产资料日益掌握在私人手中，形成了私人垄断资本，先后发展到了垄断资本主义阶段。在社会经济生活中，由于垄断的形成，出现了严重的限制竞争，破坏了自由竞争，损害了中小企业和消费者利益，直接威胁资产阶级总体利益、资本主义自由竞争的市场经济体制。面对这些严重问题，完全自由的市场机制与民商法的调整已明显无能为力，仅靠个别资本家之间的妥协更无济于事，这就为以国家干预经济为特征的经济法提供了适宜的空间。此时，以凯恩斯为代表的国家直接干预经济的理论备受推崇。资本主义国家陆续制定经济政策和经济法律干预经济。从北方证券公司诉美国案来看，在《谢尔曼法》颁布之前，签订契约、进行联合等行为都是企业家私人的事情，国家并不干预。但大型企业或企业集团可能利用这些手段消灭市场竞争，攫取丰厚的垄断利润，进而损害公共利益。

北方证券公司诉美国案从一个侧面反映了经济法注重运用国家干预手段克服市场失灵的特点。资本主义国家大量制定的体现国家干预经济的法律规定，已大大突破了传统民法、商法的范围，标志着现代意义上的资本主义经济法的产生。从一定意义上说，资本主义经济法是以反垄断法为核心的，美国是世界上最早颁布反垄断法的国家，一般认为，真正现代意义上的经济法，其产生的标志是1890年美国颁布的《谢尔曼法》。[1] 但从经济法开始形成独立部门、独立学科的角度看，其发源地则是德国，时间大约为20世纪初，第一次世界大战前后。因当时德国是资本主义矛盾最集中、最尖锐化的地方，同时德国法学界秉承了大陆法系追求概念准确、结构严谨的理论研究传统，具有浓厚的学术土壤。

---

[1] 张守文. 经济法学 [M]. 北京：高等教育出版社，2018：23.

二、经济法产生的根本基础

所谓经济法产生的根本基础，就是指经济法产生之必然性、存在之合理性的根本依据。而根本依据的探究，就在于全面揭示隐藏在法律现象背后的社会经济条件、社会经济体制、社会存在结构以及在此背景下的社会经济伦理。从北方证券公司诉美国案来看，经济法产生的根本基础，主要表现在三个方面：经济结构基础、社会结构基础和法学观念基础。

（一）经济结构基础

集市场作用与政府作用于一体的混合经济体制是经济法得以产生的经济结构基础。在自由资本主义社会，资本主义国家实行的是自由竞争的市场经济体制，社会经济生活主要靠市场自发调节，并以此来保持经济平衡，因此，资产阶级民法理所当然地在经济立法中占主导地位，经济法则无从产生。到了垄断资本主义社会，由于市场本身的缺陷，导致市场失败，经济运行需要国家干预，形成了集市场作用与政府作用于一体的混合经济体制。在北方证券公司诉美国案中，美国并未对"北太平洋"和"大北方"的合并行为坐视不管，而是对合并后的超级托拉斯——北方证券公司发起了法律行动。在混合经济体制下，作为调整经济关系的上层建筑的法律制度，也在发生着深刻的变化，即民法规范已不能适应要求。这种特定的经济结构，迫切需要既尊重市场调节又体现国家干预的经济法发挥作用。

（二）社会结构基础

强社会-强国家的社会结构模式是经济法得以产生的社会结构基础。现代社会生产高度社会化、经济管理社会化，社会性问题日趋突出，社会利益的保护日益重要，这是市场自身无力解决的，需要依赖外力推进。而推进的主体只能由形式上凌驾于社会之上的最权威组织——国家来充当，社会外力只能以国家公权力来体现，从而形成强社会-强国家的社会结构模式。在这种模式下，国家成为经济调节中心和利益协调中心。平衡各种经济关系，协调各方经济利益，着力维护受到严重损害的社会整体经济利益，恢复和建立经济自由与秩序、个体利益与社会利益相对平衡的格局。自20世纪现代市场经济形成以来，各类国家都在一定的经济体制的基础上，在强社会-强国家的社会结构模式下，日益加强干预和参与经济生活的广度、深度和力度，充分发挥国家管理、组织、监督经济的职能。在北方证券公司诉美国案中，面对北方证券公司这一超级托拉斯，西奥多·罗斯福总统的司法部长诺克斯宣布，美国政府将调查并控告北方证券公司。

（三）法学观念基础

社会本位的法哲学理念是经济法产生的法学观念基础。19世纪末20世纪初，西方法哲学已完全从十七八世纪那种以保障个人自然权利为本位的古典自然法哲学，转向以重视社会利益为特征的社会本位法哲学。在这种法哲学思潮下，西方国家开始奉行"经济指导主义"，取代了"经济自由主义"，制定了许多以保障国家调节经济、维护社会经济利益为宗旨的法律，即以社会为本位的法律——经济法。在北方证券公司诉美国案中，北方证券公司辩称，其领有合法的执照，可以和自然人一样自由地处置它的财产，行使合法权利。但是，联邦政府代表、司法部长诺克斯针锋相对地指出，反托拉斯法的实质"就是要干涉那些利用自己财富为所欲为的人的权利，这就是该法的唯一目的"。

【思考题】

1. 同属于资本主义国家，为何美国制定了世界上最早的反垄断法，而德国却制定了世界上最早的反不正当竞争法？

2. 分析资本主义国家危机应对经济法与振兴经济法的区别。

第二节 社会主义国家的经济法

我国自党的十一届三中全会以来，实行了市场取向改革，沿着所有制结构多元化、经济主体市场化、市场发展体系化、宏观调控间接化的方向发展。市场取向改革的过程，也是加强经济立法和科学意义上的经济法逐渐形成的过程。为保障经济体制改革的顺利进行，促进现代化建设，我国制定了一系列适应改革与发展要求的经济法律、法规。

 案例二 A市某物业有限公司电力价格违法案[1]

【基本案情】

国家市场监督管理总局（以下简称国家市场监管总局）于 2020 年 8 月 12 日至 14 日依法对当事人涉嫌电力价格违法行为开展调查。

A 市某物业有限公司（以下简称 A 市某物业）向国家电网 A 市电力公司缴纳电费，对久事商务、强生、久强、南泰大厦和九江大楼共五幢大楼的商户收取电费。A 市某物业与商户签订的《物业管理服务合同》约定：管理服务的内容包括公共区域设备设施管理、运作及维修养护。本合同履行期间，遇政府有关部门调整公共事业费及其他费用收费标准（包括水费、电费），甲方承租房屋内发生的相关费用的收费标准也做相应调整。A 市某物业部分办公区域有分表但未抄表。

2018 年 4 月至 2020 年 5 月，除强生大厦的某公司执行峰平谷电价（分时电价）

---

[1] 国家市场监督管理总局行政处罚决定书（国市监处〔2020〕36 号）[EB/OL].（2021-01-25）[2021-08-10]. https://www.samr.gov.cn/jjj/jgjg/202101/t20210125_325495.html.

外，A市某物业对其他商户按单一制电价标准收取：久事商务大厦 1.30~1.40 元/千瓦时；强生大厦 1.30 元/千瓦时；久强大厦 1.30 元/千瓦时；九江大楼 1.10~1.45 元/千瓦时；南泰大厦 1.30 元/千瓦时，上述电价包含公共区域设施设备分摊费用。2020 年 2 月至 5 月，久事商务、强生、南泰大厦和九江大楼对商户电费进行 95 折优惠。基于整改的考虑，6 月起五幢大楼暂停收取电费。

2018 年 4 月至 2020 年 6 月，A市目录销售电价多次降低，A市某物业每月平均购进电价为 0.6037~1.3648 元/千瓦时，仅对部分商户执行 95 折电价，未及时调低电价，电价标准为 1.235~1.45 元/千瓦时，在物业管理服务费已包括公共区域设施管理运作费用的情况下又在电价中重复分摊，商户总用电量 11585089.72 千瓦时，共获取电价差价款 5494483.26 元。

2020 年 12 月 23 日，国家市场监管总局向 A市某物业送达了《行政处罚听证告知书》，告知了拟作出行政处罚的事实、理由、依据及处罚内容，并告知了 A市某物业自收到该告知书之日起三个工作日内，有陈述、申辩，并要求举行听证的权利。

A市某物业放弃听证权利，向本机关提交了陈述申辩意见，认为确实存在违法事实，且积极整改，提出了两点申辩意见：一是请求扣减转供电线损费用；二是集团公司其他分公司的电量即内部电量约占 18%，请求予以扣减。国家市场监管总局对上述意见进行复核后认为，A市某物业在合同中约定物业管理服务费已包括公共区域设施管理运作费用，不予采纳扣减转供线线损成本的意见，但可以适当考虑线损客观存在的事实，以及内部电量的外部危害性较轻的因素，按照"实施行政处罚，纠正违法行为，应当坚持处罚与教育相结合"的原则，国家市场监管总局决定对 A市某物业从轻处罚。国家市场监管总局认为，A市某物业的上述行为构成电力价格违法行为，电价差价款 5494483.26 元属于违法收取费用。

鉴于 A市某物业主动消除或者减轻违法行为危害后果，自 2020 年 2 月起执行 95 折电费超过应传导电费，出于整改考虑自 2020 年 6 月暂停收取电费，目前已返还或抵扣违法收取费用 5489483.43 元，依据《中华人民共和国行政处罚法》（2018 年 1 月 1 日起施行，2021 年 1 月 22 日修订）第 27 条关于"依法从轻或者减轻行政处罚"的规定，综合考虑 A市某物业的违法事实、情节和整改退还情况，作出如下行政处罚：给予警告，并处罚款 220 万元。

【主要法律问题】

A市某物业电力价格违法案如何体现经济法产生的基本规律？

【主要法律依据】

一、《中华人民共和国电力法》（2018 年 12 月 29 日起施行，以下简称《电力法》）

第 44 条　禁止任何单位和个人在电费中加收其他费用；但是，法律、行政法规另有规定的，按照规定执行。地方集资办电在电费中加收费用的，由省、自治区、直辖市人民政府依照国务院有关规定制定办法。禁止供电企业在收取电费时，代收其他费用。

第66条　违反本法第三十三条、第四十三条、第四十四条规定，未按照国家核准的电价和用电计量装置的记录向用户计收电费、超越权限制定电价或者在电费中加收其他费用的，由物价行政主管部门给予警告，责令返还违法收取的费用，可以并处违法收取费用五倍以下的罚款；情节严重的，对有关主管人员和直接责任人员给予行政处分。

二、《中华人民共和国行政处罚法》（2018年1月1日起施行，以下简称《行政处罚法》）

第8条　行政处罚的种类：

（一）警告；

（二）罚款；

（三）没收违法所得、没收非法财物；

（四）责令停产停业；

（五）暂扣或者吊销许可证、暂扣或者吊销执照；

（六）行政拘留；

（七）法律、行政法规规定的其他行政处罚。

第27条　当事人有下列情形之一的，应当依法从轻或者减轻行政处罚：

（1）主动消除或者减轻违法行为危害后果的；

（2）受他人胁迫有违法行为的；

（3）配合行政机关查处违法行为有立功表现的；

（4）其他依法从轻或者减轻行政处罚的。

违法行为轻微并及时纠正，没有造成危害后果的，不予行政处罚。

【理论分析】

A市某物业电力价格违法案反映了市场主体"自主定价"和监管机构"价格监管"之间的关系。一方面，A市某物业有一定的市场定价权，另一方面，其又要接受国家市场监督管理部门的监管。尤其是对于电力这种公共产品的价格，市场主体的自主权应受到更多限制。本案体现了国家介入与社会自治的对立统一律，这正是经济法产生发展的基本规律。

经济法产生发展的历程表明，当市场调节机制或社会自治失效时，就需要国家干预机制或国家介入来促进，并且其作用方式、手段、力度的选择均服务于恢复市场调节机制的目的。当社会自治度（包括公司自治、同业公会、消费者协会等社会共同体自治在内）提高时，国家介入势必弱化，经济法即表现为调整范围的相对缩减及调整手段的相对弹性化；反之，当社会自治力降低时，国家介入则势必强化，经济法即表现为调整范围的相对扩张及调整手段的相对刚性化。就本案而言，A市某物业有权与用户签订《物业管理服务合同》，并按照"公共事业费及其他费用收费标准（包括水费、电费）"收取电费，但是，在 A 市目录销售电价多次降低时，A 市某物业仅对部分商户执行 95 折电价，未及时调低电价；而且，在物业管理服务费已包括公共区域设施管理运作费用的情况下又在电价中重复分摊。A 市某物业的行为违反了《电力法》第 44 条、第 66 条的规定，因此，国家市场监管总局对其电力价格违法行为开展调查并依法给予行政处罚。当然，以国家介入与社会自治为特质的经济法在不同时期的表现形式也不同。当市场经济由自由进入垄断时，经济秩序混乱，国家介入则重在微观领域，因而经济法表现为以反垄断法、市场规制法为核心；而随着现代市场经济的立体化发展，宏观领域的社会自治局限性突出，国家介入则更关注宏观总体，经济法的中心也必然逐步向宏观调控法转移。

由上可见，国家介入与社会自治的对立耦合、矛盾运动和张弛变化，决定着经济法的命运及自身现象的流变。历史已经证明，国家介入与社会自治的对立统一律是经济法产生发展的基本规律，这也是我们多年探索反思得出的结论。在 A 市某物业电力价格违法案中，国家市场监管总局对 A 市某物业的电力价格违法行为做出行政处罚，体现了国家介入与社会自治的对立统一。

【思考题】

1. 中国经济法与其他社会主义国家的经济法有何不同？
2. 关于中国社会主义经济法，为何说科学意义上的经济法产生于党的十一届三中全会之后？

CHAPTER 2 第二章

经济法律关系

 本章知识要点

经济法的价值和任务是通过经济法律关系的运行实现的，经济法律关系的三要素包含主体、内容和客体。通过本章的学习，应当深入理解以下知识：（1）经济法律关系主体范围的广泛性，包括国家、国家机关、经营者、社会中间层主体、消费者等多种类型，不同主体的权利、义务和责任也不同；（2）国家机关的经济职权是国家机关依法行使经济管理职能，对市场经济运行进行调制时享有的权力，包括宏观调控权和市场管理权；（3）经济法责任是因经济违法行为以及法定特别损害结果的发生而使得有责主体必须承担的否定性经济法后果，具有独立性、社会性、综合性、双重性（惩戒性和补偿性）以及责任形式或类型的多样性等特征。

第一节　经济法律关系的主体

经济法调整范围的广泛性决定了经济法律关系的广泛性和经济法律关系主体的广泛性。经济法律关系主体是在经济法律关系中享有权力或权利，并承担相应义务的组织和个体。

 案例一　A 省 B 市保险行业垄断案❶

【基本案情】

2007 年 6 月，由 B 市保险行业协会牵头，组织甲财产保险股份有限公司 B 市支公

---

❶ 湖南查处首起垄断案件　7 单位被处罚金 219 万元［EB/OL］．（2012-12-28）［2022-05-12］．https://www.163.com/news/article/8JR83U8400014JB5.html.

司等 11 家财险公司与 A 省乙保险经纪有限公司共同组建 B 市新车保险服务中心。新车保险服务中心由 B 市保险协会领导，11 家财险公司先后与该中心签订"合作协议"，规定所有新车保险业务必须集中在新车保险服务中心办理，并划分了各公司在 B 市新车保险业务中的市场份额，在新车保险服务中心外办理新车保险业务，按实收保费的两倍处以违约金，同时扣减当年市场份额一个百分点。2009 年 7 月，B 市保险行业协会牵头组织 10 家财险公司签订《B 市保险业机动车辆保险费率优惠标准自律公约》，规定各财险公司对新车保险不得给予任何费率折扣和优惠，违反规定每单处违约金 1000 元。2009 年 12 月，B 市保险行业协会再次牵头组织 10 家财险公司签订《自律公约》，规定各签约公司对使用年限一年以内的新车不得给予任何费率折扣和优惠，违者将处该单保费两倍的违约金。2010 年 6 月，10 家财险公司与乙保险经纪有限公司续签合作协议，协议规定各公司不得在新车保险服务中心场外出单，特殊情况确需场外出单的，须报新车保险服务中心同意，并用新车保险服务中心工号出单，各公司应严格遵守 B 市保险行业协会牵头制定的自律公约。2011 年 12 月丙财产保险股份有限公司 B 市支公司加入该公约。2012 年 4 月，B 市保险行业协会组织在 B 市姑苏名园召开 11 家财险公司和新车保险服务中心参加的约定新车商业保险费率统一优惠折扣的会议，商定对"两主两附"投保的新车商业险统一给予 95% 的折扣优惠。同日，部分公司对符合"两主两附"投保的新车商业险执行 95% 的折扣优惠，到 2012 年 5 月 4 日，11 家财险公司全部执行 95% 的折扣优惠。

A 省物价局调查后认为 B 市保险行业协会、乙保险经纪有限公司和 B 市 11 家财险公司的上述行为，违反了《中华人民共和国反垄断法》（以下简称《反垄断法》）的有关规定，属于排除、限制竞争的垄断行为。依据《反垄断法》及有关法律法规，给予 B 市保险行业协会罚款 20 万元、人保财险 B 市支公司罚款 98 万元、平安财险 B 市支公司罚款 34 万元、天安财险 B 市支公司罚款 28 万元、太平洋财险 B 市支公司罚款 14 万元、中华联合财险 B 市支公司罚款 17 万元、都邦财险 B 市支公司罚款 8 万元，7 个单位共计罚款 219 万元的行政处罚。其余 5 家财险公司，鉴于在 B 市保险市场所占份额较小，且在调查中提供了关键证据，按《反垄断法》的有关规定依法免除经济处罚。乙保险经纪有限公司的违法问题，移交有关部门处理。

【主要法律问题】

1. 在本案中，A 省物价局、B 市保险行业协会、11 家财险公司以及到 B 市新车保险服务中心办理新车保险的车主分别属于何种身份？

2. 相对于民事法律关系主体，在本案中的经济法律关系主体的特征是如何体现的？

【主要法律依据】

《中华人民共和国反垄断法》（2008 年 8 月 1 日起施行，2022 年 6 月 24 日修订）

第 13 条　国务院反垄断执法机构负责反垄断统一执法工作。

国务院反垄断执法机构根据工作需要，可以授权省、自治区、直辖市人民政府相应的机构，依照本法规定负责有关反垄断执法工作。

第 14 条　行业协会应当加强行业自律，引导本行业的经营者依法竞争，合规经营，维护市场竞争秩序。

第 17 条　禁止具有竞争关系的经营者达成下列垄断协议：

（1）固定或者变更商品价格；

（2）限制商品的生产数量或者销售数量；

（3）分割销售市场或者原材料采购市场；

（4）限制购买新技术、新设备或者限制开发新技术、新产品；

（5）联合抵制交易；

（6）国务院反垄断执法机构认定的其他垄断协议。

…………

第 19 条　经营者不得组织其他经营者达成垄断协议或者为其他经营者达成垄断协议提供实质性帮助。

第 21 条　行业协会不得组织本行业的经营者从事本章禁止的垄断行为。

【理论分析】

一、本案中涉及的经济法律关系主体具有不同身份

经济法律关系主体包含两类：一类是从事宏观调控行为和市场规制行为的机构，一般而言是国家机关；另一类是接受调控和规制的主体，主要是各类市场主体和消费者。本案中涉及的经济法律关系主体具有不同的身份。

（一）A 省物价局的身份为国家机关

在经济法律关系中，国家机关是代表国家行使经济管理职能的各种机关的统称，即经济管理机关。从经济管理机关的级别来看，可以分为中央经济管理机关和地方经济管理机关：中央经济管理机关即国务院、有关部委和相关直属机构；地方经济管理机关即各级地方政府和相应的管理机构。该案涉及垄断行为的查处，根据《反垄断法》第 13 条的规定"国务院反垄断执法机构负责反垄断统一执法工作"。当前在我国，国家市场监督管理总局综合负责国家日常经济管理职能，下设反垄断局负责《反垄断法》的执法工作。在本案中，A 省物价局作为经授权的地方监管机构依据《反垄断法》对 B 市保险行业垄断行为进行查处，其身份为职能性经济管理机关。

（二）11 家财险公司 B 市支公司的身份为经营者

经营者是指根据宪法和有关法律规定，从事生产经营或服务性活动，以营利为目的的社会实体，主要指各类企业、个体经营户和承包户。经营者以自身的生产经营或服务性活动实现自己的经济目的，取得各项权益，同时又以自身的各种法律行为履行对国家、社会承担的各项义务。从经营者的法律地位、主体资格上考察，经营者主要有两类：一类是具备法人资格的企业和事业法人；另一类是不具有法人资格的经济实体，例如合伙企业。在该案中，11 家财险公司 B 市支公司作为各自母公司的分支机构不具有法人资格，是各自的母公司在 B 市设立的分支机构，其民事责任由相应的母公司承担。11 家财险公司 B 市支公司的母公司均为依据《中华人民共和国保险法》规定开展保险业务活动的企业法人。虽然 11 家财险公司 B 市支公司不具有法人资格，但其向汽车车主办理汽车保险，以其日常经营活动实现经济目的，承担社会责任，属于经营者范围。

（三）B 市保险行业协会的身份为社会中间层主体

社会中间层主体是指独立于政府与市场主体，为政府干预市场、市场影响政府和市场主体之间相互联系起中介作用的主体。社会中间层主体具有以下特征：

1. 中介性

一方面，社会中间层主体能够成为市场主体之间的中介，如律师事务所、会计师事务所、审计事务所等，它们主要在市场主体之间起媒介作用；另一方面，社会中间层主体能够充当政府和市场主体之间的中介，如某些事业单位、地方自治团体、行业自治组织等，它们主要在政府对市场主体进行干预以及社会参与国家活动过程中发挥连接、沟通和传导作用。

2. 公共性

社会中间层主体属于非政府公共机构或组织，以实现和维护公共利益为宗旨，提供公共产品或准公共产品，其行为具有一定的公信力。

3. 民间性

社会中间层主体独立存在于政府系统之外，是一种民间组织或机构，可以是事业单位、社会团体甚至企业组织。行业协会作为一种重要的经济法律关系主体，是由来自同一行业的经营者组成的联合组织，其成员之间存在竞争关系，成立的宗旨在于保护本行业成员的集体利益。在本案中，B 市保险行业协会作为 B 市保险行业的联合组织，在协会成员之间达成垄断协议过程中起到了至关重要的作用，其并不直接参与保险行业的经营业务，而是作为纽带促使成员之间达成一致性行为，属于社会中间层主体。

（四）办理新车保险的车主的身份为消费者

根据《中华人民共和国消费者权益保护法》（2014 年 3 月 15 日起施行，以下简称《消费者权益保护法》）第 2 条规定："消费者为生活消费需要购买、使用商品或者接受服务，其权益受本法保护。"根据这一规定，消费者是指为了生活消费需要购买、使用商品或者接受服务的个体（家庭）社会成员。在本案中，办理新车保险的车主的身份为消费者。消费的概念既包括生存型消费，例如吃饭穿衣，也包括发展型消费，例如个人培训，还包括精神或者休闲消费，例如旅游、娱乐等。在本案中，保险业务属于日常出行的必要消费，属于发展型消费类型。在办理新车保险过程中，车主为获得保险服务与保险公司之间达成保险合同，保险公司作为经营者为车主新车提供投保服务，新车车主获得保险服务，属于消费者。

二、相对于民事法律关系主体，本案主体体现了经济法律关系主体的基本特征

经济法律关系主体体系的基本特征为多样性、不平等性和身份性。多样性是指经济法律关系主体广泛存在于各种经济形式、经营方式中，存在于各地区、各部门行业中，存在于市场经济运行的各个环节和各个过程中。不平等性是指经济法律关系主体的权利（力）义务不同，各主体之间的地位不平等，存在管理与被管理的关系。身份性是指不同经济法律关系主体的身份决定各主体不同的权利（力）义务。

（一）多样性

经济法律关系主体的构成相较于民事法律关系主体，其组织结构更复杂，不仅包括国家机关、社会组织，还包括大量的内部组织和分支组织。此外，在具体的经济法律关系中，当事人的类型也具有多样性。在本案中，A 省物价局作为国家机关，11 家财险公司 B 市支公司作为经营者，B 市保险行业协会作为社会中间层主体，办理新车保险的车主作为消费者，共同参与经济法律关系。在 A 省物价局与 11 家财险公司 B 市支公司之间存在监管与被监管的关系，两类主体之间构成隶属型法律关系；财险公司与办理新车保险的车主之间是平等的交易关系，这两类主体依据平等、自愿的原则达成新车财险的交易。

（二）不平等性

在法律关系中，民事法律关系是平等主体之间的人身关系和财产关系，平等主体之间的不平等经济地位一般不在民事法律关系的考量范围之内。与此不同的是，经济法律关系的主体的不同经济地位直接表现为经济法律关系主体权利（力）义务的差异。例如在《反垄断法》滥用市场支配地位行为规制制度中，具有市场支配地位的企业相对于一般企业，其违法的前提是经济地位上的支配性，具有支配地位的企业与其他企业之间的不平等性在违法认定过程中至关重要。在本案中，A 省物价局与 B 市保险行业协会和 11 家财险公司 B 市支公司之间具有地位的不平等性，A 省物价局作为市场管理主体对 B 市保险行业协会和 11 家财险公司 B 市支公司进行调查、处罚，二者之间是监管者与被监管者的关系，A 省物价局的处罚行为基础在于经济管理机关代表国家对市场进行干预，目的在于实现社会市场主体之间的实质公平。

（三）身份性

在民事法律关系中，将主体抽象为"人"，该拟制的"人"包括自然人、法人和其他组织，每一类主体除因主体个体差异产生的行为能力差异外，并不存在权利义务上的界分。而在经济法律关系中，主体不同的身份地位决定其拥有不同的权利

（力）并承担不同的义务。在本案中，A省物价局作为国家机关，承担经济管理职能，B市行业协会作为社会中间层主体协调B市保险行业经营者之间的行为，11家财险公司B市支公司作为经营者从事保险业务，办理新车保险的车主作为消费者获得新车财险服务，在这一法律关系主体系统中，社会中间层主体和经营者与监管机构之间因其各自特定的身份形成监管与被监管的关系，经营者与消费者因特定身份形成交易关系，一旦发生纠纷则成为消费关系的双方主体。

【思考题】

1. 经济法律关系的主体有哪些？在市场经济中分别扮演着什么样的角色？
2. 如何理解经济法律关系主体的不平等性？

第二节　国家机关的经济职权

经济职权是指国家机关依法行使经济管理的职能，对市场经济运行进行调节时所享有的一种权力，是国家机关领导和组织管理国民经济职能在法律上的体现，国家机关的经济管理职权包括宏观调控权和市场管理权。

 案例二　2007—2008年我国政府采取措施抑制物价上涨❶

【基本案情】

据国家发展改革委网站消息，2008年1月24日，国家统计局公布了我国2007年宏观经济数据。2007年5月份以来，我国价格总水平出现较大幅度上涨；从8月份开始，居民消费价格同比涨幅连续五个月超过6%。2007年12月份，居民消费价格同比上升6.5%，环比上升1%；其中，食品价格同比上升16.7%，当月价格总水平上升5.5个百分点。全年平均居民消费价格水平上升4.8%，引起社会各方面的广泛关注。

党中央、国务院对价格上涨情况高度重视，采取了一系列措施，发展生产、保障供应、加强监管，妥善安排低收入群体生活。一是加强和改善宏观调控。为改善总量平衡状况，抑制社会总需求的过快增长，多次上调存贷款基准利率和法定存款准备金率，控制贷款规模扩张。2007年中国人民银行共连续加息六次，调整存款准备金率八次；加强对新开工项目管理，抑制投资过快增长；稳步推进资源要素价格改革，加大差别电价政策实施力度，提高环保收费标准，抑制不合理需求；对2000多种产品降低

---

❶　国家发改委：2008年采取七大措施应对物价上涨［EB/OL］．（2008-01-25）［2022-05-12］．http://www.taiwan.cn/xwzx/jrbd/200801/t20080125_578856.htm.

出口退税，对部分产品加征出口关税，控制高耗能、高排放产品出口增长，改善国际收支状况。二是加大农业生产扶持力度。制定了扶持粮食、生猪、奶牛、油料生产，保障市场供应的政策措施，并已基本落实到位。三是保证市场供应。采取增加临时存储小麦、稻谷投放数量等措施，稳定市场价格；在沿海地区和生猪主产区投放中央储备玉米，稳定饲料价格；组织食用植物油进口，保障食用植物油供应。采取增加进口、控制出口、缩短检修时间、委托地方炼厂加工、调整产品结构、加强调运组织、适当提高成品油价格等措施，增加成品油市场供给总量，有效缓解了成品油供应紧张的矛盾。四是加强市场和价格监管。2007 年全国共查处价格违法案件 6.1 万件，查处串通涨价、哄抬价格案件 70 起。各级价格、商务、工商、质检、粮食部门加大了对粮食、食用植物油、猪肉、成品油等重要商品的市场监管力度，维护了正常的市场秩序。五是妥善安排低收入群体生活。进一步落实提高企业最低工资标准的要求，落实提高企业退休人员基本养老金标准的政策。按相关规定提高失业保险金标准，提高城市低保对象补助水平，在全国农村建立低保制度。增加高校学生食堂的专项补助，稳定学生食堂饭菜价格。

2008 年，政府采取多种措施平抑物价。2008 年 1 月 9 日国务院召开第 204 次常务会议专门研究价格工作，1 月 14 日又召开了"全国保障市场供应加强价格监管电视电话会议"，全面部署稳定市场和物价工作。国家发展和改革委员会从 2008 年 1 月 16 日起启动临时价格干预措施，品种范围主要包括成品粮及粮食制品、食用植物油、猪肉和牛羊肉及其制品、牛奶、鸡蛋、液化石油气等重要商品。国务院也派出督查组，自 1 月 21 日到 29 日，分 11 个组在北京、上海、河北等 22 省市，对保障市场供应、加强市场监管和稳定市场价格情况进行检查。2008 年的两会上，时任国务院总理温家宝宣布采取九项措施防止价格总水平过快上涨，这些措施包括加强基本生活必需品和其他紧缺商品的生产，健全储备体系，及时完善和落实对低收入群众的补助办法等，目的是增加有效供给和抑制不合理需求。2008 年 7 月 25 日，中央政治局会议将下半年宏观调控任务定位为"一保一控"：即保持经济平稳较快发展、控制物价过快上涨。自 2008 年 5 月份开始，CPI 涨幅无论同比还是环比均有所下降，7 月份以来国际初级产品价格涨幅呈现大幅回落态势。随着物价水平的下降，国家宏观调控的方向从 9 月份开始也有所转向，9 月 15 日中国人民银行四年来首次下调人民币贷款基准利率和中小金融机构人民币存款准备金率。11 月 9 日国务院常务会议宣布对宏观政策进行重大调整，财政政策从"稳健"转为"积极"，货币政策从"从紧"转为"适度宽松"；随后，保持经济平稳较快发展成为当前宏观调控的首要任务。12 月 13 日国家发展和改革委员会在北京召开的全国物价局长会议强调，当前国内外经济形势日趋复杂，价格工作任务更加艰巨，要围绕保持经济平稳较快发展的首要任务，充分发挥价格杠杆促进经济发展和结构调整的作用，不失时机地推进资源性产品价格和环保收费改革，在推进改革的同时做好社会稳定工作。

【主要法律问题】

1. 2007—2008 年我国政府采取一系列措施抑制物价上涨，如何体现国家机关的经济职权？

2. 如何理解临时价格干预措施在经济调控中的作用？

【主要法律依据】

《中华人民共和国价格法》（1998 年 5 月 1 日起施行，以下简称《价格法》）

第 26 条　稳定市场价格总水平是国家重要的宏观经济政策目标。国家根据国民经济发展的需要和社会承受能力，确定市场价格总水平调控目标，列入国民经济和社会发展计划，并综合运用货币、财政、投资、进出口等方面的政策和措施，予以实现。

第 30 条　当重要商品和服务价格显著上涨或者有可能显著上涨，国务院和省、自治区、直辖市人民政府可以对部分价格采取限定差价率或者利润率、规定限价、实行提价申报制度和调价备案制度等干预措施。

省、自治区、直辖市人民政府采取前款规定的干预措施，应当报国务院备案。

第 31 条　当市场价格总水平出现剧烈波动等异常状态时，国务院可以在全国范围内或者部分区域内采取临时集中定价权限、部分或者全面冻结价格的紧急措施。

【理论分析】

一、国家机关的经济职权的主要内容

国家机关在管理经济活动时享有广泛的经济职权，实践中经济活动具有多样性决定了国家机关的经济职权的内容也十分丰富，综合来看，国家机关的经济职权包括宏观调控权和市场管理权两大类别。

（一）宏观调控权

宏观调控权是指国家对国民经济总体活动进行调节和控制的一种权力，是国家机关对经济运行和发展实行总体指导和调控，实现经济发展、熨平经济周期、平衡总供给和总需求的关系、调节国家产业经济结构，以保证整个社会生产正常有序进行。具体来说，宏观调控权又表现为以下几种具体权力。

1. 宏观经济决策权

宏观经济决策权是指国家机关为了实现国民经济和社会发展的总体协调，保证国民经济总量的平衡、保证产业结构的优化组合及各种生产要素的优化配置而行使的权力。决策的形式既包括较为稳定的形式例如制定国民经济和社会发展规划，也包括临时性的决策如国家为整顿某项产业而作出的决策。在 2007—2008 年我国政府采取措施抑制物价上涨的过程中，2008 年 1 月 9 日国务院召开第 204 次常务会议专门研究价格工作，1 月 14 日又召开了"全国保障市场供应加强价格监管电视电话会议"，全面部署稳定市场和物价工作。在这些会议上形成了国家整体调控市场、抑制价格上涨的政策，是国务院作为国家最高行政机关行使宏观经济决策权的体现。

2. 经济协调权

经济协调权是指国家机关为了实现国民经济和社会发展计划目标，在应对重大事件以及促进横向经济联系的过程中，利用经济杠杆或者行政权力所实施的一种对地区、部门、企业之间经济关系进行调度与平衡的权力。经济协调权主要指对宏观经济计划的协调，例如相关被授权机关组织一定计划时期内的财政、信贷、外汇、市场、劳动力和物资的综合平衡，做好对关系国计民生重要物资的调整与使用以及组织全国范围内跨部门、跨地区的经济协作与联合。在 2007—2008 年我国政府采取措施抑制物价上涨的过程中，积极采取措施改善总体平衡状况，抑制社会总需求的过快增长，包括信贷领域对存贷款基准利率和法定存款准备金率的调整；资源要素上推行价格改革，实施差别电价并提高环保收费标准；进出口领域对 2000 多种产品降低出口退税；农业领域扶持粮食、生猪、奶牛、油料生产，保障市场供应的政策措施；市场供应领域采取增加临时存储小麦、稻谷投放数量等措施稳定市场价格，在沿海地区和生猪主产区投放中央储备玉米，稳定饲料价格。

3. 经济监管权

经济监管权是指有关国家机关对再生产各个环节进行监督和指导的权力，监督可以涉及经济活动的各个方面。在 2007—2008 年我国政府采取措施抑制物价上涨的措施中涉及加强和规范新开工项目管理，加强对投资的调控，并综合运用多种货币政策工具，严格控制货币信贷总量和投放节奏，加强信贷政策和产业政策的协调配合，引导商业银行优化信贷结构，合理控制中长期贷款增长，体现了国家对财政、银行、投资等经济领域的监管。

4. 经济处理权

经济处理权是指国家机关对经济活动中发生的纠纷和违法行为进行调解、查处的权力。经济活动中的纠纷和违法行为不可避免，一旦发生后如果不能及时解决将对整个经济活动的有序运行造成影响，就需要国家机关对纠纷予以及时的处理。在 2007—2008 年我国政府采取措施抑制物价上涨过程中，国家加强价格行政执法，根据《价格违法行为行政处罚规定》严肃查处串通涨价、合谋涨价、囤积居奇、哄抬价格，以及捏造和散布涨价信息，以宣布涨价、促销等人为手段制造紧张气氛、扰乱市场秩序等价格违法违规行为，并且以公开曝光典型案件的方式维护社会经济秩序，保护消费者的合法权益。

(二) 市场管理权

市场管理权是国家对市场进行管理的权力，是指国家机关行使管理国民经济职能时，对某些经济关系、主体资格及经济行为进行规制的权力，从规制方式看分为以下几类权力。

1. 命令权、禁止权

命令权是指国家机关要求有关经济法律关系主体必须为特定行为的权力，是国家机关的单方面的行为，不需要取得相对人的同意，相应的单位和个人必须服从，不执行命令或不遵守义务就要受到一定的制裁或强制执行。在 2007—2008 年我国政府采取措施抑制物价上涨过程中，国家启动临时价格干预措施，对粮、油、肉、蛋、奶、液化气等重要商品和居民基本生活必需品的临时价格实施干预，对达到一定规模的生产企业实行提价申报，对达到一定规模的批发、零售企业实行调价备案，正体现了国家机关在行使经济管理职能中的命令权。禁止权则是国家机关依法不允许相对人为某种行为的权力，凡是禁止的行为经济法律关系主体就不可以为之。在 2007—2008 年我国政府采取措施抑制物价上涨过程中，2007 年全国共查处价格违法案件 6.1 万件，查处串通涨价、哄抬价格案件 70 起，体现了国家对违反禁止性规定进行查处。

2. 批准权、确认权

批准权是指国家机关依法同意特定人取得某种法律资格或实施某种行为的权力；确认权是指国家机关依法宣告有争议的特定法律事实或者法律关系是否存在和有效的权力。

3. 许可权、撤销权

许可权是指国家机关依法对特定的事或特定的人解除禁止的权力；撤销权是指国家机关依法对某种法律资格予以取缔或消灭的权力。

二、临时价格干预措施在经济调控中的作用

实行临时价格干预措施，是在价格总水平出现显著上涨的特殊情况下，依据《价格法》启动的行政措施，目的是遏制价格不合理上涨，规范市场秩序，稳定心理预期。临时价格干预措施是在重要商品和服务价格显著上涨或者有可能显著上涨时，国务院和省、自治区、直辖市人民政府对部分价格采取限定差价率或者利润率、规定限价、实行提价申报制度和调价备案制度等临时价格干预措施。

2008 年我国政府启动临时价格干预措施的背景基于当时经济调控的现实需要：一是部分商品价格出现明显上涨。2008 年 1 月上旬，36 个大中城市猪肉、豆油、牛肉、羊肉和鸡肉零售价格比 2007 年同期分别上涨 43%、58%、46%、51% 和 16%。价格上涨对城乡居民特别是低收入群体生活产生了较大影响。二是部分企业趁机哄抬价格。有的经营者相互串通，操纵市场价格，侵害消费者利益；有的囤积居奇、搭车涨价；有的超过成本增加幅度不合理涨价；有的提前宣布涨价消息，哄抬价格，推动市场价格不合理上涨。三是不合理涨价对社会生活产生较大影响。在群众对价格上涨反映强烈的情况下，少数经营者捏造散布涨价信息，制造紧张气氛；个别单位热衷于炒作涨价题材，渲染涨价气氛，严重影响社会心理预期。

实施临时价格干预是纠正市场失灵的重要途径。实行临时价格干预措施，不是冻结价格，不改变企业自主定价的性质，不影响企业的正常生产经营活动。在正常情况下，经营者根据市场供求情况的变化灵活地自主定价，政府对经营者定价不予干预。但是由于我国正处于经济体制转轨期，市场主体不成熟，市场发育不全面，市场规则不完善，市场监管不得力，因此在放开由市场调节形成的价格运行中还存在一些问题。

主要有：一是经营者的价格行为不规范，存在暴利宰客、哄抬物价扰乱市场秩序、不正当的价格竞争、价外乱收费和垄断行业操纵市场价格侵害消费者利益等价格违法行为；二是由于特殊原因出现某些商品严重紧缺，市场物价出现显著上涨或者呈现有可能显著上涨趋势时，会使国家、经营者和消费者的利益受到损害，影响经济发展和社会稳定。政府采取行政的手段对部分价格进行干预，如限定差价率或利润率、规定限价、实行提价申报制度和调价备案制度等，尤其是对于那些相互串通、趁机哄抬价格、囤积居奇、搭车涨价，或者制造涨价舆论、促使价格不合理上涨、扰乱人心等价格违法行为可以依法加以严肃处置，这些措施对充分发挥市场价格机制的作用将起到重要的保障作用。此外，实施临时价格干预是保护群众切身利益的重要举措。市场物价直接关系人民群众最直接、最现实的利益。在放开价格由市场调节的商品和服务中，凡是涉嫌垄断和不正当价格行为的，绝大多数损害消费者利益，而由政府直接定价的商品和服务，绝大多数涉及民生。因此，价格关系是否合理，价格竞争是否正常，价格矛盾是否妥善处理等，关系人民群众的切身利益。

【思考题】

1. 国家在行使经济管理职权过程中，如何避免权力的不当行使？
2. 国家机关享有经济管理职权的理论基础是什么？

第三节　经济法责任

经济法责任伴随经济法律关系的全过程，是经济法主体权利实现和义务履行的根本保障。它在传统法律责任形式的基础上发展，突破了传统法律责任形式及其内容，形成了与经济法的各项制度、规范相一致的特殊的责任制度体系。

 案例三　2008 年甲奶粉非法添加三聚氰胺事件❶

【基本案情】

甲奶粉非法添加三聚氰胺事件是 2008 年发生的举世震惊的重大食品安全事件。自2007 年年中开始，甲集团即零星接到全国各地消费者关于甲奶粉的质量投诉。2007 年9 月，哈尔滨工商局和质量技术监督局接到消费者投诉，其幼儿自 2007 年 1 月开始食用甲奶粉，到 9 月幼儿出现发烧和恶心，并被医院诊断出右肾 0.22cm 结石。自 2008

---

❶ 三鹿奶粉事件始末大盘点［EB/OL］.（2010-04-13）［2022-05-12］. https://baobao.sohu.com/20110413/n30574 4928. shtml.

年开始，关于甲奶粉质量投诉的数量逐渐增多，同时出现较多的婴幼儿泌尿系统病例。2008 年 6 月 28 日，位于兰州市的解放军第一医院收治了一例患"肾结石"病症的婴幼儿，据婴幼儿家长反映孩子自出生就一直食用甲集团所产的甲奶粉。2008 年 7 月中旬，甘肃省卫生厅就婴儿泌尿结石病例报告展开调查，并报告卫生部。此后，解放军第一医院在短短两个月收治患婴人数迅速扩大到 14 名，到当年 9 月 11 日，甘肃省已发现 59 名尿路结石患儿，且出现 1 人死亡。该事件被报道初期，媒体并未点名疑似出现问题的奶粉品牌，随着事件的不断发酵，甲奶粉逐渐被证实为疑似问题元凶。自 2008 年 9 月 11 日，除甘肃省外，陕西、宁夏、湖南、湖北、山东、安徽、江西、江苏等地均出现类似案例。9 月 11 日晚，卫生部调查发现多个婴幼儿泌尿系统结石病例多有食用甲奶粉的历史，并提醒停止使用该品牌奶粉。9 月 11 日晚甲集团承认：公司内部检测中发现 2008 年 8 月 6 日前出厂的部分批次甲奶粉含三聚氰胺，市场上约有 700 吨问题奶粉，同时甲集团发出产品召回声明。声明发布的第二天，甲集团又召开新闻发布会声称：此前出现的甲奶粉致婴幼儿患病事件是不法奶农在原料奶中添加三聚氰胺所致。2008 年 9 月 15 日，甲集团正式就甲奶粉事件向社会公众道歉，随后甲集团由于赔付受害婴幼儿医疗费用支出而资不抵债，进入清算、破产阶段后被收购。甲集团因犯生产、销售伪劣产品罪被处罚金 5000 万元，甲集团董事长和总经理田某被判处无期徒刑，甲集团高层管理人员王某、杭某和吴某分别被判处有期徒刑 15 年、8 年和 5 年。在原料供应端，张某、耿某两人因涉嫌制造和销售含有有毒有害产品罪被判处死刑。此外，政府监管部门的相关人员也受到相应处罚：国家质量监督检验检疫总局（以下简称国家质检总局）局长李某引咎辞职，时任石家庄市市委书记、市长及分管农业的副市长、市畜牧水产局局长、市食品药品监督管理局局长和市质量技术监督局局长等一批官员被免职。

甲奶粉事件发生原因明晰后，党中央国务院及相关部委迅速作出回应，国务院启动国家安全事故最高响应机制（Ⅰ级，指特别重大食品安全事故），对全国由食用含有三聚氰胺婴幼儿奶粉致病患儿实行免费诊治，所需费用由国家及各省市财政承担，并责成卫生部、农业部对甲奶粉涵盖奶牛养殖、原料奶收购、运输、加工及产品销售各环节的生产加工全产业链开展全面检查。中国大陆共有 109 家婴幼儿奶粉生产企业，国家质检总局对这些企业的 491 批次产品进行排查，检验结果显示：22 家婴幼儿奶粉生产企业的 69 批次产品检出含量不同的三聚氰胺。2008 年 9 月 17 日，多家乳品企业表示道歉和召回产品，9 月 18 日，国家质检总局称停止实行食品类生产企业国家免检。

【主要法律问题】

1. 甲奶粉事件及其后续处理中如何体现经济法责任的特征？
2. 在甲奶粉事件中，受害者可以通过哪些救济途径维护自身的权益？

【主要法律依据】

一、《中华人民共和国食品卫生法》（1995 年 10 月 30 日起施行，2009 年 6 月 1 日废止，以下简称《食品卫生法》）

第 6 条　食品应当无毒、无害，符合应当有的营养要求，具有相应的色、香、味等感官性状。

第 7 条　专供婴幼儿的主、辅食品，必须符合国务院卫生行政部门制定的营养、卫生标准。

第 9 条　禁止生产经营下列食品：

（1）腐败变质、油脂酸败、霉变、生虫、污秽不洁、混有异物或者其他感官性状异常，可能对人体健康有害的；

（2）含有毒、有害物质或者被有毒、有害物质污染，可能对人体健康有害的；

（3）含有致病性寄生虫、微生物的，或者微生物毒素含量超过国家限定标准的；

（4）未经兽医卫生检验或者检验不合格的肉类及其制品；

（5）病死、毒死或者死因不明的禽、畜、兽、水产动物等及其制品；

（6）容器包装污秽不洁、严重破损或者运输工具不洁造成污染的；

（7）掺假、掺杂、伪造，影响营养、卫生的；

（8）用非食品原料加工的，加入非食品用化学物质的或者将非食品当作食品的；

（9）超过保质期限的；

（10）为防病等特殊需要，国务院卫生行政部门或者省、自治区、直辖市人民政府专门规定禁止出售的；

（11）含有未经国务院卫生行政部门批准使用的添加剂的或者农药残留超过国家规定容许量的；

（12）其他不符合食品卫生标准和卫生要求的。

二、《中华人民共和国产品质量法》（2018 年 12 月 29 日起施行，以下简称《产品质量法》）

第 26 条　生产者应当对其生产的产品质量负责。产品质量应当符合下列要求：

（1）不存在危及人身、财产安全的不合理的危险，有保障人体健康和人身、财产安全的国家标准、行业标准的，应当符合该标准；

（2）具备产品应当具备的使用性能，但是，对产品存在使用性能的瑕疵作出说明的除外；

（3）符合在产品或者其包装上注明采用的产品标准，符合以产品说明、实物样品等方式表明的质量状况。

第 49 条　生产、销售不符合保障人体健康和人身、财产安全的国家标准、行业标准的产品的，责令停止生产、销售，没收违法生产、销售的产品，并处违法生产、销售产品（包括已售出和未售出的产品，下同）货值金额等值以上三倍以下的罚款；有违法所得的，并处没收违法所得；情节严重的，吊销营业执照；构成犯罪的，依法追究刑事责任。

三、《中华人民共和国消费者权益保护法》（2014 年 3 月 15 日起施行，以下简称《消费者权益保护法》）

第 11 条　消费者因购买、使用商品或者接受服务受到人身、财产损害的，享有依法获得赔偿的权利。

第 40 条　消费者在购买、使用商品时，其合法权益受到损害的，可以向销售者要求赔偿。销售者赔偿后，属于生产者的责任或者属于向销售者提供商品的其他销售者的责任的，销售者有权向生产者或者其他销售者追偿。

消费者或者其他受害人因商品缺陷造成人身、财产损害的，可以向销售者要求赔偿，也可以向生产者要求赔偿。属于生产者责任的，销售者赔偿后，有权向生产者追偿。属于销售者责任的，生产者赔偿后，有权向销售者追偿。

消费者在接受服务时，其合法权益受到损害的，可以向服务者要求赔偿。

【理论分析】

一、经济法责任的特征

经济法的责任制度体系突破了传统民事、行政、刑事三大责任制度体系的范畴，是与特定的法律制度相结合后产生的具体的责任形式。经济法责任的特征体现在以下几个方面。

（一）经济法责任的社会性

经济法的立法目的是解决个体营利性与社会公益性的矛盾，兼顾效率与公平，促进经济与社会良性运行与协调发展，维护社会整体利益。经济违法行为从本质上讲是一种具有很大社会危害性的行为，是对社会整体利益的损害，因此在经济法责任的设定上在很多方面都考虑了社会整体利益。甲奶粉事件作为近十余年来国内影响最大、性质最恶劣、波及范围最广的食品安全事件，对社会、乳制品产业等各方面影响十分深远，造成了国内乳粉行业的冲击，国内消费者对本土奶制品的信任在一定程度上被彻底摧毁，国产奶粉的市场份额被进口奶粉分食殆尽，同时负有监管责任的工商、农业、质检等部门的公信力受到了极大的破坏。面临整个奶制品行业凋零、政府公信力大大受损的情况，在对该事件的处理中，涉事企业承担赔偿、召回责任，相关责任人承担相应的刑事责任，综合运用多种经济法责任形式对各主体的违法行为进行惩罚，以图迅速恢复严重受损的奶制品行业竞争秩序，全面规制奶制品市场各个环节的健康运营。通过经济法责任这一手段对经济违法案件进行制裁，全方位、多层次、及时地多层面恢复奶制品行业的市场竞争，切实快速、有效制止违法行为，保障奶制品领域食品安全，维护广大消费者的合法权益，保障社会整体经济效益。

（二）经济法责任的综合性

按照设定责任的一般原则，责任应当与行为损害的具体度量相适应，对不同的违法行为按照性质和程度分别设定不同的责任措施。经济法责任的综合性是由经济违法行为的多样性决定的。因此在经济法中，对违法行为规定了民事责任、行政责任、刑事责任三种形式，在责任承担上呈现多种形式综合运用的特征。在甲奶粉事件的后续处理中，甲集团召回问题奶粉、承担患儿医疗费用属于承担民事损害赔偿责任；甲集团因犯生产、销售伪劣产品罪被处罚金 5000 万元，甲集团高层被判处无期徒刑或有期徒刑以及张某、耿某两人因涉嫌制造和销售含有有毒有害产品罪被判处死刑属于承担刑事责任；政府监管部门的相关人员因监管不力受到相应处罚属于承担行政责任。此外，根据《食品卫生法》第 39 条的规定，还可以要求企业承担没收违法所得、责令停止生产经营、吊销卫生许可证等责任，但由于甲集团因该事件进入清算、破产程序，企业已不复存在，这些责任形式也就没有在该事件中出现。

（三）经济法责任具有双重性

经济法责任实质上是国家对违反经济义务行为所给予的否定性评价，是国家强制有责主体做出一定行为或抑制一定行为，从而补救受害者的合法权益，恢复遭受破坏的社会经济关系和社会经济秩序，具有惩罚性和补偿性。补偿性是指有责主体以金钱作为代价来支付否定性法律后果，通常表现为有责主体对经济法保护的具体对象即当事人权益的损害而给予的金钱代价偿付。惩罚性是指有责主体就违法行为向社会或国家付出代价从而威慑经济违法。在甲奶粉事件中，甲集团召回问题奶粉并承担患儿医疗费用属于承担补偿性责任的表现，而患儿家属后续主张多倍赔偿责任及承担的刑事责任属于惩罚性责任的表现。

二、甲奶粉事件中受害者的救济途径

在甲奶粉事件中，患儿及其家属属于消费者，一般而言，消费纠纷发生后，消费者可以尝试与经营者协商解决，这种解决方式成本最低、效率最高。同时，消费者可以请求消费者协会调解，还可以向有关部门申诉要求处理，实践中一般是工商行政管理部门或者产品质量监督部门（现在一般为市场监督管理局）。此外，消费者还可以向人民法院提起民事诉讼以保障自身的合法权益。

在甲奶粉事件中，根据《产品质量法》的规定，消费者或者其他受害人因商品缺陷造成人身、财产损害的，可以向销售者要求赔偿，也可以向生产者要求赔偿。其中人身伤害包括人的肢体损伤、残疾、灭失等，以及造成身体疾病、死亡等。甲集团生产的婴幼儿奶粉因受三聚氰胺污染造成近百名婴幼儿肾功能不全，并造成一名婴儿因肾结石死亡，属于因缺陷产品造成受害人人身伤害的情形，受害者有权要求甲集团赔偿。如果按照甲集团的说明，其奶粉受污染原因为奶农向鲜牛奶中添加三聚氰胺造成，甲集团在对受害者进行经济赔偿后可以向不法奶农追偿。

【思考题】

1. 经济法责任是否具有独立性？
2. 如何理解企业的社会责任？

CHAPTER 3

第三章

经济法的理念、原则

 本章知识要点

（1）经济法的理念。经济法的理念是指经济法的指导思想、基本精神、立法宗旨及其实现途径和方式，具体包括：社会本位，统筹协调，平衡利益，共同发展。（2）经济法的原则。经济法的基本原则，就是由经济法本质所决定，贯穿经济法始终的，在协调经济运行中必须遵循的根本准则。经济法基本原则应包括以下内容：整体利益至上原则，这一原则是经济法社会本位理念的集中体现；效率与公平兼顾原则，这一原则是由经济法的本质属性和价值目标决定的。

第一节　经济法的基本理念

法的理念是人们关于法的宗旨及其实现途径的基本观念，作为法的理念在经济法部门的特定化，经济法的理念是指经济法的指导思想、基本精神、立法宗旨及其实现途径和方式。经济法在调节经济关系过程中应坚持社会本位理念、统筹协调理念、平衡利益理念和共同发展理念。

 案例一　北京市对某出行公司违规投放车辆行为实施行政处罚❶

【基本案情】

根据《北京市非机动车管理条例》（2018 年 11 月 1 日起施行）有关规定，鉴于某出行公司违规投放车辆事实清楚，且被相关部门约谈后拒不改正等严重情节，2019 年 5 月 16 日，北京市交通执法部门对某出行公司实施了行政处罚。据悉，这是北京市首

---

❶　北京市对哈啰出行公司违规投放车辆行为实施行政处罚［EB/OL］.（2020−05−17）［2021−07−10］. https://view. inews. qq. com/a/BJC2019051700230600.

次对互联网租赁自行车企业违法违规行为实施处罚。某出行公司被处以 5 万元人民币的罚款，并在城六区限制投放运营车辆，同时自接到处罚通知书十个工作日内，收回在本市的全部违规投放车辆。

根据《北京市非机动车管理条例》，互联网租赁自行车经营企业应当依法规范经营，按照交通行政管理部门的要求投放车辆。互联网租赁自行车经营企业违反规定的，交通行政管理部门可以约谈企业相关负责人；拒不改正的，可以限制车辆投放，并处 1 万元以上 5 万元以下罚款。

据介绍，2017 年 12 月，某出行公司与某单车公司合并，原某单车公司的业务由某出行公司全权负责。鉴于 2017 年 9 月北京市暂停共享自行车企业新增投放车辆后，某单车公司报备的在京运营车辆数量为 1.9 万辆。按照北京市"限制增量，减量调控"的原则要求，并经市区两级联席工作会议研究，某出行公司置换某单车公司以 1.9 万辆为上限，先行在郊区进行投放试点运营，具体由企业商试点区主管部门签订承诺书后组织实施。

2019 年 1 月起，针对某出行公司多次多点违规投放车辆问题，北京市交通委会同相关部门多次约谈该企业，责令其限期改正并收回违投车辆，但某出行公司没有改正，反而继续新增投放车辆。数据显示，截至 4 月 8 日，某出行公司在北京市投放车辆数量增至 5 万余辆，且车辆已扩散至城六区、通州区、房山区、大兴区、昌平区。除昌平区、大兴区外，其他各区均未与某出行公司签订投放车辆协议。

据北京市交通执法总队查证，某出行公司违规投放车辆事实清楚，情节严重，依据《北京市非机动车管理条例》规定，决定处以某出行公司 5 万元人民币的罚款，限制其在城六区投放运营车辆。同时，要求某出行公司自接到处罚通知书十个工作日内，收回在本市的全部违规投放车辆；逾期未收回的车辆，由相关区政府监督其收回，必要时由各区依法实施代履行，代清理违规投放的单车。

此次北京市交通主管部门依法对某出行公司实施行政处罚，体现了政府部门严格依法行政，切实维护法律尊严，对互联网租赁自行车行业的健康持续稳定发展具有指引和促进作用。下一步，北京市交通委将继续加强对北京市互联网租赁自行车市场的监管，对在北京市依规合法经营的互联网租赁自行车企业，将继续坚持总量调控政策，限增量、减存量，增大停车资源供给，通过"电子围栏"等技术进一步规范车辆停放秩序，同时配套完善相应法规制度，引导规范其发展。

【主要法律问题】

北京市交通主管部门对某出行公司实施行政处罚是如何体现经济法理念的？

【主要法律依据】

《北京市非机动车管理条例》（2018 年 11 月 1 日起施行）

第 20 条　互联网租赁自行车经营企业应当依法规范经营，维护道路交通安全和市容环境秩序，并遵守下列具体规定：

（1）按照交通行政管理部门的要求投放车辆，将自行车动态总量、重点投放区域动态总量、承租人信用惩戒信息、自行车停放位置信息，以及其他涉及公共利益的信息实时、完整、准确接入本市互联网租赁自行车行业监管和服务平台。协助公安机关交通管理部门核实确定违法行为人；

（2）车辆整车及其主要部件的安全性能应当符合国家标准，具备唯一性编码；

（3）运用现代信息技术手段规范承租人依法停放车辆。客户端应当显示承租人安全提示、自行车允许停放、禁止停放区域，以及有关惩戒措施；

（4）建立投诉处理机制，及时受理、处理车辆性能、停放秩序等方面的社会投诉举报；

（5）建立承租人信用管理制度，将承租人违法信息纳入信用管理，并采取必要的信用管理措施；

（6）配置必要的管理维护人员，负责车辆调度、停放秩序管理和损坏、废弃车辆回收，及时清理占用道路、绿地等公共场所的车辆；

（7）建立健全押金、预付金管理制度，将押金存放在本市开立的银行资金专用账户。承租人申请退还押金时，应当及时退还；

（8）遵守网络安全法律法规要求，落实网络安全等级保护、数据安全管理、个人信息保护等制度。

第31条　互联网租赁自行车经营企业违反本条例第二十条规定的，交通行政管理部门可以约谈企业相关负责人；拒不改正的，可以限制车辆投放，并处1万元以上5万元以下罚款。

【理论分析】

理念，顾名思义，就是理想与信念，是人们在一定世界观下，对某种理想的目标模式及其实现的基本途径和方式的一种信仰、期待与追求，属于意识形态的范畴。关于法的理念，简言之，就是人们关于法的宗旨及其实现途径的基本观念，经济法的理念不过是法的理念在经济法部门的特定化，是指经济法的指导思想、基本精神、立法宗旨及其实现途径和方式，是在经济法中起长效作用的文化内涵。北京市交通主管部门对某出行公司违规投放车辆行为实施行政处罚是行使市场监管权的体现，是经济法对经济关系的调整，理所当然应遵循经济法的基本理念。

一、经济法理念确立的依据

从本案中政府对互联网租赁自行车市场的监管来看，经济法理念的确立须基于"六个体现"：一是要体现对现代市场经济的回应。因为经济法就是现代市场经济的产物，制度设计必须遵循市场经济规律，适应现代市场经济的要求。本案中关于互联网租赁自行车的监管便是对市场经济发展过程中的新问题的回应。二是要体现科学技术等生产力发展的要求。经济法与社会经济的发展联系最直接、最密切，自然必须与时俱进，坚持问题导向，使各项规定适度体现创设性、前瞻性。三是要体现对市场主体的尊重。因为市场经济就是自由竞争的经济，经济法必须充分尊重市场经济主体的意思自治、往来自由，将国家干预减少到最低限度，力求科学干预，实现授权与控权的统一。本案中，北京市对依规合法经营的互联网租赁自行车企业坚持总量调控政策，并不干预企业的日常经营活动，体现出对市场主体经营自由权的尊重。四是要体现对人文主义的关怀。经济法是调整规制市场运行行为的法，归根结底是人法，其规定必须更加人性化。本案中，针对某出行公司多次多点违规投放车辆问题，北京市交通主管部门并非直接对该公司实施行政处罚，而是先多次约谈该企业，责令其限期改正并收回违投车辆，在被约谈公司拒不改正时才对其作出行政处罚。五是要体现对社会本位法哲学思潮的贯穿。经济法是经济性与社会性的有机统一，必须在尊重个体的基础上，统筹兼顾，平衡利益，维护社会主义整体经济利益，对社会负起责任；六是要体现对中国传统文化精髓的传承。中国的经济法只有在中国的土壤上才能发扬光大，必须继承中国传统文化的精髓"中""合""和"（即中庸、合作、和谐）思想，强调各经济法主体并存、共进、联动、多赢。如本案中北京市交通主管部门对某出行公司进行约谈时，并非单独约谈而是会同相关部门，体现了经济法实施的联动性。

二、经济法理念的主要内容

经济法的基本理念主要包括：社会本位理念，统筹协调理念，平衡利益理念，共同发展理念。其中，坚守社会本位是经济法处理问题的根本出发点和归宿点，本案中交通主管部门对某出行公司实施行政处罚的出发点和归宿点在于规范车辆停放秩序；实行统筹协调是经济法处理问题的基本途径和方式；着力平衡利益是经济法处理问题的要害和关键；促进共同发展是经济法处理问题的宗旨和目标，本案中交通主管部门实施行政处罚只是手段而不是目的，其真正目的是引导规范共享经济发展。因此，就本案而言，北京市交通执法部门对某出行公司依法实施行政处罚，就是以维护社会整体利益为出发点，统筹各类经济法主体的关系，兼顾市场主体利益和社会秩序，以实现社会主义市场经济的持续健康发展。

【思考题】

1. 如何界定社会本位理念？在经济法实施过程中如何坚持社会本位理念？
2. 结合共同发展理念，分析我国"全体人民共同富裕取得更为明显的实质性进展"的远景目标。

第二节 经济法的基本原则

一个法律部门的基本原则，就是指该法律部门在调整一定社会关系时所遵循的准则。经济法作为一个独立的法律部门，应当有自己的基本原则。经济法的基本原则是经济法本质的集中体现，具有质的规定性和定限性；贯穿经济法始终，具有法定性、抽象性和普遍性；是规范经济运行行为的准则，具有一定的可操作性。经济法对经济关系的调整应坚持社会整体利益至上原则、效率与公平兼顾原则。

 案例二　广州某工业厂房开发有限公司涉税行政纠纷案❶

【基本案情】

1991 年 5 月 24 日，原广州市黄埔南岗镇人民政府（以下简称原南岗镇政府）与台湾某贸易有限公司（以下简称台湾某贸易公司）签订《某贸易公司包片开发南岗镇亨园岗土地合同书》。台湾某贸易公司作为台湾地区企业，依法不得在我国大陆从事房地产经营活动，不具有涉案土地开发经营的主体资格，因此，台湾某贸易公司于 1991 年 7 月与原南岗镇政府以南岗综合服务公司名义合作成立中外合作企业广州某工业厂房开发有限公司（以下简称广州某开发公司）。1992 年 7 月 4 日，原南岗镇政府与台湾某贸易公司签订了《补充协议》。

1992 年 4 月 11 日至 1993 年 7 月 2 日，广州某开发公司支付前期土地款共计人民币 23023080 元。此后，原南岗镇政府取得涉案土地的批准征地单位和规划许可用地单位登记。1994 年 12 月 12 日，原南岗镇政府向台湾某贸易公司出具《关于广州某开发公司土地使用复函》，内容为："经市规划局同意，(91) 城地批字 53、444、452 号文及 (92) 城地批字 808、809 号文中工业用地 204 亩，穗城规东片地字 1993 第 534 号、(1994) 123 号文中商住用地 219 亩属于广州富贵城所有，使用期限 70 年。"

2010 年 6 月 18 日，原广州市国土资源和房屋管理局（以下简称原市国土局）、广州市发展改革委员会、广州市财政局联合制定穗国房字〔2010〕878 号《关于前置审批用地公开出让后前期投入补偿有关问题的意见》，以妥善处理广州市历史上前置审批的国有建设用地完善相关用地手续的问题。

2015 年 6 月 1 日，台湾某贸易公司作为委托人与广州某开发公司作为受委托人签订《授权委托书》，双方约定委托广州某开发公司办理黄埔亨元岗地块用地申请手续及地块处置相关手续。2015 年 11 月 3 日，原市国土局作为甲方与乙方台湾某贸易公司、广州某开发公司城签订《协议书》（黄埔亨元岗前置审批用地），根据广州市中级人民法院（2005）穗中法民四重字第 7 号民事判决和乙方提出的按照广州市前置审批用地政策的规定，以现状公开出让方式完善涉案土地手续的申请，以明确该地块乙方前期投入费用补偿和场地移交等问题。

2016 年 5 月 19 日，广州某开发公司向国家税务总局广州市黄埔区税务局（以下简

❶ 一审判决：广州铁路运输第一法院（2018）粤 7101 行初 477 号行政判决书；二审判决：广州铁路运输中级法院（2018）粤 71 行终 3303 号行政判决书；再审裁定：广东省高级人民法院（2019）粤行申 911 号行政裁定书。

称黄埔税务局）申报并缴纳涉案土地耕地占用税人民币6056627.5元等税费。原市国土局于2016年3月31日至2016年8月30日，向广州某开发公司分三次支付前期投入补偿款人民币2182791200元，支付对象和收款主体均是广州某开发公司。

2016年4月18日，广州某开发公司向原黄埔税务局提交《企业所得税季度预缴纳税申报表》，申报其2016年第一季度营业收入人民币21亿元，应纳所得税额人民币489888931.93元。2017年5月27日，广州某开发公司向黄埔税务局提交《企业所得税年度纳税申报表》，申报利润总额人民币219501777.65元，应纳所得税额人民币54875444.41元。

2016年12月20日，广州某开发公司和台湾某贸易公司签订《补偿款分割协议》，约定原市国土局划入广州某开发公司的补偿款人民币2182791200元中，广州某开发公司分配比例10%，分配金额为人民币218279120元；台湾某贸易公司分配比例90%，分配金额为人民币1964512080元。2017年2月27日，双方就上述分割协议进行公证，广州市广州公证处作出（2017）粤广广州第028964号《公证书》予以公证。

2017年6月27日，广州某开发公司向黄埔税务局提出《退抵扣申请审批表》，认为其于2016年4月18日提交的《企业所得税季度预缴纳税申报表》申报错误，应按其2017年5月27日提交的《企业所得税年度纳税申报表》，申请退回多缴税款人民币435013487.52元。黄埔税务局收到上述申请后，于2017年7月6日向广州某开发公司送达《税务事项通知书》（穗黄国税税通〔2017〕35773号），并对广州某开发公司展开了实地核查。2017年7月24日，黄埔税务局作出《税务事项通知书》（穗黄国税税通〔2017〕39510号），经对广州某开发公司上述退抵税（费）申请审核，通知广州某开发公司其于2017年5月27日申报的2016年度收入额少于实际取得的收入额，不能准确计算应纳税所得额，不予退税。广州某开发公司当天签收通知书。

2017年9月19日，广州某开发公司因不服上述通知内容向国家税务总局广州市税务局（以下简称市税务局）提出行政复议申请。市税务局受理该申请，并于2017年9月20日作出《受理复议通知书》和《行政复议答复通知书》，分别送达广州某开发公司和黄埔税务局。2017年11月21日，市税务局作出《行政复议决定书》，认定广州某开发公司为涉案土地的开发经营主体，实际上也支付了相关税费。因国家政策原因无法将涉案土地直接变更至广州某开发公司名下而获得的前期投入补偿款，应该归属开发经营主体广州某开发公司经营补偿所得。依照《中华人民共和国行政复议法实施条例》第43条规定，决定维持黄埔税务局作出的《税务事项通知书》（穗黄国税税通〔2017〕39510号）。2017年11月23日，广州某开发公司和黄埔税务局签收上述通知。广州某开发公司因不服上述复议决定，向法院提起行政诉讼。

一审、二审法院均认为黄埔税务局作出的《税务事项通知书》（穗黄国税税通〔2017〕39510号及市税务局作出的《行政复议决定书》（穗国税复决字〔2017〕第26号），认定事实清楚，适用法律、法规正确，程序合法。广州某开发公司的再审申请亦被广东省高级人民法院驳回。

【主要法律问题】

1. 本案中人民法院是否遵循了税收法定原则？
2. 该涉税行政纠纷如何体现经济法的基本原则？

【主要法律依据】

一、《中华人民共和国税收征收管理法》（1993 年 1 月 1 日起施行，2015 年 4 月 24 日修订，以下简称《税收征收管理法》）

第 51 条　纳税人超过应纳税额缴纳的税款，税务机关发现后应当立即退还；纳税人自结算缴纳税款之日起三年内发现的，可以向税务机关要求退还多缴的税款并加算银行同期存款利息，税务机关及时查实后应当立即退还；涉及从国库中退库的，依照法律、行政法规有关国库管理的规定退还。

二、《中华人民共和国行政复议法》（1999 年 10 月 1 日起施行，2017 年 9 月 1 日修订，以下简称《行政复议法》）

第 12 条第 2 款　对海关、金融、国税、外汇管理等实行垂直领导的行政机关和国家安全机关的具体行政行为不服的，向上一级主管部门申请行政复议。

第 28 条第 1 款　行政复议机关负责法制工作的机构应当对被申请人作出的具体行政行为进行审查，提出意见，经行政复议机关的负责人同意或者集体讨论通过后，按照下列规定作出行政复议决定：（1）具体行政行为认定事实清楚，证据确凿，适用依据正确，程序合法，内容适当的，决定维持；……

第 31 条第 1 款　行政复议机关应当自受理申请之日起六十日内作出行政复议决定；但是法律规定的行政复议期限少于六十日的除外。情况复杂，不能在规定期限内作出行政复议决定的，经行政复议机关的负责人批准，可以适当延长，并告知申请人和被申请人；但是延长期限最多不超过三十日。

【理论分析】

一、经济法基本原则的概念、特征

所谓基本原则，就是特定事物在一定的范围内，按照其自身特点，处理内部、外部关系的标准和规则。一个法律部门的基本原则，就是指该法律部门在调整一定社会关系时所遵循的准则。原则是法的灵魂，是法的精神实质和实践纲领，各种具体规定都是原则的逻辑展开和精细化，把握了原则就把握了法的总精神。

经济法作为一个独立的法律部门，应当有自己的基本原则。但对于其基本原则是什么，如何正确确立其原则，众说纷纭。在我国，许多著作和论文都论述了这一问题。关于经济法基本原则的表述有几十条之多。有的把法的一般原则、宪法原则或其他部门法的原则照搬过来，有的把部门经济法的特有原则作为经济法的基本原则，还有的甚至将某些客观规律、经济制度、经济工作方针也作为经济法原则。之所以如此，一是由于我国还没有一部《经济法典》来明确规定经济法的基本原则，二是对经济法原则的含义和要求尚缺乏统一认识。

经济法的基本原则，就是由经济法本质所决定，贯穿经济法始终的，在协调经济运行中必须遵循的根本准则。这一定义说明，作为经济法的原则，必须具有如下特征。

第一，它是经济法本质的集中体现，具有质的规定性和定限性。能够集中反映经济法的主要特点，而且限于适用国家干预经济生活的范畴，从而与其他部门法的原则、宪法原则及法的一般原则区别开来。

第二，它贯穿经济法始终，具有法定性、抽象性和普遍性。它体现在众多的经济法律规范之中，或者以法律条文明白地加以规定，具有法律约束力，必须遵循，因而不同于经济法的学说、作用和思维逻辑等；同时，它也不同于具体的经济法律规范。它并不具体地禁止、命令、允许或提倡人们为或不为某种行为，而是各种具体规定精神实质的概括和抽象，仅为人们指示有关行为的基本方向或模式；经济法原则贯穿其全部规定和经济法从制定到实施的全过程。它不是仅在个别场合适用，不仅是人们在从事个别行为时所应遵循的，而是相关的各种行为都需要遵循的。不仅是在某个环节适用，而是在有关经济法的制定和实施全过程中都需遵循的，具有普遍的指导和约束作用，涵盖整个经济法部门。因而，它也不同于各部门经济法的原则。

第三，它是规范经济运行行为的一种准则，具有一定的可操作性。虽然它比较概括和抽象，但它毕竟属于一种行为规则，能给人们行为以指导和约束，是所有相关的行为人在协调市场经济运行过程中都应当遵守的。

由上可见，经济法基本原则也是经济法区别于其他法的基本标志之一，是经济法理论的重要组成部分。它对经济法律意识的形成，对经济立法、经济司法、经济执法和守法，以及经济法教学和研究，都有重要的意义和作用，有助于人们克服法的普遍性与个别性的矛盾，在法无明文规定的情况下，明辨是非，恰当处理纷繁复杂的经济问题。

经济法的基本原则贯穿经济法的立法、执法、司法和守法全过程。在广州某开发公司涉税行政纠纷案中，人民法院既依循具体法律规范，也秉持税法基本原则。税法基本原则是经济法基本原则在税法领域的具体体现，主要表现为税收法定原则、税收公平原则、税收效率原则和实质课税原则。其中，税收法定原则是税法基本原则的核心，是指税法主体的权利义务必须由法律加以规定，税法的各类构成要素都必须且只能由法律予以明确。在本案中，广州某开发公司认为其多缴了企业所得税，并提起申请退税的行政复议和行政诉讼，人民法院在案件审理中坚持税收法定原则，认定广州某开发公司的请求不符合《税收征管法》第51条的规定。

当然，经济法基本原则的确定不是随意的，而是有一定的客观依据和标准。经济法基本原则确立的依据主要有：基本社会经济关系，客观经济规律，宪法，国家经济政策和国际经济形势等。衡量经济法基本原则是否有效的标准主要有四：一是反映经济法调整范围的根本要求；二是体现经济法的本质特性；三是统率经济法的基本制度；

四是提供经济法的行为方向和模式，弥补立法疏漏。

二、经济法基本原则的主要内容

（一）社会整体利益至上原则

"社会整体利益至上原则"就是指经济法的立法、执法和司法实践均应从社会整体经济利益出发，以尊重个体权益为基础，以维护社会整体利益为己任，把社会整体利益作为衡量一切行为的标准。当个人、企业、团体利益甚至国家利益与社会利益冲突时，都应让位于社会利益。这一原则是经济法社会本位理念的集中体现。在广州某开发公司涉税行政纠纷案中，人民法院坚持社会整体利益至上原则，维护了国家税收利益。国家税收利益属于社会整体利益，本案中人民法院认为，广州某开发公司获得的"补偿款"应当被视为应纳税所得，对于广州某开发公司缴纳的企业所得税不应予以退税。

任何一个法律部门，都应当有一个基本出发点，或者说本位思想，正是这种本位思想构成了一个法律部门区别于另一个法律部门的主要标志。就法律调整的本位而言，有三种情况：一是"国家本位"，也就是以国家利益为主导，衡量一切行为的标准是是否符合国家利益。一般来讲，行政法是"国家本位"，因为行政法的内容更多地表现为权力的从属关系，即政府机关上下级之间，政府与社会组织及公民之间的权力从属关系。二是"个体本位"，这是以当事人利益为指向的民商法所要解决的问题。在我国，民商法的利益保护结构由《中华人民共和国民法典》（2021年1月1日起施行，以下简称《民法典》）确认。《民法典》第8条规定："民事主体从事民事活动，不得违反法律，不得违背公序良俗。"第9条规定："民事主体从事民事活动，应当有利于节约资源、保护生态环境。"这表明民商法既保护民事主体的个体利益，也保护社会公共利益。但是，在不损害社会公共利益的前提下，民事主体利益的保护是第一位的。三是"社会本位"，这是以保护社会整体利益，尊重社会个体权益为目标的经济法所要解决的问题。经济法确立社会整体利益至上原则作为自己的基本原则是由经济法的本质属性——社会性所决定的。

这一原则要求经济法在对产业调节、固定资产投资、货币发行、价格水平、垄断和不正当竞争行为、产品质量控制以及消费者权益保护等关系进行调整时，都必须以社会利益为本位。与此同时，任何市场主体，在进行市场行为时，都不能一味地追求自身利益的最大化而忽视对社会整体利益的关注。❶

（二）效率与公平兼顾原则

"效率与公平兼顾"是指经济法的立法、执法和司法实践均应坚持效率与公平双重目标互补与统一的平衡观念，既讲效率，又讲公平，二者兼顾。当效率与公平发生冲突时，应当区别处理。在宏观领域，前者往往优先于后者；而在微观领域，后者则往

---

❶ 李昌麒. 经济法学［M］. 北京：中国政法大学出版社，1999：82.

往优先于前者，从而在新的层次上实现二者统一。

这里的效率，近似或等同于效益（主要指社会效益）；这里的公平，近似或等同于公正（主要指社会公正）。它们之间如同前述的社会效益与社会公正一样，也是对立统一的辩证关系。效率是公平的前提，真正的公平必须是有效率的公平；而公平是效率的条件，失去公平也就没有了效益。经济法是激励创造社会财富，保障市场经济"经济"运行之法，因而必须讲效率、讲效益，大力发展增量利益，尽量把"蛋糕"做大；但经济法又是维护社会整体经济利益，实现整个国民经济协调之法，因而又必须兼顾公平和公正，妥善处理存量利益，使"蛋糕"公平分割。由此可见，效率与公平兼顾原则也是由经济法的本质属性和价值目标决定的。

这一原则要求国家必须"经济"地干预经济，公正地协调关系，合理地平衡利益。在广州某开发公司涉税行政纠纷案中，人民法院依法协调台湾某贸易公司、广州某开发公司、国土局、税务局等主体之间的关系，平衡纳税人利益与国家税收利益，兼顾了效率与公平。在经济法视域下，国家不仅应对财产、资源和经济行为给予公平的保护，更应将有无效益及效益大小作为决定某些经济现象是否以及怎样受到法律调节的基本依据，从而引导或促使人们按照最有效的方式保护和利用资源，实现经济、社会、资源、环境的协调可持续发展。

【思考题】

1. 如何理解经济法基本原则的特征？
2. 结合"效率优先兼顾公平原则"，分析实现我国共同富裕的对策。

第二编 市场规制法

CHAPTER 4

第四章

反垄断法律制度

 本章知识要点

（1）掌握垄断协议规制制度，能够准确把握垄断协议构成要件及规制原则。
（2）掌握滥用市场支配地位的法律规制，能够界定相关市场、判定市场支配地位
及滥用行为；（3）掌握经营者集中控制制度，能够认定违法实施的经营者集中；
（4）掌握行政垄断行为规制制度及公平竞争审查制度。❶

第一节　垄断协议规制制度

2022 年修正的《中华人民共和国反垄断法》第 16 条明确规定，垄断协议，是指排
除、限制竞争的协议、决定或者其他协同行为。根据我国《反垄断法》规定，垄断协
议包括横向垄断协议、纵向垄断协议和垄断协议的组织帮助行为。横向垄断协议，是
指处于同一产业领域具有竞争关系的经营者之间达成的排除、限制竞争的协议。纵向
垄断协议，是指处于同一产业领域具有交易关系的经营者之间达成的排除、限制竞争
的协议。垄断协议的组织帮助行为，是指经营者组织其他经营者达成垄断协议或者为
其他经营者达成垄断协议提供实质性帮助。

---

❶ 为适应新时代的市场经济发展，我国于 2022 年围绕组织帮助型垄断协议、安全港、法律责任等问题对
《反垄断法》进行了重大修改。2023 年，国家市场监管总局正式颁布《制止滥用行政权力排除、限制竞争行为规
定》《禁止垄断协议规定》《禁止滥用市场支配地位行为规定》《经营者集中审查规定》等四部反垄断法配套规章，
取代原有的《禁止垄断协议暂行规定》，确立了完备的反垄断法律体系。

案例一　瓶装液化气垄断协议案❶

【基本案情】

2015 年 11 月，某省 B 市 C 区有甲石化有限公司（以下简称甲公司）、乙公司、丙公司、丁公司、戊公司、己公司、庚公司 7 家公司从事瓶装液化石油气经营活动。2015 年 11 月 18 日，7 家公司达成为期 10 年的《合作协议》，明确他们的营业收入核算比例。协议签订后，由甲公司统一购气，庚公司统一运送；经营者们将营业收入存入甲公司账户，每月按协议约定的比例分配。

该省于 2016 年 2 月 1 日开放对瓶装液化石油气零售价格管控之后，7 家公司共同商定并执行在不同时间段统一的销售价格。至案发时，B 市 C 区液化石油气销售价格与周边城镇比较价格适用，无哄抬价格情形。当地物价主管部门就此出具专门情况说明。

在调查过程中，甲公司是首家主动向该省市场监督管理局报告《合作协议》相关情况并提供关键证据的公司。同时，7 家公司主动整改，废止原有《合作协议》。基于此，执法机构予以宽大处理。根据《反垄断法》❷ 第 46 条第 1 款、第 2 款规定，责令停止违法行为，对甲公司处以 2017 年度销售额 1% 的罚款，对其余 6 家经营者处以上一年度销售额 2% 的罚款。

【主要法律问题】

1. 本案经营者是否达成垄断协议？
2. 本案经营者应当承担何种法律责任？

【主要法律依据】

一、《中华人民共和国反垄断法》（2007 年 8 月 30 日通过，2022 年 6 月 24 日修正）

第 20 条　经营者能够证明所达成的协议属于下列情形之一的，不适用本法第十七条、第十八条第一款、第十九条的规定：

（一）为改进技术、研究开发新产品的；

（二）为提高产品质量、降低成本、增进效率，统一产品规格、标准或者实行专业化分工的；

（三）为提高中小经营者经营效率，增强中小经营者竞争力的；

---

❶ 国家市场监督管理总局反垄断局. 市场监管总局发布湖南省张家界永定区瓶装液化气垄断协议案行政处罚决定书［EB/OL］.（2019-12-11）［2021-08-12］. http://www.samr.gov.cn/fldj/tzgg/xzcf/201912/t20191211_309148.html.

❷ 若无特别说明，本书所引法律均为案件发生时适用的法律。

（四）为实现节约能源、保护环境、救灾救助等社会公共利益的；

（五）因经济不景气，为缓解销售量严重下降或者生产明显过剩的；

（六）为保障对外贸易和对外经济合作中的正当利益的；

（七）法律和国务院规定的其他情形。

属于前款第一项至第五项情形，不适用本法第十七条、第十八条第一款、第十九条规定的，经营者还应当证明所达成的协议不会严重限制相关市场的竞争，并且能够使消费者分享由此产生的利益。

第 56 条　经营者违反本法规定，达成并实施垄断协议的，由反垄断执法机构责令停止违法行为，没收违法所得，并处上一年度销售额百分之一以上百分之十以下的罚款，上一年度没有销售额的，处五百万元以下的罚款；尚未实施所达成的垄断协议的，可以处三百万元以下的罚款。经营者的法定代表人、主要负责人和直接责任人员对达成垄断协议负有个人责任的，可以处一百万元以下的罚款。

经营者组织其他经营者达成垄断协议或者为其他经营者达成垄断协议提供实质性帮助的，适用前款规定。

经营者主动向反垄断执法机构报告达成垄断协议的有关情况并提供重要证据的，反垄断执法机构可以酌情减轻或者免除对该经营者的处罚。

行业协会违反本法规定，组织本行业的经营者达成垄断协议的，由反垄断执法机构责令改正，可以处三百万元以下的罚款；情节严重的，社会团体登记管理机关可以依法撤销登记。

二、《禁止垄断协议规定》（2023 年 4 月 15 日起施行）

第 42 条　经营者违反本规定，达成并实施垄断协议的，由反垄断执法机构责令停止违法行为，没收违法所得，并处上一年度销售额百分之一以上百分之十以下的罚款，上一年度没有销售额的，处五百万元以下的罚款；尚未实施所达成的垄断协议的，可以处三百万元以下的罚款。

经营者的法定代表人、主要负责人和直接责任人员对达成垄断协议负有个人责任的，可以处一百万元以下的罚款。

第 43 条　经营者组织其他经营者达成垄断协议或者为其他经营者达成垄断协议提供实质性帮助的，适用本规定第四十二条规定。

第 44 条　行业协会违反本规定，组织本行业的经营者达成垄断协议的，由反垄断执法机构责令改正，可以处三百万元以下的罚款；情节严重的，反垄断执法机构可以提请社会团体登记管理机关依法撤销登记。

第 45 条　反垄断执法机构确定具体罚款数额时，应当考虑违法行为的性质、程度、持续时间和消除违法行为后果的情况等因素。

违反本规定，情节特别严重、影响特别恶劣、造成特别严重后果的，市场监管总局可以在本规定第四十二条、第四十三条、第四十四条规定的罚款数额的二倍以上五倍以下确定具体罚款数额。

第 46 条　经营者因行政机关和法律、法规授权的具有管理公共事务职能的组织滥用行政权力而达成垄断协议的，按照本规定第四十二条、第四十三条、第四十四条、第四十五条处理。经营者能够证明其受行政机关和法律、法规授权的具有管理公共事务职能的组织滥用行政权力强制或者变相强制达成垄断协议的，可以依法从轻或者减轻处罚。

三、《国务院反垄断委员会横向垄断协议案件宽大制度适用指南》（2019 年 1 月 4 日起施行，以下简称《横向垄断协议案件宽大制度适用指南》）

第 10 条　经营者获得宽大需要满足的其他条件

经营者申请宽大应按照本指南要求提交报告、证据，并且全部满足下列条件，可以获得宽大：

（一）申请宽大后立即停止涉嫌违法行为，但执法机构为保证调查工作顺利进行而要求经营者继续实施上述行为的情况除外。经营者已经向境外执法机构申请宽大，并被要求继续实施上述行为的，应当向执法机构报告；

（二）迅速、持续、全面、真诚地配合执法机构的调查工作；

（三）妥善保存并提供证据和信息，不得隐匿、销毁、转移证据或者提供虚假材料、信息；

（四）未经执法机构同意不得对外披露向执法机构申请宽大的情况；

（五）不得有其他影响反垄断执法调查的行为。

经营者组织、胁迫其他经营者参与达成、实施垄断协议或者妨碍其他经营者停止该违法行为的，执法机构不对其免除处罚，但可以相应给予减轻处罚。

第 13 条　执法机构免除、减轻经营者的罚款

对于第一顺位的经营者，执法机构可以对经营者免除全部罚款或者按照不低于 80% 的幅度减轻罚款。在执法机构立案前或者依据《反垄断法》启动调查程序前申请宽大并确定为第一顺位的经营者，执法机构将免除全部罚款，存在本指南第十条第二款情形的除外。

对于第二顺位的经营者，执法机构可以按照 30% 至 50% 的幅度减轻罚款；对于第三顺位的经营者，可以按照 20% 至 30% 的幅度减轻罚款；对于后序顺位的经营者，可以按照不高于 20% 的幅度减轻罚款。

本指南所称罚款是指，将申请罚款减免以外的所有情节综合考虑后确定对经营者作出的罚款金额。

【理论分析】

一、关于经营者是否达成垄断协议的问题

垄断协议的构成要件包括三个方面：主体要件、行为要件和结果要件。

一是垄断协议的主体要件，要求垄断协议的实施主体须为两个以上独立的经营者或行业协会。经营者是垄断协议的主要实施主体。作为行业自治性组织的行业协会，

在一定情况下，为谋求行业成员的不正当利益常常实施或者组织成员企业实施垄断协议行为。该种情形下，行业协会也成为垄断协议的实施主体。

二是垄断协议的行为要件，要求经营者之间实施相互拘束竞争性经营活动的共同行为。行为要件包括两个方面：一为实质要件，即经营者间相互制约彼此竞争性的经营活动。二为形式要件，即经营者实施以协议、决定或协同行为为表现形式的共同行为。

三是垄断协议的市场效果要件，要求经营者实施的共同行为须达到限制、排除相关市场竞争的后果或者具备排除、限制相关市场竞争的风险。经营者间的共同行为，并不必然违法，只有达到在相关市场排除、限制竞争或者存在排除、限制相关市场竞争的风险时，才会被认定构成垄断协议。

（一）涉案经营者达成并实施横向垄断协议

横向协议包括价格垄断协议、限制生产或者销售数量的协议、市场分割协议、限制购买新技术、新设备或者限制开发新技术、新产品的协议、联合抵制交易等。此外，在我国，还禁止具有竞争关系的平台经济领域经营者通过下列方式达成横向垄断协议：（1）利用平台收集并且交换价格、❶ 销量、成本、客户等敏感信息。（2）利用技术手段进行意思联络。（3）利用数据、算法、平台规则等实现协调一致行为。（4）其他有助于实现协同的方式。

本案中，7 家经营者之间具有竞争关系，是同一地域相同业务范畴内的独立经营者。涉案企业主要达成并实施下列行为：一是达成《合作协议》，明确分割销售市场的内容，以及营业收入核算比例。此条款相互拘束协议参加者竞争性的经营活动，排除、限制瓶装液化石油气市场的竞争。通常，市场分割协议不但破坏市场的竞争秩序，还使竞争者间怠于技术革新，严重阻碍社会经济效率的提高，损害消费者权益。由此，很多国家对其依据本身违法原则进行规制。二是共同商定并执行在不同时间段统一的销售价格，即固定价格。执法机构认定上述 7 家企业分割销售市场、统一价格的行为，限制了 B 市 C 区瓶装液化气销售市场的竞争。

（二）垄断协议的违法判定原则

合理原则，是指有些类型的垄断协议不被视为必然违法，其违法性需根据垄断协议的行为后果、行为目的等进行具体分析，以一定交易领域限制竞争、损害社会整体经济效率及消费者利益为标准的违法性判定原则。运用合理原则对垄断协议的违法性进行判定时，重点考察垄断协议的目的、结果、行为人的市场力量等要素，需平衡垄断协议对竞争产生的积极效果和消极效果。合理原则有利于实现个案的公平，但同时也会带来执法成本的提升和效率的下降。

本身违法原则，是指某些类型的垄断协议，只要行为存在，无须具体判断行为的

---

❶ 此处所称价格，包括但不限于商品价格以及经营者收取的佣金、手续费、会员费、推广费等服务收费。

市场效果,即被视为违法的原则。该原则适用于横向固定价格、市场分割、限制产量、投标人间串通投标和维持最低转售价格等对市场调节机制具有基础性破坏作用的协议。运用该原则有利于提高行政处罚或司法裁判的效率,增强垄断协议案件的预见性,但也可能带来适用上的不灵活。为此,很多国家通过附随性限制理论对其加以完善,仅对内容或目的对竞争进行直接限制的上述协议适用本身违法原则,而对某些对竞争进行附随性限制的协议仍然适用合理原则进行判断。现今,美国、欧盟、日本等很多国家或地区均采用该原则。

在我国,《反垄断法》并未明确规定本身违法原则。即使是价格协议,仍需要对其市场效果进行分析。本案达成的合作协议排除、限制瓶装液化石油气市场的竞争,严重阻碍社会经济效率的提高,损害消费者权益,故构成违法。

（三）本案不存在豁免情形

垄断协议具有排除、限制竞争的效果,同时也可能产生积极效果。对于正面效应能够补偿甚至抵消负面效应的垄断协议,《反垄断法》设置豁免制度。我国《反垄断法》第20条明确垄断协议的适用除外情形：（1）为改进技术、研究开发新产品的；（2）为提高产品质量、降低成本、增进效率,统一产品规格、标准或者实行专业化分工的；（3）为提高中小经营者经营效率,增强中小经营者竞争力的；（4）为实现节约能源、保护环境、救灾救助等社会公共利益的；（5）因经济不景气,为缓解销售量严重下降或者生产明显过剩的；（6）为保障对外贸易和对外经济合作中的正当利益的；（7）法律和国务院规定的其他情形。同时,《反垄断法》也规定了适用前款的两个必要条件,一是不会严重限制相关市场的竞争,二是能够使消费者分享由此产生的利益。需要注意的是,豁免适用《反垄断法》的举证责任由经营者承担。

本案经营者在案件调查中向执法机构提交了关于适用《反垄断法》适用除外条款的申请,认为该案适用第20条第1款第1、2、3、7项规定之情形。从经营范围来看,涉案企业主要从事销售业务,不涉及生产环节,自然不适用"为改进技术、研究开发新产品"的规定。甲公司等经营者达成《合作协议》,对液化气购买、销售及运输工作进行分配,其目的在于分割销售市场,相互约束彼此经营行为,无助于提高产品质量与增强竞争力。因此,经营者申请适用豁免条款的条件不成立。综上,甲公司等经营者达成并实施垄断协议行为,应予以规制。

二、关于本案经营者承担法律责任的问题

垄断协议作为反垄断法中严重的违法行为,各国均设置行政责任。在中国、日本、欧盟等国家或地区,垄断协议的行政责任处于核心地位。我国《反垄断法》第56条规定垄断协议的如下法律责任：（1）责令停止违法行为；（2）没收违法所得；（3）罚款；（4）撤销登记,此种形式主要针对行业协会实施的情节严重的垄断协议行为。本案中,该省市场监管局依法责令给予涉案经营者停止违法行为并缴纳罚款,未处以没收违法所得,是因为甲公司等经营者财务数据不完整,其违法所得无法合理计算。

（一）罚款征收

我国《反垄断法》第 56 条规定❶，经营者违反本法规定，达成并实施垄断协议的，由反垄断执法机构责令停止违法行为，没收违法所得，并处上一年度销售额 1% 以上 10% 以下的罚款，上一年度没有销售额的，处 500 万元以下的罚款；尚未实施所达成的垄断协议的，可以处 300 万元以下的罚款。经营者的法定代表人、主要负责人和直接责任人员对达成垄断协议负有个人责任的，可以处 100 万元以下的罚款。经营者组织其他经营者达成垄断协议或者为其他经营者达成垄断协议提供实质性帮助的，适用前款规定。经营者主动向反垄断执法机构报告达成垄断协议的有关情况并提供重要证据的，反垄断执法机构可以酌情减轻或者免除对该经营者的处罚。行业协会违反本法规定，组织本行业的经营者达成垄断协议的，由反垄断执法机构责令改正，可以处 300 万元以下的罚款；情节严重的，社会团体登记管理机关可以依法撤销登记。2023 年 3 月 10 日，国家市场监管总局发布《禁止垄断协议规定》，于 2023 年 4 月 15 日生效。其中，第 45 条规定：反垄断执法机构确定具体罚款数额时，应当考虑违法行为的性质、程度、持续时间和消除违法行为后果的情况等因素。违反本规定，情节特别严重、影响特别恶劣、造成特别严重后果的，市场监管总局可以在本规定第 42 条、第 43 条、第 44 条规定的罚款数额的二倍以上五倍以下确定具体罚款数额。本案中，执法机构认定《合作协议》在钢瓶产权置换方面产生一定的社会效益；商定的销售价格，没有虚高定价。同时，涉案经营者主动对其垄断行为进行积极改正，且 7 家企业为小微企业，近年销量逐年下降，经营比较困难，执法机构对其给予从轻处罚。

（二）宽大制度

为应对垄断协议行为隐蔽、难以发现的执法困境，1978 年美国首创激励共谋参与者检举揭发的反垄断法宽大制度（leniency policy）。进入 21 世纪，各国积极活用该项制度以应对恶性垄断协议行为。我国在《反垄断法》第 56 条第 3 款规定了宽大制度。

甲公司作为涉案公司，是第一家主动向执法机构提供《合作协议》及《关于达成〈合作协议〉有关情况报告》等证明达成实施垄断协议关键证据的经营者，积极配合案件调查，同时停止违法行为并进行整改。某省市场监督管理局在综合考量基础上，给予甲公司一定程度宽大处理，在其他经营者罚款征收比率 2% 的情形下，对甲公司处以上一年度销售额 1% 的罚款。

2019 年 1 月 4 日，国务院反垄断委员会印发《横向垄断协议案件宽大制度适用指

---

❶ 2022 年《反垄断法》修正后，垄断协议的行政责任条款为第 56 条，原《反垄断法》对应的是第 46 条。原《反垄断法》第 46 条：经营者违反本法规定，达成并实施垄断协议的，由反垄断执法机构责令停止违法行为，没收违法所得，并处上一年度销售额 1% 以上 10% 以下的罚款；尚未实施所达成的垄断协议的，可以处 50 万元以下的罚款。经营者主动向反垄断执法机构报告达成垄断协议的有关情况并提供重要证据的，反垄断执法机构可以酌情减轻或者免除对该经营者的处罚。行业协会违反本法规定，组织本行业的经营者达成垄断协议的，反垄断执法机构可以处 50 万元以下的罚款；情节严重的，社会团体登记管理机关可以依法撤销登记。

南》，系统规定我国的宽大制度体系。

宽大制度适用的主体要件。我国采用单一主体模式，即宽大制度仅适用于涉嫌违法的经营者。同时，没有对申请者的数量作出限制，不限于最早或较早揭发检举的申请者。但是，经营者组织、胁迫其他经营者参与达成、实施垄断协议或者妨碍其他经营者停止该违法行为的，执法机构不对其免除处罚，但可相应减轻处罚。

宽大制度适用的行为要件：一是垄断协议的参加人需提供相关违法行为的重要证据资料，实施自首或检举揭发行为。申请者提供证据的标准，因责任全部免除与部分减免、立案前申请与立案后申请而有不同的要求。二是宽大制度申请者应当停止违法行为，但执法机构认为不停止对案件调查十分必要的情形除外。停止违法行为的时间点是认定违法行为停止的关键。我国和欧盟规定经营者应于提交宽大申请时停止违法行为。三是申请者应当迅速、持续、全面、真诚地配合执法机构的调查工作。四是未经执法机构同意，经营者不得对外披露向执法机构申请宽大的情况。

责任减免梯度。我国与欧盟、日本采用"分层级责任减免"模式，即申请者因申请时间、序位获得依此递减的减免幅度。《横向垄断协议案件宽大制度适用指南》第13条规定了罚款减免的幅度：对于第一顺位的经营者，执法机构可对经营者免除全部罚款或者按照不低于80%的幅度减轻罚款。在执法机构立案前或者依据《反垄断法》启动调查程序前申请宽大并确定为第一顺位的经营者，执法机构将免除全部罚款，存在本指南第10条第2款情形的除外。对于第二顺位的经营者，执法机构可按照30%至50%的幅度减轻罚款；对于第三顺位的经营者，可以按照20%至30%的幅度减轻罚款；对于后序顺位的经营者，可以按照不高于20%的幅度减轻罚款。

【思考题】

1. 什么是组织、帮助型垄断协议？我国反垄断法对其是如何进行规制的？
2. 纵向垄断协议是如何进行规制的？

第二节　滥用市场支配地位的法律规制

认定滥用市场支配地位行为，通常遵循的法律分析框架是：一是准确界定相关市场，这是判断经营者是否拥有市场支配地位的前提要件。二是判断经营者是否具备市场支配地位。三是判定具有市场支配地位的经营者是否实施了滥用行为。经营者拥有市场支配地位并不违法，只有当经营者滥用该种地位实施违法行为时，才被反垄断法所禁止。

案例二 甲平台企业"二选一"垄断案[❶]

【基本案情】

自 2015 年以来，甲平台企业对平台内商家提出"二选一"要求，禁止平台内商家在其他竞争性平台开店或参加促销活动，并借助市场力量、平台规则和数据、算法等技术手段，采取多种奖惩措施保障"二选一"要求执行，维持、增强自身市场力量，获取不正当竞争优势。2021 年 4 月 10 日，市场监管总局依法作出行政处罚决定，责令该平台企业停止违法行为，并对其处以其 2019 年中国境内销售额 4% 即 4557.12 亿元的罚款，计 182.28 亿元。同时，按照《中华人民共和国行政处罚法》坚持处罚与教育相结合的原则，向该平台企业发出《行政指导书》，要求其围绕严格落实平台企业主体责任、加强内控合规管理、维护公平竞争、保护平台内商家和消费者合法权益等方面进行全面整改，并连续三年向市场监管总局提交自查合规报告。

【主要法律问题】

1. 如何界定平台经济领域的相关市场？
2. 甲平台企业是否在相关市场具有支配地位？
3. 甲平台企业是否实施滥用市场支配地位行为？

【主要法律依据】

一、《中华人民共和国反垄断法》（2008 年 8 月 1 日起施行，2022 年 6 月 24 日修订）

第 22 条 禁止具有市场支配地位的经营者从事下列滥用市场支配地位的行为：

（一）以不公平的高价销售商品或者以不公平的低价购买商品；

（二）没有正当理由，以低于成本的价格销售商品；

（三）没有正当理由，拒绝与交易相对人进行交易；

（四）没有正当理由，限定交易相对人只能与其进行交易或者只能与其指定的经营者进行交易；

（五）没有正当理由搭售商品，或者在交易时附加其他不合理的交易条件；

（六）没有正当理由，对条件相同的交易相对人在交易价格等交易条件上实行差别待遇；

（七）国务院反垄断执法机构认定的其他滥用市场支配地位的行为。

---

❶ 国家市场监管总局. 市场监管总局依法对阿里巴巴集团控股有限公司在中国境内网络零售平台服务市场实施"二选一"垄断行为作出行政处罚 [EB/OL].（2021-04-10）[2021-08-05]. http://www.samr.gov.cn/xw/zj/202104/t20210410_327702.html.

具有市场支配地位的经营者不得利用数据和算法、技术以及平台规则等从事前款规定的滥用市场支配地位的行为。

本法所称市场支配地位，是指经营者在相关市场内具有能够控制商品价格、数量或者其他交易条件，或者能够阻碍、影响其他经营者进入相关市场能力的市场地位。

二、《国务院反垄断委员会关于平台经济领域的反垄断指南》（2021年2月7日起施行，以下简称《关于平台经济领域的反垄断指南》）

第4条　相关市场界定

平台经济业务类型复杂、竞争动态多变，界定平台经济领域相关商品市场和相关地域市场需要遵循《反垄断法》和《国务院反垄断委员会关于相关市场界定的指南》所确定的一般原则，同时考虑平台经济的特点，结合个案进行具体分析。

（一）相关商品市场。平台经济领域相关商品市场界定的基本方法是替代性分析。在个案中界定相关商品市场时，可以基于平台功能、商业模式、应用场景、用户群体、多边市场、线下交易等因素进行需求替代分析；当供给替代对经营者行为产生的竞争约束类似需求替代时，可以基于市场进入、技术壁垒、网络效应、锁定效应、转移成本、跨界竞争等因素考虑供给替代分析。具体而言，可以根据平台一边的商品界定相关商品市场；也可以根据平台所涉及的多边商品，分别界定多个相关商品市场，并考虑各相关商品市场之间的相互关系和影响。当该平台存在的跨平台网络效应能够给平台经营者施加足够的竞争约束时，可以根据该平台整体界定相关商品市场。

（二）相关地域市场。平台经济领域相关地域市场界定同样采用需求替代和供给替代分析。在个案中界定相关地域市场时，可以综合评估考虑多数用户选择商品的实际区域、用户的语言偏好和消费习惯、相关法律法规的规定、不同区域竞争约束程度、线上线下融合等因素。

根据平台特点，相关地域市场通常界定为中国市场或者特定区域市场，根据个案情况也可以界定为全球市场。

（三）相关市场界定在各类垄断案件中的作用。坚持个案分析原则，不同类型垄断案件对于相关市场界定的实际需求不同。

调查平台经济领域垄断协议、滥用市场支配地位案件和开展经营者集中反垄断审查，通常需要界定相关市场。

第11条　市场支配地位的认定

反垄断执法机构依据《反垄断法》第十八条、第十九条规定，认定或者推定经营者具有市场支配地位。结合平台经济的特点，可以具体考虑以下因素：

（一）经营者的市场份额以及相关市场竞争状况。确定平台经济领域经营者市场份额，可以考虑交易金额、交易数量、销售额、活跃用户数、点击量、使用时长或者其他指标在相关市场所占比重，同时考虑该市场份额持续的时间。

分析相关市场竞争状况，可以考虑相关平台市场的发展状况、现有竞争者数量和市场份额、平台竞争特点、平台差异程度、规模经济、潜在竞争者情况、创新和技术变化等。

（二）经营者控制市场的能力。可以考虑该经营者控制上下游市场或者其他关联市场的能力，阻碍、影响其他经营者进入相关市场的能力，相关平台经营模式、网络效应，以及影响或者决定价格、流量或者其他交易条件的能力等。

（三）经营者的财力和技术条件。可以考虑该经营者的投资者情况、资产规模、资本来源、盈利能力、融资能力、技术创新和应用能力、拥有的知识产权、掌握和处理相关数据的能力，以及该财力和技术条件能够以何种程度促进该经营者业务扩张或者巩固、维持市场地位等。

（四）其他经营者对该经营者在交易上的依赖程度。可以考虑其他经营者与该经营者的交易关系、交易量、交易持续时间、锁定效应、用户黏性，以及其他经营者转向其他平台的可能性及转换成本等。

（五）其他经营者进入相关市场的难易程度。可以考虑市场准入、平台规模效应、资金投入规模、技术壁垒、用户多栖性、用户转换成本、数据获取的难易程度、用户习惯等。

（六）其他因素。可以考虑基于平台经济特点认定经营者具有市场支配地位的其他因素。

第 15 条　限定交易

具有市场支配地位的平台经济领域经营者，可能滥用市场支配地位，无正当理由对交易相对人进行限定交易，排除、限制市场竞争。分析是否构成限定交易行为，可以考虑以下因素：

（一）要求平台内经营者在竞争性平台间进行"二选一"，或者限定交易相对人与其进行独家交易的其他行为；

（二）限定交易相对人只能与其指定的经营者进行交易，或者通过其指定渠道等限定方式进行交易；

（三）限定交易相对人不得与特定经营者进行交易。

上述限定可能通过书面协议的方式实现，也可能通过电话、口头方式与交易相对人商定的方式实现，还可能通过平台规则、数据、算法、技术等方面的实际设置限制或者障碍的方式实现。

分析是否构成限定交易，可以重点考虑以下两种情形：一是平台经营者通过屏蔽店铺、搜索降权、流量限制、技术障碍、扣取保证金等惩罚性措施实施的限制，因对市场竞争和消费者利益产生直接损害，一般可以认定构成限定交易行为。二是平台经营者通过补贴、折扣、优惠、流量资源支持等激励性方式实施的限制，可能对平台内经营者、消费者利益和社会整体福利具有一定积极效果，但如果有证据证明对市场竞争产生明显的排除、限制影响，也可能被认定构成限定交易行为。

平台经济领域经营者限定交易可能具有以下正当理由：

（一）为保护交易相对人和消费者利益所必须；

（二）为保护知识产权、商业机密或者数据安全所必须；

（三）为保护针对交易进行的特定资源投入所必须；

（四）为维护合理的经营模式所必须；

（五）能够证明行为具有正当性的其他理由。

第 16 条　搭售或者附加不合理交易条件

具有市场支配地位的平台经济领域经营者，可能滥用市场支配地位，无正当理由实施搭售或者附加不合理交易条件，排除、限制市场竞争。分析是否构成搭售或者附加不合理交易条件，可以考虑以下因素：

（一）利用格式条款、弹窗、操作必经步骤等交易相对人无法选择、更改、拒绝的方式，将不同商品进行捆绑销售；

（二）以搜索降权、流量限制、技术障碍等惩罚性措施，强制交易相对人接受其他商品；

（三）对交易条件和方式、服务提供方式、付款方式和手段、售后保障等附加不合理限制；

（四）在交易价格之外额外收取不合理费用；

（五）强制收集非必要用户信息或者附加与交易标的无关的交易条件、交易流程、服务项目。

平台经济领域经营者实施搭售可能具有以下正当理由：

（一）符合正当的行业惯例和交易习惯；

（二）为保护交易相对人和消费者利益所必须；

（三）为提升商品使用价值或者效率所必须；

（四）能够证明行为具有正当性的其他理由。

第 17 条　差别待遇

具有市场支配地位的平台经济领域经营者，可能滥用市场支配地位，无正当理由对交易条件相同的交易相对人实施差别待遇，排除、限制市场竞争。分析是否构成差别待遇，可以考虑以下因素：

（一）基于大数据和算法，根据交易相对人的支付能力、消费偏好、使用习惯等，实行差异性交易价格或者其他交易条件；

（二）实行差异性标准、规则、算法；

（三）实行差异性付款条件和交易方式。

条件相同是指交易相对人之间在交易安全、交易成本、信用状况、所处交易环节、交易持续时间等方面不存在实质性影响交易的差别。平台在交易中获取的交易相对人的隐私信息、交易历史、个体偏好、消费习惯等方面存在的差异不影响认定交易相对人条件相同。

平台经济领域经营者实施差别待遇行为可能具有以下正当理由：

（一）根据交易相对人实际需求且符合正当的交易习惯和行业惯例，实行不同交易条件；

（二）针对新用户在合理期限内开展的优惠活动；

（三）基于平台公平、合理、无歧视的规则实施的随机性交易；

（四）能够证明行为具有正当性的其他理由。

三、《国务院反垄断委员会关于相关市场界定的指南》（2009 年 5 月 24 日起施行，以下简称《关于相关市场界定的指南》）

第 3 条　相关市场的含义

相关市场是指经营者在一定时期内就特定商品或者服务（以下统称商品）进行竞争的商品范围和地域范围。在反垄断执法实践中，通常需要界定相关商品市场和相关地域市场。

相关商品市场，是根据商品的特性、用途及价格等因素，由需求者认为具有较为紧密替代关系的一组或一类商品所构成的市场。这些商品表现出较强的竞争关系，在反垄断执法中可以作为经营者进行竞争的商品范围。

相关地域市场，是指需求者获取具有较为紧密替代关系的商品的地理区域。这些地域表现出较强的竞争关系，在反垄断执法中可以作为经营者进行竞争的地域范围。

当生产周期、使用期限、季节性、流行时尚性或知识产权保护期限等已构成商品不可忽视的特征时，界定相关市场还应考虑时间性。

在技术贸易、许可协议等涉及知识产权的反垄断执法工作中，可能还需要界定相关技术市场，考虑知识产权、创新等因素的影响。

四、《禁止滥用市场支配地位行为规定》（2023 年 4 月 15 日起施行）

第 12 条　根据反垄断法第二十三条和本规定第七条至第十一条规定认定平台经济领域经营者具有市场支配地位，还可以考虑相关行业竞争特点、经营模式、交易金额、交易数量、用户数量、网络效应、锁定效应、技术特性、市场创新、控制流量的能力、掌握和处理相关数据的能力及经营者在关联市场的市场力量等因素。

【理论分析】

一、关于如何界定本案的相关市场的问题

界定相关市场是认定经营者的市场地位及经营者行为是否违法的前提条件。2009 年 7 月 6 日，国务院反垄断委员会发布《关于相关市场界定的指南》。其中第 3 条规定，相关市场是指经营者在一定时期内就特定商品或者服务（以下统称商品）进行竞争的商品范围和地域范围。在反垄断执法实践中，通常需要界定相关商品市场和相关地域市场。相关商品市场，是根据商品的特性、用途及价格等因素，由需求者认为具有较为紧密替代关系的一组或一类商品所构成的市场。这些商品表现出较强的竞争关系，在反垄断执法中可以作为经营者进行竞争的商品范围。相关地域市场，是指需求者获取具有较为紧密替代关系的商品的地理区域。这些地域表现出较强的竞争关系，在反垄断执法中可以作为经营者进行竞争的地域范围。当生产周期、使用期限、季节性、流行时尚性或知识产权保护期限等已构成商品不可忽视的特征时，界定相关市场还应考虑时间性。在技术贸易、许可协议等涉及知识产权的反垄断执法工作中，可能还需要界定相关技术市场，考虑知识产权、创新等因素的影响。可见，相关市场包括相关商品市场、相关地域市场。同时，涉及知识产权还需要考虑相关技术市场。

替代关系是界定商品在特定地域范围内是否相关的主要依据。在分析路径上表现为替代性分析，可基于商品的特征、用途、价格等因素进行需求替代分析，从需求者的角度判定商品直接的替代程度与竞争关系。必要时，还可进行供给替代分析，根据其他经营者改造生产设施的投入、承担的风险、进入目标市场的时间等因素，从经营者视角确定不同商品间的替代程度。在经营者竞争的市场范围不够清晰或不易确定时，可按照"假定垄断者测试"（以下简称 SSNIP）的思路界定相关市场。传统相关市场界定理论有两个最为核心的要素——价格和需求，面对"零定价"形式普遍存在且市场边界趋于模糊的互联网平台，相关市场界定成为首要挑战。❶ 界定平台经济领域相关商品市场和相关地域市场既要遵循一般原则，也要充分考虑平台经济的新特点。

（一）本案相关商品市场的界定

平台经济领域相关商品市场和相关地域市场界定的基本方法同样采用需求替代和供给替代，但是考量的因素与传统经济领域有所不同。界定相关商品市场，可基于平台功能、商业模式、应用场景、用户群体、多边市场、线下交易等因素进行需求替代分析；有必要❷进行供给替代分析时，考量市场进入、技术壁垒、网络效应、锁定效应、转移成本、跨界竞争等因素。

甲平台企业主要为平台内经营者和消费者进行商品交易提供网络经营场所、交易撮合、信息发布等服务，即网络零售平台服务。市场监管总局从平台经济的双边市场特性出发，对平台内经营者与消费者分别进行需求替代与供给替代分析，将线上零售与线下零售两种销售渠道的紧密替代性作对比剖析。❸

1. 平台内经营者需求替代分析

平台内经营者将销售平台功能模式及客户黏性作为其选择平台类型的首要因素。与传统线下实体销售相比，网络销售不需要实体店铺，减轻了平台内经营者房租、仓储等压力，降低了经营者进入销售市场的门槛。同时，网络销售打破了时间与空间的限制，拓宽了经营者的销售时间与地域。此外，网络平台注重数据分析和算法设计，分析消费者偏好等市场需求信息，便于经营者调整供销结构，发现更多潜在的消费者。

❶ 陈兵，徐文. 规制平台经济领域滥用市场支配地位的法理与实践［J］. 学习与实践，2021（2）：89.
❷ 必要是指当供给替代对经营者行为产生的竞争约束类似需求替代时。
❸ 市场监管总局对线上服务与线下服务所存在的诸多差别进行分析，是否需要依展示于平台上的商品或服务的品种将相关市场再行细分。

2. 消费者需求替代分析

价格是影响消费者选择的第一要素。由于线上销售成本较低、节假日促销活动较多、网络直播规模经济效应等因素的存在，通常同一商品网络销售的价格低于实体店铺的销售价格，而商品品质几近相同。消费者通过线上搜索功能，更容易实现"货比三家"，以缓解信息不对称问题。同时，网上自助购物可以减少沟通成本，退换货也更加方便。

3. 供给替代分析

网络与实体销售盈利模式不同，网络零售平台服务主要通过向平台内经营者收取交易佣金、营销推广费等盈利。线下零售商业服务主要通过向经营者收取固定的店铺租金等盈利。另外，线上与网络商业服务互转存在一定难度。

此外，线下零售服务平台也有着线上销售所不可替代的优势。其一，购物体验不可比拟。线下购物可以实现"眼见即所得，即买即享受"，消费者可以真切感受商品质量，并且省去等待快递时间。其二，交流感受不尽相同。对经营者而言，面对面的交流感更容易建立牢固的黏性关系。其三，特殊商品只能在线下销售，如香烟、部分药品等。

由此，从需求替代和供给替代分析，线下零售商业服务与网络零售平台服务不具有紧密替代关系，不属于同一相关商品市场。

(二) 本案相关地域市场的认定

认定平台经济的相关地域市场时，要综合评估多数用户选择商品的实际区域、用户的语言偏好和消费习惯、相关法律法规的规定、不同区域竞争约束程度、线上线下融合程度等多种因素。需要注意的是，互联网不是地理场所，虽然其面向全世界的网络用户开放，但这并不意味着其所面临的竞争约束一定来自全球市场。❶

从平台内经营者需求替代分析，对于平台内经营者，主要通过境内网络零售平台，将商品销售给中国境内的消费者。从消费者需求替代分析，中国境内消费者通过境外网络零售平台购买商品存在语言服务、售后保障、关税等诸多障碍，他们偏向于在境内网络平台消费。从供给替代分析，网络零售平台服务属于互联网增值电信业务，境外网络零售平台在中国境内开展业务需要按照相关法律法规要求申请业务许可，对现有的中国境内网络零售平台难以形成竞争约束。因此，境外网络零售平台相对于境内网络零售平台而言并不具有紧密的替代性，相关地域市场应界定为中国境内。

《关于平台经济领域的反垄断指南》并未对 SSNIP 方法作出规定。通常认为，SSNIP 主要适用于传统行业，在单边市场中测试消费者对小幅度价格变动的反应，以此界定相关市场的范围。然而，互联网平台涉及双边市场，一边通过相关服务免费吸引消费者端用户，另一边收取商家入驻费及广告投放费等，从而实现流量变现。理论和实务界提出 SSNDQ 的方法，即考察互联网在提供免费服务的情况下是否会降低服务质

---

❶ 李曙光. 经济法学案例研究指导 [M]. 北京：中国政法大学出版社，2019：299.

量，从而避免零价格问题。❶

二、关于如何认定甲平台企业具有市场支配地位的问题

市场支配地位，是指经营者在特定市场中拥有支配、控制力量的市场地位。在认定经营者是否拥有市场支配地位时，主要采用市场结构标准和辅助标准。

首先，根据经营者的市场份额推定市场支配地位。有下列情形之一的，可以推定经营者具有市场支配地位：一个经营者在相关市场的份额达到1/2；两个经营者在相关市场的市场份额合计达到2/3；三个经营者在相关市场的市场份额合计达到3/4。另外，前两种情况中有的经营者市场份额不足1/10的，不应当推定该经营者具有市场支配地位。

其次，考虑以下几方面的辅助性因素：（1）该经营者在相关市场的市场份额，以及相关市场的竞争状况；（2）该经营者控制销售市场或者原材料采购市场的能力；（3）该经营者的财力和技术条件；（4）其他经营者对该经营者在交易上的依赖程度；（5）其他经营者进入相关市场的难易程度。

《关于平台经济领域的反垄断指南》（2021年2月7日起施行）第11条第1项对平台经济市场份额及市场竞争状况等因素的考量提供新视角。确定市场份额，在交易金额、交易数量、销售额基础上，考虑活跃用户数、点击量、适用时长或者其他指标在相关市场所占比重，同时考虑该市场份额持续的时间；分析相关市场竞争状况，除相关平台市场的发展状况、现有竞争者数量和市场份额、潜在竞争者情况、创新和技术变化外，考虑平台竞争特点、平台差异程度、规模经济等。

《禁止滥用市场支配地位行为规定》（2023年4月15日起施行）第12条规定，根据《反垄断法》第23条和本规定第7条至第11条规定认定平台经济领域经营者具有市场支配地位，还可以考虑相关行业竞争特点、经营模式、交易金额、交易数量、用户数量、网络效应、锁定效应、技术特性、市场创新、控制流量的能力、掌握和处理相关数据的能力及经营者在关联市场的市场力量等因素。

本案中，市场监管总局根据甲平台企业的市场份额、市场集中度等认定其市场支配地位。一是市场份额较高。该平台企业在相关市场的市场份额已超过50%且保持持续状态，其交易额在相关市场总额中，从2015年至2019年的五年间，年均份额高达66.66%。二是相关市场集中度高。CR4指数即市场集中度指数，体现相关行业前四名市场份额的集中度，是对行业竞争和垄断程度的分析指标，在本案中，该指数年均为99.03%。可见，该平台企业长期保持较强竞争优势，竞争者数量较少。三是该平台企业在服务价格、平台内经营者流量获得及销售渠道等方面，均具有很强的市场控制能力。大量的数据、先进的算法、强大的算力等技术巩固和增强了其市场力量。四是该平台企业对平台内经营者具有很强的网络效应和锁定效应。根据该企业最新财务年报，

---

❶ 谭袁. 互联网平台滥用市场支配地位行为规制的困境与出路 [J]. 法制研究，2021（4）：113，114.

截至 2021 年 3 月 31 日的 12 个月内，该平台企业年度活跃消费者高达 8.11 亿元，且跨年度留存率达 98%。❶ 由于用户黏性较大，平台内经营者转换到其他平台运营的成本较高。进入网络零售平台服务市场需要投入大量资金建设平台，建立相应设施，使得相关市场进入难度大。由此，认定甲平台企业在相关市场拥有支配地位。

三、关于甲平台企业是否实施滥用行为的问题

滥用市场支配地位行为，是指经营者滥用其在相关市场中的支配地位排除、限制竞争，对其他市场主体进行不公平交易或排斥竞争对手的行为。《反垄断法》第 22 条规定了以下几种滥用行为：垄断价格、掠夺性定价、差别待遇、搭售及附加不合理条件行为、拒绝交易及独家交易等行为。其中，垄断价格又称为不公平交易价格，是指具有市场支配地位的经营者以不合理的高价销售或不公平的低价购买等。《关于平台经济领域的反垄断指南》第 12 条至第 17 条，结合平台经济特点，对不公平价格行为、低于成本销售、拒绝交易、限定交易等滥用市场支配地位行为予以规定。本案中的"二选一"行为属于限定交易行为。

（一）甲平台企业实施了滥用行为

在本案中，甲平台企业一方面通过流量支持等激励性措施促使平台内经营者执行"二选一"要求，限定平台内经营者只能与其交易；另一方面，通过人工检查和互联网技术手段监控等方式，监测平台内经营者在其他竞争性平台开店或者参加促销活动等情况，并凭借平台规则和数据、算法等技术手段，对不执行相关要求的平台内经营者实施减少促销活动资源支持、取消参加促销活动资格、搜索降权等处罚，迫使平台内经营者不得不执行当事人提出的"二选一"要求。该平台通过限制交易的行为，意图形成锁定效应，以减少自身竞争压力，维持、巩固自身的市场地位。

（二）甲平台企业滥用行为造成限制竞争的后果

从境内网络零售平台服务市场来看，甲平台企业的行为削弱了其他竞争性平台与其进行公平竞争的能力和相关市场竞争程度，非法提高了潜在竞争者的市场进入壁垒。从平台内经营者来看，"二选一"等行为剥夺了经营者自主选择合作平台的交易权利；同时，限定同一品牌商品的销售渠道和促销渠道，削弱了品牌内的竞争。从资源配置来看，阻碍了要素自由流动，限制了平台内经营者多样化、差异化创新经营，抑制了市场主体活力。从消费者角度来看，限缩了消费者可接触的品牌和商品范围，限制了消费者自由选择权和公平交易权。

此外，上述行为不存在《关于平台经济领域的反垄断指南》第 15 条所列举的情形：（1）为保护交易相对人和消费者利益所必须；（2）为保护知识产权、商业机密或者数据安全所必须；（3）为保护针对交易进行的特定资源投入所必须；（4）为维护合

理的经营模式所必须；（5）能够证明行为具有正当性的其他理由。因此，甲平台实施的滥用市场支配地位行为，排除、限制相关市场竞争，影响平台经济创新发展，损害消费者利益，应当受到反垄断法规制。

【思考题】

1. 请试论企业合规经营。
2. 请试论承诺制度。

第三节　经营者集中的法律规制

经营者集中，是指两个或两个以上经营者通过合并、股权收购、委托经营、联营等方式集中经营者经济力的行为。一方面，经营者集中有利于发展规模经济，降低企业成本，提高效率。另一方面，则可能减损市场有效竞争，产生市场进入障碍。因此，各国均对经营者集中进行控制。

 **案例三　甲控股有限公司收购乙音乐集团股权案❶**

【基本案情】

一、交易概况

2016 年 7 月 12 日，甲控股有限公司（以下简称甲控股公司）将自己的 A 音乐业务投入乙音乐集团，获得乙音乐集团 61.64% 股权，取得对乙音乐集团的控制权。2016 年 12 月，整合后的乙音乐集团更名为甲音乐娱乐集团（以下简称甲音乐集团），涵盖多种音乐产品。2017 年 12 月 6 日，交易完成股权变更登记手续。

二、交易方概况

（一）收购方：甲控股公司通过协议控制境内主要运营实体某计算机系统有限公司，主要业务包括社交和通信服务、社交网络平台、网络音乐平台、游戏、网络视频服务、互动娱乐直播等。2015 年全球营业额为 1028.63 亿元人民币（币种下同），中国境内营业额为 962.51 亿元。

（二）被收购方：乙音乐集团通过协议控制境内主要运营实体某信息技术有限公司。主要业务包括网络音乐平台、唱片公司出版业务、版权代理业务等。

---

❶ 国家市场监督管理总局反垄断局. 市场监管总局发布腾讯控股有限公司收购中国音乐集团股权违法实施经营者集中案行政处罚决定书 [EB/OL].（2021-07-24）[2021-08-20]. http://www.samr.gov.cn/fldj/tzgg/xzcf/202107/t20210724_333020.html.

三、执法概况

2021 年 1 月 25 日，市场监管总局对甲控股公司收购乙音乐集团股权涉嫌违法实施经营者集中进行立案调查。经查，该案构成违法实施的经营者集中，具有或者可能具有排除、限制竞争的效果。2021 年 7 月 24 日，市场监管总局根据相关法律规定作出行政处罚决定，责令甲控股公司及其关联公司采取以下措施恢复相关市场竞争状态，并处以 50 万元人民币罚款等。

【主要法律问题】

1. 甲控股公司收购乙音乐集团是否需要进行经营者集中申报？
2. 甲控股公司收购乙音乐集团是否属于违法实施经营者集中？

【主要法律依据】

一、《中华人民共和国反垄断法》（2008 年 8 月 1 日起施行，2022 年 6 月 24 日修订，以下简称《反垄断法》）

第 26 条　经营者集中达到国务院规定的申报标准的，经营者应当事先向国务院反垄断执法机构申报，未申报的不得实施集中。

经营者集中未达到国务院规定的申报标准，但有证据证明该经营者集中具有或者可能具有排除、限制竞争效果的，国务院反垄断执法机构可以要求经营者申报。

经营者未依照前两款规定进行申报的，国务院反垄断执法机构应当依法进行调查。

第 27 条　经营者集中有下列情形之一的，可以不向国务院反垄断执法机构申报：

（一）参与集中的一个经营者拥有其他每个经营者百分之五十以上有表决权的股份或者资产的；

（二）参与集中的每个经营者百分之五十以上有表决权的股份或者资产被同一个未参与集中的经营者拥有的。

第 33 条　审查经营者集中，应当考虑下列因素：

（一）参与集中的经营者在相关市场的市场份额及其对市场的控制力；

（二）相关市场的市场集中度；

（三）经营者集中对市场进入、技术进步的影响；

（四）经营者集中对消费者和其他有关经营者的影响；

（五）经营者集中对国民经济发展的影响；

（六）国务院反垄断执法机构认为应当考虑的影响市场竞争的其他因素。

第 58 条　经营者违反本法规定实施集中，且具有或者可能具有排除、限制竞争效果的，由国务院反垄断执法机构责令停止实施集中、限期处分股份或者资产、限期转让营业以及采取其他必要措施恢复到集中前的状态，处上一年度销售额百分之十以下的罚款；不具有排除、限制竞争效果的，处五百万元以下的罚款。

二、《国务院关于经营者集中申报标准的规定》（2008 年 8 月 3 日起施行，2018 年 9 月 18 日修订，以下简称《关于经营者集中申报标准的规定》）

第 3 条　经营者集中达到下列标准之一的，经营者应当事先向国务院商务主管部门申报，未申报的不得实施集中：

（一）参与集中的所有经营者上一会计年度在全球范围内的营业额合计超过 100 亿元人民币，并且其中至少两个经营者上一会计年度在中国境内的营业额均超过 4 亿元人民币；

（二）参与集中的所有经营者上一会计年度在中国境内的营业额合计超过 20 亿元人民币，并且其中至少两个经营者上一会计年度在中国境内的营业额均超过 4 亿元人民币。

营业额的计算，应当考虑银行、保险、证券、期货等特殊行业、领域的实际情况，具体办法由国务院商务主管部门会同国务院有关部门制定。

三、《经营者集中审查规定》（2023 年 4 月 15 日起施行）

第 5 条　判断经营者是否取得对其他经营者的控制权或者能够对其他经营者施加决定性影响，应当考虑下列因素：

（一）交易的目的和未来的计划；

（二）交易前后其他经营者的股权结构及其变化；

（三）其他经营者股东（大）会等权力机构的表决事项及其表决机制，以及其历史出席率和表决情况；

（四）其他经营者董事会等决策或者管理机构的组成及其表决机制，以及其历史出席率和表决情况；

（五）其他经营者高级管理人员的任免等；

（六）其他经营者股东、董事之间的关系，是否存在委托行使投票权、一致行动人等；

（七）该经营者与其他经营者是否存在重大商业关系、合作协议等；

（八）其他应当考虑的因素。

两个以上经营者均拥有对其他经营者的控制权或者能够对其他经营者施加决定性影响的，构成对其他经营者的共同控制。

【理论分析】

一、甲控股公司收购乙音乐集团应当事先申报经营者集中

《反垄断法》第 26 条规定[1]："经营者集中达到国务院规定的申报标准的，经营者应当事先向国务院反垄断执法机构申报，未申报的不得实施集中。经营者集中未达到

---

[1]　2022 年修订前，该条款为原《反垄断法》第 21 条。该条规定，经营者集中达到国务院规定的申报标准的，经营者应当事先向国务院反垄断执法机构申报，未申报的不得实施集中。

国务院规定的申报标准，但有证据证明该经营者集中具有或者可能具有排除、限制竞争效果的，国务院反垄断执法机构可以要求经营者申报。经营者未依照前两款规定进行申报的，国务院反垄断执法机构应当依法进行调查。"

（一）甲控股公司收购乙音乐集团达到申报标准

在我国，经营者集中达到下列标准之一的，应当事先申报：（1）参与集中的所有经营者上一会计年度在全球范围内的营业额合计超过 100 亿元人民币，并且其中两个经营者上一会计年度在中国境内的营业额均超过 4 亿元人民币。（2）参与集中的所有经营者上一会计年度在中国境内的营业额合计超过 20 亿元人民币，并且其中至少两个经营者上一会计年度在中国境内的营业额均超过 4 亿元人民币。营业额的计算，应当考虑银行、保险、证券、期货等特殊行业和领域的实际情况。

整合前，甲控股公司 2015 年全球营业额为 1028.63 亿元，中国境内营业额为 962.51 亿元。乙音乐集团上一会计年度中国境内营业额超过 4 亿美元，即达到申报标准。然而，作为非上市公司，其营业额并没有官方公开数据，市场监管总局在行政处罚决定书中也略去相关数值，但仍认定本案达到经营者集中申报标准。

（二）本案不符合依法可以免予申报的情形

我国《反垄断法》第 27 条规定，经营者集中有下列情形之一的，可以不向国务院反垄断执法机构进行申报：（1）参与集中的一个经营者拥有其他每个经营者百分之五十以上有表决权的股份或者资产的；（2）参与集中的每个经营者百分之五十以上有表决权的股份或者资产被同一个未参与集中的经营者拥有的。

对于新兴经济业态，互联网公司进行合并集中前一般都会进行数轮融资，并且在国外注册成立的互联网公司多采取 AB 股股权制度，导致公司股权较为分散，很难出现上述豁免情形。❶ 被甲控股公司收购前，乙音乐集团由多个自然人共同控制，为独立上市已进行多轮融资。因此，不存在任何一家股东同时拥有甲控股公司和乙音乐集团 50% 以上表决权的股份或者资产。由此，本案不符合免于申报情形。

二、关于甲控股公司收购乙音乐集团是否具有反竞争效果的问题

经营者集中采取"排除、限制竞争"的审查标准。具体来看，《反垄断法》第 33 条规定："审查经营者集中，应当考虑下列因素：（一）参与集中的经营者在相关市场的市场份额及其对市场的控制力；（二）相关市场的市场集中度；（三）经营者集中对市场进入、技术进步的影响；（四）经营者集中对消费者和其他有关经营者的影响；（五）经营者集中对国民经济发展的影响；（六）国务院反垄断执法机构认为应当考虑的影响市场竞争的其他因素。"

（一）本案相关市场为中国境内网络音乐播放平台

相关市场的界定是反垄断分析的逻辑起点，也是认定经营者集中是否违法的前提

---

❶　李曙光. 经济法学案例研究指导 [M]. 北京：中国政法大学出版社，2019：307.

条件。甲控股公司的 A 音乐业务主要包含数字音乐播放器、移动在线 K 歌等；乙音乐集团的业务主要包含数字音乐播放器、音乐直播秀场等业务。收购前，两者具有竞争关系，主要向消费者提供通过电脑端、手机端或者其他智能终端的程序或网站在线播放或下载完整版权的音乐录音制品播放服务。

1. 相关商品市场界定

原则上，商品之间的替代程度越高，竞争关系就越强，属于同一相关市场的概率就越大。消费者使用甲控股公司的 A 音乐产品等音乐播放器主要在于在线搜索、播放及下载歌曲，应用场景及用户群体广泛。网络 K 歌、网络直播、短视频等网络平台及音乐调频广播，虽然也提供部分音乐相关服务，但其核心功能、商业模式、应用场景等与网络音乐播放平台均有不同。因此，上述平台与网络音乐播放平台不具有紧密替代关系，不属于同一相关市场。

2. 相关地域市场界定

音乐版权受各国著作权法等相关法律保护，具有明显的地域差异。中国的网络音乐播放平台获得授权的音乐版权传播范围一般为中国境内，且主要面向中国境内用户，因此相关地域市场界定为中国境内。

由此，甲控股公司的 A 音乐业务与乙音乐集团的业务存在横向重叠，相关市场为中国境内网络音乐播放平台市场。

（二）本案在相关市场产生排除、限制竞争的效果

1. 集中后在相关市场具有较高市场份额

市场份额，是企业经济实力和市场竞争力的客观反映，是判断企业市场控制力、支配力的最好证据。[1] 市场监管总局对 2016 年 7 月集中发生时，两集团相关市场份额进行分析。当月两集团用户数市场份额分别为 33.96%、49.07%，用户月使用时长市场份额分别为 45.77%、39.65%，均列市场前两位，合计市场份额超过 80%。两集团的曲库和独家资源的市场占有率均超过 80%。

2. 在相关市场集中度较高

通常情况下，相关市场的市场集中度越高，集中后市场集中度的增量越大，集中产生排除、限制竞争效果的可能性就越大。两集团交易后 HHI 指数为 6950，集中产生的增量为 3350。[2] 美国司法部和联邦贸易委员会依据 HHI 指数，一般将市场集中度分为低度、中度和高度三种类型：HHI 指数不足 1500 的是低集中度，在 1500 至 2500 之间为中集中度，2500 以上则为高集中度。[3] 因而，甲音乐集团导致相关市场集中度进一步提高，竞争被进一步削弱。

3. 相关市场进入壁垒被提高

在网络音乐播放平台市场，正版音乐版权是经营者的关键性资源，独家授权更是

---

❶ 孙晋，李胜利. 竞争法原论［M］. 2 版. 北京：法律出版社，2020：88.
❷ HHI 指数增幅不足 100 点的横向并购，一般不具有反竞争的效果。
❸ 王晓晔. 我国反垄断法中的经营者集中控制：成就与挑战［J］. 法学评论，2017（2）：24.

核心竞争力，这就造成音乐版权资源具有一定的排他性。甲音乐集团通过提前支付不可返还的高额预付金等方式向上游版权方支付版权费用，拥有众多海外公司在中国的独家版权和数字音乐版权分销权。同时，与有竞争关系的国内两家较大的音乐公司达成转授权协议。甲音乐集团以加大新进入平台获取正版音乐成本的方式，提高市场进入壁垒。此外，依据较大的用户规模及充足的使用数据，甲音乐集团通过数据算法向消费者推荐符合其偏好的歌曲，降低用户转换平台的意愿，锁定已有消费者、扩大用户规模，阻止其他竞争者达到或维持临界规模。

因此，市场监管总局认定此项经营者集中在中国网络音乐播放平台产生排除、限制竞争的效果，根据《反垄断法》第58条规定❶，对甲控股公司处以50万元罚款，并责令甲控股公司及其相关联公司解除独家版权、停止高额预付金等版权费用支付等方式恢复市场竞争状态。这是《反垄断法》实施后，首次责令违法经营者采取措施恢复市场竞争秩序的案件。

【思考题】

1. 请试论未依法申报的经营者集中协议的效力。
2. 试论谦抑性反垄断执法理念对互联网领域经营者集中审查的影响。

第四节　行政垄断的法律规制

行政垄断，是指行政机关或其授权的具有管理公共事务职能的组织滥用行政权力，排除、限制竞争的行为。我国反垄断法设专章对该类行为进行规制。

 案例四　A省公安厅滥用行政权力排除限制竞争案❷

【基本案情】

2013年3月，A省公安厅与A省甲网络印章科技有限责任公司（以下简称甲公司）签订《新型防伪印章治安管理信息系统建设合同》，约定由甲公司提供经公安部检测合格的新型防伪印章治安管理信息系统软件，统一负责全区印章治安管理信息系统

---

❶ 2022年《反垄断法》修订后，经营者集中的行政责任条款为第58条，原《反垄断法》对应的是第48条。原《反垄断法》第48条："经营者违反本法规定实施集中的，由国务院反垄断执法机构责令停止实施集中、限期处分股份或者资产、限期转让营业以及采取其他必要措施恢复到集中前的状态，可以处五十万元以下的罚款。"

❷ 国家市场监督管理总局反垄断局. 市场监管总局办公厅关于建议纠正内蒙古自治区公安厅滥用行政权力排除限制竞争有关行为的函［EB/OL］.（2018-06-22）［2021-08-10］. http://www.samr.gov.cn/fldj/tzgg/qlpc/201903/t20190313_291969.html.

（以下简称印章系统）的升级改造和整合联网，并向全区所有的刻章企业供应符合国家有关技术标准的章材和芯片。然而，甲公司作为印章系统建设单位，并未履行任何招投标程序。2013 年 4 月 23 日，A 省公安厅向各市公安局下发《全区印章治安管理信息系统整合联网及推广使用新型防伪印章实施方案》（A 公办〔2013〕60 号，以下简称"60 号文"），明确要求"各地积极支持配合甲公司建设维护全区印章系统管理平台"。2017 年 1 月 6 日，A 省公安厅向各市公安局下发《关于落实 A 省党委巡视组意见强力推动印章系统建设的通知》（A 公网传〔2017〕260 号，以下简称"260 号通知"），再次要求各市公安局尽快落实文件要求，安装使用甲公司的系统软件，并向该公司采购章材、芯片以及配套硬件设备等。

国家市场监管总局根据举报，调查结束后向 A 省公安厅反馈案件定性依据和结论，以及相关整改建议。A 省公安厅表示完全接受并积极整改，但并未开展实质性整改工作。2018 年 6 月 19 日，国家市场监管总局向 A 省政府发出执法建议函，提出整改建议及期限。此后，A 省公安厅按照整改要求，叫停纠正不合法不合规的具体行政行为，依法严格规范印章管理工作。

【主要法律问题】

1. 本案 A 省公安厅是否涉嫌行政垄断？
2. 本案是否涉及公平竞争审查？

【主要法律依据】

一、《中华人民共和国反垄断法》（2008 年 8 月 1 日起施行，2022 年 6 月 24 日修订）

第 5 条　国家建立健全公平竞争审查制度。

行政机关和法律、法规授权的具有管理公共事务职能的组织在制定涉及市场主体经济活动的规定时，应当进行公平竞争审查。

第 61 条　行政机关和法律、法规授权的具有管理公共事务职能的组织滥用行政权力，实施排除、限制竞争行为的，由上级机关责令改正；对直接负责的主管人员和其他直接责任人员依法给予处分。反垄断执法机构可以向有关上级机关提出依法处理的建议。行政机关和法律、法规授权的具有管理公共事务职能的组织应当将有关改正情况书面报告上级机关和反垄断执法机构。

法律、行政法规对行政机关和法律、法规授权的具有管理公共事务职能的组织滥用行政权力实施排除、限制竞争行为的处理另有规定的，依照其规定。

二、《制止滥用行政权力排除、限制竞争行为暂行规定》（2023 年 4 月 15 日起施行）

第 19 条　经调查，反垄断执法机构认为构成滥用行政权力排除、限制竞争行为的，可以向有关上级机关提出依法处理的建议。

在调查期间，被调查单位主动采取措施停止相关行为，消除相关竞争限制的，反垄断执法机构可以结束调查。

经调查，反垄断执法机构认为不构成滥用行政权力排除、限制竞争行为的，应当结束调查。

三、《国务院关于在市场体系建设中建立公平竞争审查制度的意见》（2016 年 6 月 14 日起施行，以下简称《关于在市场体系建设中建立公平竞争审查制度的意见》）

三、科学建立公平竞争审查制度

（一）审查对象。行政机关和法律、法规授权的具有管理公共事务职能的组织（以下统称政策制定机关）制定市场准入、产业发展、招商引资、招标投标、政府采购、经营行为规范、资质标准等涉及市场主体经济活动的规章、规范性文件和其他政策措施，应当进行公平竞争审查。

行政法规和国务院制定的其他政策措施、地方性法规，起草部门应当在起草过程中进行公平竞争审查。未进行自我审查的，不得提交审议。

（二）审查方式。政策制定机关在政策制定过程中，要严格对照审查标准进行自我审查。经审查认为不具有排除、限制竞争效果的，可以实施；具有排除、限制竞争效果的，应当不予出台，或调整至符合相关要求后出台。没有进行公平竞争审查的，不得出台。制定政策措施及开展公平竞争审查应当听取利害关系人的意见，或者向社会公开征求意见。有关政策措施出台后，要按照《中华人民共和国政府信息公开条例》要求向社会公开。

（三）审查标准。要从维护全国统一市场和公平竞争的角度，按照以下标准进行审查：

1. 市场准入和退出标准。

（1）不得设置不合理和歧视性的准入和退出条件；

（2）公布特许经营权目录清单，且未经公平竞争，不得授予经营者特许经营权；

（3）不得限定经营、购买、使用特定经营者提供的商品和服务；

（4）不得设置没有法律法规依据的审批或者事前备案程序；

（5）不得对市场准入负面清单以外的行业、领域、业务等设置审批程序。

2. 商品和要素自由流动标准。

（1）不得对外地和进口商品、服务实行歧视性价格和歧视性补贴政策；

（2）不得限制外地和进口商品、服务进入本地市场或者阻碍本地商品运出、服务输出；

（3）不得排斥或者限制外地经营者参加本地招标投标活动；

（4）不得排斥、限制或者强制外地经营者在本地投资或者设立分支机构；

（5）不得对外地经营者在本地的投资或者设立的分支机构实行歧视性待遇，侵害其合法权益。

3. 影响生产经营成本标准。

（1）不得违法给予特定经营者优惠政策；

（2）安排财政支出一般不得与企业缴纳的税收或非税收入挂钩；

（3）不得违法免除特定经营者需要缴纳的社会保险费用；

（4）不得在法律规定之外要求经营者提供或者扣留经营者各类保证金。

4．影响生产经营行为标准。

（1）不得强制经营者从事《中华人民共和国反垄断法》规定的垄断行为；

（2）不得违法披露或者要求经营者披露生产经营敏感信息，为经营者从事垄断行为提供便利条件；

（3）不得超越定价权限进行政府定价；

（4）不得违法干预实行市场调节价的商品和服务的价格水平。

没有法律、法规依据，各地区、各部门不得制定减损市场主体合法权益或者增加其义务的政策措施；不得违反《中华人民共和国反垄断法》，制定含有排除、限制竞争内容的政策措施。

（四）例外规定。属于下列情形的政策措施，如果具有排除和限制竞争的效果，在符合规定的情况下可以实施：

1．维护国家经济安全、文化安全或者涉及国防建设的；

2．为实现扶贫开发、救灾救助等社会保障目的的；

3．为实现节约能源资源、保护生态环境等社会公共利益的；

4．法律、行政法规规定的其他情形。

政策制定机关应当说明相关政策措施对实现政策目的不可或缺，且不会严重排除和限制市场竞争，并明确实施期限。

政策制定机关要逐年评估相关政策措施的实施效果。实施期限到期或未达到预期效果的政策措施，应当及时停止执行或者进行调整。

四、《公平竞争审查制度实施细则》（2021年6月29日起施行）

第26条　政策制定机关未进行公平竞争审查出台政策措施的，应当及时补做审查。发现存在违反公平竞争审查标准问题的，应当按照相关程序停止执行或者调整相关政策措施。停止执行或者调整相关政策措施的，应当依照《中华人民共和国政府信息公开条例》要求向社会公开。

第27条　政策制定机关的上级机关经核实认定政策制定机关未进行公平竞争审查或者违反审查标准出台政策措施的，应当责令其改正；拒不改正或者不及时改正的，对直接负责的主管人员和其他直接责任人员依据《中华人民共和国公务员法》、《中华人民共和国公职人员政务处分法》、《行政机关公务员处分条例》等法律法规给予处分。本级及以上市场监管部门可以向政策制定机关或者其上级机关提出整改建议；整改情况要及时向有关方面反馈。违反《中华人民共和国反垄断法》的，反垄断执法机构可以向有关上级机关提出依法处理的建议。相关处理决定和建议依法向社会公开。

第28条　市场监管总局负责牵头组织政策措施抽查，检查有关政策措施是否履行审查程序、审查流程是否规范、审查结论是否准确等。对市场主体反映比较强烈、问题比较集中、滥用行政权力排除限制竞争行为多发的行业和地区，进行重点抽查。抽查结果及时反馈被抽查单位，并以适当方式向社会公开。对抽查发现的排除、限制竞争问题，被抽查单位应当及时整改。

各地应当结合实际，建立本地区政策措施抽查机制。

第29条 县级以上地方各级人民政府建立健全公平竞争审查考核制度，对落实公平竞争审查制度成效显著的单位予以表扬激励，对工作推进不力的进行督促整改，对工作中出现问题并造成不良后果的依法依规严肃处理。

【理论分析】

一、关于A省公安厅涉嫌行政垄断的问题

市场经济是自由的经济机制，依靠价格调节供需关系，实现资源配置高效化。行政垄断以行政权力为媒介，干预市场正常运行，本质上是行政违法行为。

（一）行政垄断的构成要件

第一，行政垄断的主体要件。行政垄断的主体是行政机关和法律法规授权的具有管理公共事务职能的组织。基于国务院所实施的行为代表国家意志，国家垄断是维护国家整体利益与社会公共利益的合法行为，因此行政主体不包括中央政府即国务院。

第二，行政垄断的行为要件。行为要件是指行政机关滥用行政权力，实施排除、限制竞争的行为。行政垄断行为主要包括：（1）行政强制交易。行政机关和法律、法规授权的具有管理公共事务职能的组织滥用行政权力，限定或者变相限定单位或者个人经营、购买、使用其指定的经营者提供的商品。（2）地区保护。对外地商品设定歧视性收费项目、标准或价格；对外地商品规定与本地同类商品不同的技术要求、检验标准，或者对外地商品采取重复检验、重复认证等歧视性技术措施；采取专门针对外地商品的行政许可；设置关卡或者采取其他手段，阻碍外地商品进入或者本地商品运出；排斥或者限制外地经营者参加本地的招标投标活动；排斥或者限制外地经营者在本地投资或者设立分支机构。（3）滥用行政权力，强制经营者从事垄断协议、滥用市场支配地位、经营者集中行为。（4）制定具有排除、限制竞争内容的规范性文件。

第三，行政垄断的后果要件。行政垄断的后果要件要求行政机关实质性排除或者限制相关市场的竞争。

（二）A省公安厅实施行政垄断行为

本案中，A省公安厅作为行政机关，借助行政权力实施破坏市场竞争秩序的违法行为：

一是制定含有排除竞争内容的规定，排除其他供应商参与竞争的机会。2001年8月31日，公安部下发《关于规范印章治安管理信息系统建设的通知》，严令禁止独家垄断，明确要求通过公开招标的方式，选择3家以上的系统软件推广使用。A省公安厅"60号文"规定由未经招投标程序的甲公司统一建设全区印章系统；"260号通知"要求各市淘汰旧系统、启用新系统，统一安装指定公司的系统软件，形成甲公司在相关市场的垄断地位。

二是实施行政强制交易行为，侵犯相关单位自主选择的权利。2000年4月25日，公安部颁布《印章治安管理信息系统标准》（以下简称《印章标准》），并下发《关于贯彻执行〈印章治安管理信息系统标准〉的通知》（公通字〔2000〕36号），规定所应用的印章系统软件经过公安部检测并符合《印章标准》即可。可见，公安部文件在保障印章系统软件市场的竞争性与开放性，各地公安机关和刻章企业在选择系统软件上拥有一定的自主权。"60号文"的指定行为及"260号通知"的敦促落实，破坏了原本开放竞争的市场氛围。

三是加大印刻章成本，最终损害消费者合法权益。据市场监管总局调查，甲公司作为A省地区唯一供应商，其提供的新型防伪印章章材价格及印章推荐指导价均高于市场价格。

（三）行政垄断的法律责任

《反垄断法》第61条第1款规定，行政垄断的法律责任包括三种情形：上级机关责令改正、行政处分、反垄断执法机构提出建议。本案中，市场监督局正是向A省公安厅上级机关——A省政府发出执法建议，由其责令改正。

《制止滥用行政权力排除、限制竞争行为规定》（2023年4月15日起施行）第20条规定：经调查，反垄断执法机构认为构成滥用行政权力排除、限制竞争行为的，可以向有关上级机关提出依法处理的建议。在调查期间，被调查单位主动采取措施停止相关行为，消除相关竞争限制的，反垄断执法机构可以结束调查。经调查，反垄断执法机构认为不构成滥用行政权力排除、限制竞争行为的，应当结束调查。

二、关于公平竞争审查制度

公平竞争审查制度是全面推进依法行政的关键支撑，是厘清政府与市场边界、规范政府行为的顶层设计。❶ 2016年6月1日，国务院发布《关于在市场体系建设中建立公平竞争审查制度的意见》，公平竞争审查制度在我国初步确立；2017年10月23日，国家发展改革委、财政部、商务部、工商总局、国务院法制办等五部门印发《公平竞争审查制度实施细则（暂行）》；2021年6月29日，《公平竞争审查制度实施细则》正式出台。2022年《反垄断法》修订，新修订的《反垄断法》第5条明确规定："国家建立健全公平竞争审查制度。行政机关和法律、法规授权的具有管理公共事务职能的组织在制定涉及市场主体经济活动的规定时，应当进行公平竞争审查。"

（一）公平竞争审查制度审查要素

1. 审查对象

公平竞争审查制度的审查对象为两类：一是政策制定机关在制定市场准入和退出、产业发展、招商引资、招标投标、政府采购、经营行为规范、资质标准等涉及市场主

---

❶ 时建中. 强化公平竞争审查制度的若干问题 [J]. 行政管理改革，2017（1）：43.

体经济活动的规章、规范性文件、其他政策性文件；二是"一事一议"形式的具体政策措施。此外，涉及市场主体经济活动的行政法规、国务院制定的政策措施，以及政府部门负责起草的地方性法规、自治条例和单行条例，在提交审议前，也应进行公平竞争审查。

2. 审查机制

我国采取以自我审查为主的公平竞争审查模式。另外，政策制定机关可根据工作实际，委托具备评估能力的第三方机构对有关政策等相关工作进行评估。在审查过程中，应以适当方式征求利害关系人意见及社会公众意见。为保证审查的精准度，可以咨询专家学者、法律顾问、专业机构的意见。

3. 审查标准

《关于在市场体系建设中建立公平竞争审查制度的意见》从维护全国统一市场和公平竞争的角度，对市场准入和退出、商品和要素自由流动、影响生产经营成本、影响生产经营行为四类标准，提出"18不得"准则。《公平竞争审查制度实施细则》在此基础上，将"18不得"准则予以具体化，针对市场准入和退出标准，列明15项不符合公平竞争要求的行政行为，为落实审查制度提供基本遵循。

4. 例外规定

属于下列情形之一的政策措施，即使在一定程度上具有限制竞争的效果，但在符合规定的情况下仍可出台实施：（1）维护国家经济安全、文化安全、科技安全或者涉及国防建设的；（2）为实现扶贫开发、救灾救助等社会保障目的；（3）为实现节约能源、保护生态环境、维护公共卫生健康安全等社会公共利益的；（4）法律、行政法规规定的其他情形。但实施例外规定的政策措施还应满足如下条件：（1）对实现政策目标不可或缺；（2）不会严重限制市场竞争；（3）有明确实施期限。

5. 监督追责

《公平竞争审查制度实施细则》第6章对监督与责任追究进行了专章规定：（1）社会监督：任何单位和个人可向政策制定机关反映，也可向其上级机关或者本级及以上市场监管部门举报。（2）执法监督：反垄断执法机构对涉嫌违法行为依法调查。（3）责任追究：政策制定机关的上级机关核实存在相关违反公平竞争审查制度情况的，应当责令其改正；拒不改正或者不及时改正的，对直接负责的主管人员和其他直接责任人员给予行政处分。（4）执法建议：本级及以上市场监督管理部门可向制定机关或者上级机关提出整改建议；违反《反垄断法》的，反垄断执法机构可以向有关上级机关提出依法处理建议。

A省公安厅发布"60号文"时，《关于在市场体系建设中建立公平竞争审查制度的意见》《公平竞争审查制度实施细则》均未出台，公平竞争审查制度尚未在我国确立。《关于在市场体系建设中建立公平竞争审查制度的意见》发布后，提出"有序清理存量"的要求，按照"谁制定，谁清理"的原则，有序清理和废除妨碍全国统一市场和公平竞争的各种规定和做法。A省公安厅并未对已经发布的"60号文"强化自我审查、进行事后废止，也未在"260号通知"下发前进行事前公平竞争审查，滥用行政权力排除、限制竞争，造成相关市场竞争状态的非正常化。

【思考题】

1. 请试论我国行政垄断的表现形式。
2. 请试论公平审查制度在我国的实施现状。

CHAPTER 5　第五章

反不正当竞争法律制度

 本章知识要点

（1）侵犯他人姓名权（署名权）的市场混淆行为，应当认定为不正当竞争行为；《中华人民共和国反不正当竞争法》（1993 年 12 月 1 日起施行，2017 年 11 月 4 日修订，2019 年 4 月 23 日修正，以下简称《反不正当竞争法》）将商品名称、包装、装潢、标识、企业名称、社会组织名称、姓名、域名主体部分、网站名称、网页等均纳入保护范围。（2）在有关商业贿赂行为中，要注重区分商业贿赂的几种表现形式，掌握折扣、回扣和佣金的性质，明晰合法与否的关键在于"是否如实入账"。（3）有关虚假宣传行为的认定，应当遵循一般消费者施以普通注意力原则、整体观察原则及比较主要部分原则、异时异地隔离观察原则❶。新型虚假宣传行为主要表现为虚构交易量、虚假刷单行为。（4）认定商业秘密要以秘密性、价值性、保密性为判断标准，侵犯商业秘密行为主要表现为企业雇员泄密、商业间谍行为、合同保密义务违反等。劳动者违反竞业限制和侵犯商业秘密是两种不同的违法行为，用人单位可以基于不同的法律事实起诉相关劳动者。（5）有关不正当有奖销售行为的规制，要注意区分抽奖式或附赠式有奖销售。（6）有关商业诋毁行为，我国对比较广告采取的是"原则禁止，例外允许"的规制方式，不一概否定比较广告，但明确禁止直接比较广告和贬低竞争对手的批评性广告。

第一节　市场混淆行为的法律规制

《反不正当竞争法》第 6 条规定的市场混淆行为，是指在市场交易活动中，经营者擅自使用与他人商业标识相同或者近似的标识，致使与他人的商品或者营业活动产生混淆的不正当竞争行为。市场混淆行为属于典型的"搭便车"行为，至于双方是否为同业竞争者，不影响损害和扰乱竞争秩序结果的认定。

---

❶　孙晋，李胜利. 竞争法原论［M］. 2 版. 北京：法律出版社，2020：318-321.

案例一　中国甲保险（集团）股份有限公司诉深圳甲国际大酒店有限公司不正当竞争纠纷案❶

【基本案情】

一、当事人双方的基本情况

原告中国甲保险（集团）股份有限公司于 1988 年注册成立，地址为 A 市福田区益田区 5033 号甲金融中心 47、48 层。原告通过持续经营，在保险、银行和投资等服务类别注册了多个"甲"商标，业务范围遍布全国并发展至海外多个国家和地区。2010—2015 年，中国甲保险（集团）股份有限公司在中国 500 强企业排行榜中，排名分别为 16、17、14、13、13、11。"甲"商标多次被认定为驰名商标，具有极高的知名度。被告深圳甲国际大酒店有限公司成立于 2013 年 1 月 18 日，其在位于 A 市福田区彩田北路的酒店的醒目位置使用"甲国际酒店"标识，并通过多个网站进行宣传推广，存在故意隐藏"深圳"字样、直接使用"甲国际酒店"的行为。

二、原告指控被告的侵权行为

中国甲保险（集团）股份有限公司在本案中指控甲国际大酒店实施了不正当竞争行为，具体表现为：（1）注册并使用"深圳甲国际大酒店有限公司"的企业名称；（2）在经营场所、网站、价目表、宣传册等使用"甲国际酒店""深圳甲国际酒店"等以"甲"字号为核心的企业名称简称或不规范标识。

三、法院判决情况

A 市中级人民法院一审判决：被告深圳甲国际大酒店有限公司立即停止使用含有"甲"字号的企业名称并赔偿原告中国甲保险（集团）股份有限公司经济损失人民币 200 万元及维权合理支出人民币 33222 元。甲国际大酒店不服一审判决，提出上诉。二审广东省高级人民法院驳回上诉，维持原判。

【主要法律问题】

1. 本案案由应如何界定？相关法律法规之间是什么关系？合理分析案涉行为属于商标侵权还是不正当竞争行为？

2. 中国甲保险（集团）股份有限公司所请求的驰名商标是否能得到合法认定？

3. 甲国际大酒店使用"甲"作为字号是否会造成消费者的混淆与误认？

---

❶ 广东省高级人民法院（2019）粤民终 1853 号　深圳平安国际大酒店有限公司、中国平安保险（集团）股份有限公司不正当竞争纠纷二审民事判决书。

【主要法律依据】

一、《中华人民共和国商标法》（1983 年 3 月 1 日起施行，2001 年 10 月 27 日，以下简称《商标法》）

第 58 条 将他人注册商标、未注册的驰名商标作为企业名称中的字号使用，误导公众，构成不正当竞争行为的，依照《中华人民共和国反不正当竞争法》处理。

二、《最高人民法院关于审理涉及驰名商标保护的民事纠纷案件应用法律若干问题的解释》（2009 年 5 月 1 日起施行，2020 年 12 月 23 日修正）

第 5 条 当事人主张商标驰名的，应当根据案件具体情况，提供下列证据，证明被诉侵犯商标权或者不正当竞争行为发生时，其商标已属驰名：（一）使用该商标的商品的市场份额、销售区域、利税等；（二）该商标的持续使用时间；（三）该商标的宣传或者促销活动的方式、持续时间、程度、资金投入和地域范围；（四）该商标曾被作为驰名商标受保护的记录；（五）该商标享有的市场声誉；（六）证明该商标已属驰名的其他事实。

三、《反不正当竞争法》（1993 年 12 月 1 日起施行，2017 年 11 月 4 日修订，2019 年 4 月 23 日修正）

第 6 条 经营者不得实施下列混淆行为，引人误认为是他人商品或者与他人存在特定联系：（一）擅自使用与他人有一定影响的商品名称、包装、装潢等相同或者近似的标识；（二）擅自使用他人有一定影响的企业名称（包括简称、字号等）、社会组织名称（包括简称等）、姓名（包括笔名、艺名、译名等）；（三）擅自使用他人有一定影响的域名主体部分、网站名称、网页等；（四）其他足以引人误认为是他人商品或者与他人存在特定联系的混淆行为。

第 17 条 经营者违反本法规定，给他人造成损害的，应当依法承担民事责任。

经营者的合法权益受到不正当竞争行为损害的，可以向人民法院提起诉讼。

因不正当竞争行为受到损害的经营者的赔偿数额，按照其因被侵权所受到的实际损失确定；实际损失难以计算的，按照侵权人因侵权所获得的利益确定。赔偿数额还应当包括经营者为制止侵权行为所支付的合理开支。

经营者违反本法第六条、第九条规定，权利人因被侵权所受到的实际损失、侵权人因侵权所获得的利益难以确定的，由人民法院根据侵权行为的情节判决给予权利人三百万元以下的赔偿。

【理论分析】

一、驰名商标的认定原则与举证方法

"驰名商标"的认定遵循个案认定原则和被动认定原则。即在具体案件中，法官根据当事人的申请审查被诉商标是否为"驰名商标"，经审查被认定为"驰名商标"的，并不必然一直是"驰名商标"，在后续执法或者司法过程中，曾经是否被认定为"驰名商标"只能作为衡量要素（辅助材料），进而重新审查认定。当事人可以从以下五个方面来着手举证被诉商标属于"驰名商标"：（1）使用该商标的商品的市场份额、销售区域、利税等；（2）该商标的持续使用时间；（3）该商标的宣传或者促销活动的方式、持续时间、程度、资金投入和地域范围；（4）该商标曾被作为驰名商标受保护的记录；（5）该商标享有的市场声誉等。

二、对相关条款中的"一定影响"的理解与适用

现行的《反不正当竞争法》第六条引入"一定影响"要件，删除原法律第五条"知名商品"要件，系一大修改亮点。在文义解释上，"一定影响"要进行扩大解释，不同于"知名商品"含义，其规制的对象不仅包括"知名"和"特有"标识，还应包含有一定影响的域名、网站、网页等商业标识。"一定影响"的表述先出现于《商标法》（2019年）第三十二条、第五十九条对有一定影响的注册商标的保护条款之中，对《反不正当竞争法》第六条规定的禁止擅自使用与他人有"一定影响"的商业标识条款的修改产生较大影响，两者在商业标识法律保护体系上具有目标的一致性，可作同义解释。"一定影响"的认定必须从"知名商品"的"知名+特有"二要素思路转变为"影响力+可识别+使用"的三要素关系构成。

三、案涉行为属于《商标法》还是《反不正当竞争法》调整的认定问题

《反不正当竞争法》第六条规制的商业混淆行为与《商标法》规制的商标侵权行为保护范围存在交叉、法律适用存在交错，部分执法认定书针对商标侵权行为同时引用《反不正当竞争法》和《商标法》，在司法实践中也常常遇到难以确定到底适用哪一部法律规定的尴尬状况。两部法律都是全国人大常委会通过的，属于法律位阶相同的基本法，关于两者之间的关系，学术界存在三种学说：兜底说、并列说和一般法与特别法关系说，三种学说的着眼点不同，若从商标权益保护的角度出发，《反不正当竞争法》是《商标法》的重要补充；如果从规制不正当竞争行为的角度出发，《商标法》是《反不正当竞争法》的特别法。另外值得注意的是，经认定违反《商标法》的行为，可能并不会对消费者产生误导而不构成《反不正当竞争法》规制的商业混淆行为。

【思考题】

1. 思考市场混淆行为的弊端。
2. 试分析认定构成市场混淆行为的构成要件。
3. 思考驰名商标认定原则。实践中必须遵循个案被动认定原则吗？

第二节　商业贿赂行为的法律规制

商业贿赂行为是一种严重破坏市场竞争秩序的不正当竞争行为，其可能使价高质

次商品优先于物美价廉商品获得交易机会，并最终损害消费者权益。商业贿赂的形式多种多样，包括财物——现金和实物，以及其他手段，如性贿赂、安排旅游度假、安排子女就学等。因此，具体案件中需要综合判断，仔细甄别涉案行为是否属于《反不正当竞争法》规制的商业贿赂行为。

 案例二　某灯饰有限公司、某光电有限责任公司商业贿赂不正当竞争纠纷案[❶]

【基本案情】

一、当事人双方基本情况

某光电有限责任公司（以下简称某光电公司）于 2010 年 6 月 25 日经工商登记注册成立，原股东情况为巫某占股 50%，张某占股 50%。2012 年 4 月 20 日，经股东会形成决议，巫某将其持有某光电公司 40% 的股份转让给张某，10% 的股份转让给陈某，退出某光电公司。某灯饰有限公司与某光电公司双方存在长期的业务往来，由某光电公司为某灯饰有限公司供应不同种类，不同型号的 LED 灯带、LED 驱动器、LED 光源等产品。

巫某配偶徐某于 2004 年 10 月入职某灯饰有限公司，并于 2008 年 5 月 1 日签订劳动合同，后于 2015 年 9 月 1 日续签劳动合同，担任采购部管理技术岗位主管。2016 年 6 月 21 日，徐某向某灯饰有限公司申请离职，某灯饰有限公司予以批准。2016 年 7 月 8 日，某光电公司法定代表人张某向某灯饰有限公司出具情况说明，称某光电公司与某灯饰有限公司从 2008 年至 2014 年合作已经八年，之前都是订购量以样品单居多，从 2014 年 12 月起，业务量提高，故而某光电公司主动提出以 3% 点让利给采购徐某，以争取更多订单，收到货款以现金方式给采购徐某，并对相关事情给某灯饰有限公司造成的损失和影响表示歉意。

根据某灯饰有限公司提供的 2015 年 1 月至 2016 年 7 月期间与某光电公司交易的采购单显示，采购员为徐某，核准处由某灯饰有限公司领导王某签名确认。某灯饰有限公司确认采购流程为 PMC 部门下达采购清单给采购部，采购部统计员向采购员分配任务，采购员向供应商采购。供应商与采购单价的审核决定权在于公司领导王某。如果是没有交易过的供应商，首次交易会进行询价；如果是曾交易过的供应商就省去该步骤。某灯饰有限公司并称某光电公司给予徐某回扣前，未向其提供 G10 光源、E14 光源、E27 光源产品的价格波动不大，5050 灯带价格则从原来的 95～115 元/米或 80～120 元/米的小幅价格波动变化为 61～120 元/米的无规律波动，3528 灯带

❶　广东省东莞市中级人民法院（2017）粤 19 民终 6737 号东莞宝辉灯饰有限公司、东莞市成磊光电有限公司商业贿赂不正当竞争纠纷二审民事判决书。

的价格则从原来的 60~65 元/米或 65~82.5 元/米的小幅波动变化为 61~116 元/米的无规律波动。

二、原告指控被告的侵权行为

某灯饰有限公司认为某光电公司给予员工徐某账外回扣的行为属于商业贿赂，并称 2015 年 1 月至 2016 年 7 月，某灯饰有限公司向某光电公司采购的多种产品用量大，且价格高于市场价，给其造成了经济损失，某光电公司应当承担赔偿责任。

三、法院判决情况

东莞市第二人民法院一审认定，某光电公司未实施商业贿赂行为，判决驳回某灯饰有限公司的全部诉讼请求。广东省东莞市中级人民法院二审认定一审判决并无事实认定和法律适用上的错误，判决驳回上诉，维持原判。

【主要法律问题】

1. 某光电公司是否实施商业贿赂行为以及书面说明能否成为证据？

2. 某灯饰有限公司主张因被告商业贿赂行为受到了损害，诉请损失赔偿能否获得支持？

【主要法律依据】

《反不正当竞争法》（1993 年 12 月 1 日起施行）

第 8 条　经营者不得采用财物或者其他手段进行贿赂以销售或者购买商品。在账外暗中给予对方单位或者个人回扣的，以行贿论；对方单位或者个人在账外暗中收受回扣的，以受贿论处。

经营者销售或者购买商品，可以以明示方式给对方折扣，可以给中间人佣金。经营者给对方折扣、给中间人佣金的，必须如实入账。接受折扣、佣金的经营者必须如实入账。

第 20 条　经营者违反本法规定，给被侵害的经营者造成损失的，应当承担损害赔偿责任，被侵害的经营者的损失难以计算的，赔偿额为侵权人在侵权期间因侵权所获得的利润；并应当承担被侵害的经营者因调查该经营者侵害其合法权益的不正当竞争行为所支付的合理费用。

被侵害的经营者的合法权益受到不正当竞争行为损害的，可以向人民法院提起诉讼。

【理论分析】

一、在商业贿赂不正当竞争行为中，仅有书面证据不能直接证明行为人实施了相关商业贿赂行为

根据《反不正当竞争法》商业贿赂条款的相关规定，经营者销售或者购买商品，

可以以明示方式给对方折扣，可以给中间人佣金，但必须如实入账。因此商业交易中给予回扣或者佣金是允许的，是否构成不正当竞争行为关键看收受方是否如实入账。在执法和司法实践中，仅有书面证词是不能认定构成违法行为的，财务等所谓的"好处"往来记录才是证明力度强的证据材料。

二、实务中隐蔽性较强的新型商业贿赂行为

现在很多行贿者是通过隐性行贿或者曲线行贿来实现自己目的，如安排对方的小孩升入理想的学校，提供科研考察机会，安排对方父母出国旅游等非货币行贿方式，甚至还有受贿者让行贿者出具"假借条"来受贿，从而逃避查处。部分受贿者与行贿者达成约定，事先将受贿者交付的事情完成，等到受贿者退休之后，再给付金钱，或者安排其做企业的顾问等，用这些较为隐蔽的方式给商业贿赂行为披上合理的外衣，这给实务中的执法带来很大困难。

本案中某灯饰有限公司提供了某光电公司出具的《情况说明》，以证明某光电公司存在私自给予其公司采购员徐某回扣的情形，构成商业贿赂行为。由于《情况说明》为某光电公司出具，某光电公司虽称为受某灯饰有限公司胁迫所出具，但其提供的证据并不足以证明受胁迫情况。由于《情况说明》系某光电公司单方陈述，且涉及案外人徐某的权益，在徐某明确予以否认的情况下，仅凭一纸说明不足以认定徐某有收受回扣的行为。在证据不足的情况下，某灯饰有限公司应对其主张的相关事实进一步举证，如员工徐某收受某光电公司财物的转账记录、照片、其他人证物证等，但某灯饰有限公司并未补充提供证据予以证明。故某灯饰有限公司主张某光电公司存在商业贿赂的主张不成立。

另外，某灯饰有限公司前员工徐某妻子巫某已于2012年就将股份全部转让出去，某光电公司情况说明中提及的对徐某支付回扣开始时间为2014年，此时徐某已与某光电公司无任何利益关系。此外，根据双方出示的证据显示，徐某在进入某灯饰有限公司之前，某灯饰有限公司就已经与某光电公司存在交易往来，属于"老客户"，按照公司惯例不再需要经过询价程序，并且证据表明徐某是按照公司正规流程实施采购行为，采购产品也因规格、型号、功能以及存在特制等原因而存在价格差异，价格波动在合理区间内，并不存在某灯饰有限公司主张的远高于市场价的情况。综上所述，某光电公司并未实施商业贿赂行为，也未因该证据不足的行为造成原告某灯饰有限公司的损失，某光电公司不需要对某灯饰有限公司承担赔偿责任。

【思考题】

1. 试分析附赠、捐赠与商业贿赂的界限。

2. 商业贿赂行为的表现形式多样，随着社会的发展呈现出更加隐蔽的方式，试罗列几种。

第三节 虚假宣传行为的法律规制

虚假宣传行为认定的关键不仅在于内容虚假，还在于是否足以造成相关公众误解。认定广告是否构成《反不正当竞争法》规定的虚假宣传行为，应结合相关广告语的内容是否有歧义，是否易使相关公众产生误解以及行为人是否有虚假宣传的过错等因素判断。

 案例三 广州甲产业有限公司诉乙（中国）饮料有限公司虚假宣传纠纷案❶

【基本案情】

一、当事人双方基本情况

A 医药集团有限公司是第 626155 号、3980709 号"甲"系列注册商标的商标权人，核定使用的商品种类为第 32 类：包括无酒精饮料、果汁、植物饮料等。2000 年 5 月 2 日，A 集团（许可人）与 B 集团（被许可人）签订《商标许可协议》，约定授权被许可人使用第 626155 号"甲"注册商标生产销售红色罐装及瓶装甲凉茶。双方约定许可的性质为独占许可，被许可人仅可自用或者在其投资的企业使用该商标，许可期限自 2000 年 5 月 2 日至 2010 年 5 月 2 日止。乙（中国）饮料有限公司（以下简称乙中国公司）成立于 2004 年 3 月，属于乙集团关联企业，系合法使用"甲"注册商标。此后，B 集团及其关联公司通过长期多渠道的营销、广告宣传，培育红罐"甲"凉茶品牌，并获得众多荣誉，如罐装"甲"凉茶饮料在 2003 年被广东省佛山市中级人民法院认定为知名商品；罐装"甲"凉茶多次被有关行业协会等评为"最具影响力品牌"等。

2012 年 5 月 9 日，中国国际经济贸易仲裁委员会对 A 集团与 B 集团之间的商标许可合同纠纷作出无效的终局裁决，B 集团停止使用"甲"商标。2012 年 5 月 25 日，A集团与广州甲产业有限公司签订《商标使用许可合同》，许可甲公司使用第 3980709 号"甲"商标。甲公司在 2012 年 6 月份左右，开始生产"甲"红色罐装凉茶。

二、原告指控被告的侵权行为

2013 年 3 月甲公司根据实物，以及通过重庆市公证处（2013）渝证字第 17516 号、

---

❶ 中华人民共和国最高人民法院. 指导案例 161 号：广州王老吉大健康产业有限公司诉加多宝（中国）饮料有限公司虚假宣传纠纷案［EB/OL］.（2021-07-30）［2021-09-12］. http://www.court.gov.cn/fabu-xiangqing-316251.html.

第 20363 号公证书证实，乙中国公司大量使用"全国销量领先的红罐凉茶改名乙"字样广告语。甲公司认为，上述广告内容与客观事实不符，使消费者形成错误认识，请求确认乙中国公司发布的包含涉案广告词的广告构成反不正当竞争法规定的虚假宣传行为，并判令立即停止发布包含涉案广告语或与之相似的广告词的电视、网络、报纸和杂志等媒体广告等。

三、法院判决情况

重庆市第五中级人民法院判决确认被告乙中国公司发布的广告词构成虚假宣传行为，应立即停止使用并销毁、删除和撤换涉案广告词的产品包装和电视、网络、视频及平面媒体广告；并于本判决生效后十日内在《重庆日报》上公开发表声明以消除影响、赔偿原告甲公司经济损失及合理开支 40 万元。宣判后，乙中国公司和甲公司提出上诉。重庆市高级人民法院驳回上诉，维持原判。乙中国公司不服，向最高人民法院申请再审。最高人民法院于判决撤销重庆市第五中级人民法院和重庆高级人民法院判决，驳回甲公司的诉讼请求。

【主要法律问题】

1. 规制虚假宣传行为需要考量哪些核心利益？
2. 乙中国公司使用"全国销量领先的红罐凉茶改名乙"广告语的行为是否构成虚假宣传？

【主要法律依据】

《反不正当竞争法》（1993 年 12 月 1 日起施行）

第 9 条第 1 款　经营者不得利用广告或者其他办法，对商品的质量、制作成分、性能、用途、生产者、有效期限、产地等作引人误解的虚假宣传。

第 20 条　经营者违反本法规定，给被侵害的经营者造成损失的，应当承担损害赔偿责任，被侵害的经营者的损失难以计算的，赔偿额为侵权人在侵权期间因侵权所获得的利润；并应当承担被侵害的经营者因调查该经营者侵害其合法权益的不正当竞争行为所支付的合理费用。

被侵害的经营者的合法权益受到不正当竞争行为损害的，可以向人民法院提起诉讼。

【理论分析】

一、规制虚假宣传行为需要考量的核心利益

混淆行为通常损害的是特定经营者的权益，相较于混淆行为，虚假宣传的损害对象并非特定的，而是具有发散性或者称非指向性的特征。具体而言，虚假宣传一般攫取的并非某个特定主体的利益，而是相较于整个同行业的竞争者获得了不当的竞争优势，给不特定的经营者造成了损害，同时损害消费者知情权和自主选择权。规制虚假

宣传行为的核心考量之一在于保护广大消费者的利益。根据一般的交易习惯，消费者在做出是否购买商品的决定时，通常会以经营者提供的信息为参考，如果参考的依据错误，即经营者提供的信息有误或不准确，消费者将受到损害。

二、乙中国公司使用"全国销量领先的红罐凉茶改名乙"广告语的行为不构成虚假宣传行为

《反不正当竞争法》是通过制止引人误解的虚假宣传行为，维护公平的市场竞争秩序，如果对商品或服务的宣传并不会使相关公众产生误解，则不是《反不正当竞争法》上规制的虚假宣传行为。本案中，在商标使用许可期间，乙中国公司及其关联公司通过多年持续、大规模的宣传使用行为，不仅显著提升了甲红罐凉茶的知名度，而且向消费者传递甲红罐凉茶的实际经营主体为乙中国公司及其关联公司。相关公众普遍认知的是乙中国公司生产的"甲"红罐凉茶，而不是甲公司于2012年6月前后生产和销售的"甲"红罐凉茶。在乙中国公司及其关联公司不再生产"甲"红罐凉茶后，乙中国公司使用涉案广告语实际上是向相关公众行使告知义务，告知相关公众以前的"甲"红罐凉茶现在商标已经为乙，否则相关公众反而会误认为甲公司生产的"甲"红罐凉茶为原来乙中国公司生产的"甲"红罐凉茶。因此，乙中国公司使用涉案广告语不存在易使相关公众误认误购的可能性，但若没有涉案广告语的使用，相关公众反而会发生误认误购的可能性，因此，最高人民法院认定乙中国公司的宣传行为不构成虚假宣传，不违反《反不正当竞争法》。

（一）从涉案广告语的含义出发

B集团自取得"甲"商标的许可使用权后独家生产销售"甲"红罐凉茶，通过多年的广告宣传和使用，已经使"甲"红罐凉茶在凉茶市场具有很高知名度和美誉度。根据中国行业企业信息发布中心的证明，罐装"甲"凉茶在2007—2012年度，均获得市场销量或销售额的第一名。而在"甲"商标许可使用期间，A集团并不生产和销售"甲"红罐凉茶。因此，涉案广告语前半部分"全国销量领先的红罐凉茶"的描述与统计结论相吻合，不存在虚假情形，且其指向性明确，即乙中国公司及其关联公司生产和销售的"甲"红罐凉茶。2012年5月9日，"甲"商标许可协议被裁决无效，乙中国公司及其关联公司开始生产名为"乙"的红罐凉茶，因此在涉案广告语后半部分宣称"改名乙"也是客观事实的描述。

（二）从《反不正当竞争法》规制虚假宣传的目的出发

《反不正当竞争法》是通过制止虚假或引人误解的不当宣传行为，维护公平的市场竞争秩序，如果对商品或服务的宣传并不会使相关公众产生误解，则不是《反不正当竞争法》规制的虚假宣传行为。本案中，乙中国公司及其关联公司在商标使用许可期间通过多年持续、大规模的宣传使用行为未构成虚假宣传。

【思考题】

1. 试从不同主体角度分析虚假宣传行为的危害。

2. 试分析虚假宣传行为的构成要件、认定原则。

3. 互联网领域的虚假宣传行为应当由《反不正当竞争法》第 8 条调整还是第 12 条调整，为什么？

第四节　商业秘密侵权行为的法律规制

商业秘密是企业的核心资产，在市场竞争中发挥着重要的作用。商业秘密侵权行为存在侵害成本低、收益高，案件取证难、审理难等特点，因此近年来商业秘密侵权行为频发，且情节恶劣，后果严重。对于可能涉嫌刑事犯罪的，法院应将相关涉案犯罪线索材料移交公安部门处理，通过合力加大打击力度，维护企业合法的知识产权和公平的市场竞争秩序。

 **案例四　某化工有限责任公司、某技术有限公司与某集团有限公司、某科技股份有限公司、某香料有限公司、傅某某、王某某因侵害技术秘密纠纷案**❶

【基本案情】

一、当事人双方基本情况

某化工有限责任公司前身为某化工总厂，2002 年 11 月 22 日与某技术有限公司共同研发出生产香兰素的新工艺，并作为技术秘密加以保护，相关香兰素生产技术和工艺曾获浙江省科学技术奖二等奖、中国轻工业联合会科学技术进步奖一等奖等奖项。在本案侵权行为发生前，某化工有限责任公司是全球最大的香兰素制造商，占据全球香兰素市场约 60% 的份额，具有较强的技术优势。2010 年 3 月 25 日，某化工有限责任公司制定《档案与信息化管理安全保密制度》，2010 年 4 月起，某化工有限责任公司与员工陆续签订保密协议，被告傅某某以打算辞职为由拒绝签订保密协议。

傅某某自 1991 年进入某化工有限责任公司工作，2008 年起担任香兰素车间副主任。2010 年 4 月 12 日傅某某从被告某集团有限公司获得 40 万元报酬后，将"香兰素"生产设备图 200 张、流程图 14 张及主要设备清单等技术秘密披露给某集团有限公司监事、某科技股份有限公司董事长王某某，并进入被告某科技股份有限公司的香兰素车间工作。2011 年 6 月起，某科技股份有限公司开始生产香兰素，短时间内即成为全球

❶ （2020）最高法知民终 1667 号. 嘉兴市中华化工有限责任公司、上海欣晨新技术有限公司侵害技术秘密纠纷二审民事判决书［EB/OL］.（2021—03—01）［2021—08—12］. https://wenshu.court.gov.cn/website/wenshu/181107ANFZ0BXSK4/index.html?docId=e2b36878c51e4f6f843dacde0122d989.

第三大香兰素制造商。2015 年，被告某香料有限公司成立，持续使用某科技股份有限公司作为股权出资的香兰素生产设备生产香兰素。

某集团公司、某科技股份有限公司非法获取"香兰素"技术秘密后，从 2011 年 6 月开始生产香兰素并持续至 2021 年（本案审判时），对标某化工有限责任公司争夺客户和市场，其实际年生产香兰素至少为 2000 吨，占据全球 10% 的市场份额，导致某化工有限责任公司的全球香兰素市场份额从 60% 滑落到 50%，损失严重。

二、原告指控被告的侵权行为

某化工有限责任公司、某技术有限公司认为某集团有限公司、某科技股份有限公司、某香料有限公司、傅某某、王某某侵害其享有的"香兰素"技术秘密，请求法院判令上述被告停止侵权并赔偿 5.02 亿元。二审中，某化工有限责任公司、某技术有限公司将其赔偿请求降至 1.77 亿元。

三、法院判决情况

一审法院认定四名被告构成侵犯涉案部分技术秘密，判令其停止侵权、赔偿经济损失 300 万元及合理维权费用 50 万元。同时在诉中裁定某科技股份有限公司、某香料有限公司停止使用涉案技术秘密生产香兰素，但某科技股份有限公司、某香料有限公司实际并未停止其使用行为。二审中，某化工有限责任公司、某技术有限公司将其赔偿请求降至 1.77 亿元（含合理开支）。最高人民法院知识产权法庭改判上述各侵权人连带赔偿技术秘密权利人 1.59 亿元（含合理维权费用 349 万元）。

【主要法律问题】

1. 非法使用商业秘密行为的事实推定。
2. 侵权损害赔偿数额的计算。

【主要法律依据】

一、《反不正当竞争法》（1993 年 12 月 1 日起施行，2019 年 4 月 23 日修正）

第 9 条　经营者不得实施下列侵犯商业秘密的行为：（一）以盗窃、贿赂、欺诈、胁迫、电子侵入或者其他不正当手段获取权利人的商业秘密；（二）披露、使用或者允许他人使用以前项手段获取的权利人的商业秘密；（三）违反保密义务或者违反权利人有关保守商业秘密的要求，披露、使用或者允许他人使用其所掌握的商业秘密；（四）教唆、引诱、帮助他人违反保密义务或者违反权利人有关保守商业秘密的要求，获取、披露、使用或者允许他人使用权利人的商业秘密。

第 17 条第 3 款　因不正当竞争行为受到损害的经营者的赔偿数额，按照其因被侵权所受到的实际损失确定；实际损失难以计算的，按照侵权人因侵权所获得的利益确定。经营者恶意实施侵犯商业秘密行为，情节严重的，可以在按照上述方法确定数额的一倍以上五倍以下确定赔偿数额。赔偿数额还应当包括经营者为制止侵权行为所支付的合理开支。

二、《最高人民法院关于审理专利纠纷案件适用法律问题的若干规定》（2001 年 6 月 19 日起施行，2013 年 2 月 25 日、2015 年 1 月 9 日、2020 年 12 月 23 日修正）

第 14 条第 2 款 专利法第六十五条规定的侵权人因侵权所获得的利益可以根据该侵权产品在市场上销售的总数乘以每件侵权产品的合理利润所得之积计算。侵权人因侵权所获得的利益一般按照侵权人的营业利润计算，对于完全以侵权为业的侵权人，可以按照销售利润计算。

【理论分析】

一、非法使用商业秘密行为的事实推定

在司法审判中，公司首先需要向法院提交证据以初步证明自己的商业秘密被他人实施披露等侵权行为，此外，公司还需要证明被诉的侵权人可能通过相关途径接触过商业秘密。对于被控诉的员工，主要考虑员工在本单位的原职务是否可以接触到商业秘密、是否有保管商业秘密的行为或者以其他形式触及商业秘密的情况。对于侵权人在短期内生产出大量涉商业秘密的产品，但不能说明技术合法来源的情况，应当推定构成侵犯商业秘密的不正当竞争行为。

二、侵权损害赔偿数额的计算

商业秘密权利人遭受的损失主要是可计算的财产、收入方面的损失。包括：（1）研发成本损失，如花费的时间、金钱和付出的财力可能无法收回等成本损失；（2）现实利益损失，如销售额的降低，市场份额的萎缩等现实损失；（3）将来可得利益损失，如商业秘密被大范围泄露造成侵权人不特定、潜藏侵权损害持续发生等预期损失。损害赔偿额的具体计算方法为：销售量减少的数量乘以每件产品合理利润的乘积；销售减少的总数难以计算的，可以侵权人的产品在市场上销售的总数乘以每件产品的合理利润的乘积作为损失的赔偿额。未能确定权利人的损失或者侵权人所获利润的，可参照商业秘密许可使用或者花费的合理费用来确定。本案被诉侵权人拒不提交与侵权行为有关的账簿和资料，二审法院无法直接依据其实际销售数据计算销售利润和赔偿数额，故参考某化工有限责任公司 2011—2017 年期间香兰素的销售利润率来计算本案损害赔偿数额，即以 2011—2017 年期间侵权人生产和销售的香兰素产量乘以被侵权公司香兰素产品的销售价格及销售利润率计算赔偿数额共计 155829455.20 元。

【思考题】

1. 本案中的傅某某是否涉及刑事犯罪？
2. 试根据案情具体分析商业秘密的构成要件。
3. 根据本案思考什么是"价格腐蚀"，在个案中"价格腐蚀"数额是否应考虑纳入损失赔偿额？

第五节　不正当有奖销售行为的法律规制

根据《最高人民法院民事案件案由规定理解与适用》（2011 年修订版）关于有奖销售纠纷的相关说明，因有奖销售行为引起的纠纷，如果发生在市场经营者之间，即当事人之间具有竞争关系的，作为有奖销售纠纷受理；如果属于消费者与经营者之间的争议，应当作为买卖合同纠纷受理。2017 年 11 月修订的《反不正当竞争法》将消费者权益纳入保护宗旨之一，这就意味着消费者可以《反不正当竞争法》为依据提起诉讼。本案是《反不正当竞争法》修改后，消费者利用《反不正当竞争法》维护权益的典型案例。

 案例五　张某与某实业投资有限公司有奖销售纠纷案❶

【基本案情】

一、当事人双方的基本情况

2015 年 11 月初，原告张某受被告某实业投资有限公司之邀，前往被告开发的楼盘售楼部洽谈购房事宜。并选定该楼盘 2-803 号房，被告售楼置业顾问向其承诺：如原告于 2015 年 11 月 12 日前交付购房定金 5 万元，将享受优惠包括：（1）车位抵用券 2 万元；（2）某购物卡（金额 2 万元）以及购房款折扣等。售楼部销售人员还将上述优惠条件手写在户型图上交给原告。2015 年 11 月 11 日，原告向被告缴付购房定金 5 万元，同年 11 月 28 日与被告签订涉案商品房买卖合同，被告售楼部人员向原告交付了名为"易居-某"联名卡两张及使用说明，该卡署名"某，某高端设计中心"，并载明"凭会员卡凡在某商场内五大品类对应的品牌展厅消费，可抵用相对应的现金金额，无消费金额限制"等内容。

2017 年年初，原告入住该房，并在联名卡指定的某商场购买家具。之后，原告用上述两张购物卡结算付款时，被商场告知该卡为某装饰工程有限公司所发，不能作某商场的购物卡使用。随后，原告根据该商场指示，联系联名卡发卡单位某装饰工程有限公司。该公司告知原告所持该卡是折扣卡，无金额，不能当购物卡使用，且只能使用一张。此后，原告向被告反映该卡无法使用及不是购物卡的事实，请求处理。被告除记载投诉事件外，未予处理，也未兑现购房时向其承诺的 2 万元购物卡奖励。另查

---

❶ （2018）鄂 01 民初 2929 号. 张健与武汉康景实业投资有限公司有奖销售纠纷一审民事判决书［EB/OL］.（2018-12-11）［2021-08-16］. https://wenshu.court.gov.cn/website/wenshu/181107ANFZ0BXSK4/index.html?docId=b41e4144f79e480d9095a9b3012bfbe4.

明 2015 年 1 月 31 日，被告与某代理销售公司签订合同，约定 2015 年 1 月 31 日起至 2016 年 1 月 31 日止由某代理销售公司代理销售被告房产。经查证原告张某选定涉案房屋是与被告签订的商品房订购书、签约确认单，并且代理商一栏中名称字样被确认后手写填补。

二、原告指控被告的侵权行为

被告以向购房者附送 2 万元购物卡方式进行所谓的有奖销售实际上属于虚假的商业促销行为，违反了我国《反不正当竞争法》第 10 条的规定，具有违法性，损害了原告的合法权益，被告应按购物卡承诺金额赔偿原告经济损失。

三、法院判决情况

法院认定被告某实业投资有限公司设置的奖励信息不明，奖金不能兑现，该卡作为奖励销售的促销行为具有欺诈性、违法性。判决被告于本判决生效后十日内赔偿原告张某经济损失人民币 2 万元；负担本案受理费人民币 300 元。

【主要法律问题】

1. 关于本案被诉行为的性质认定问题，即普通民事合同侵权与不正当竞争行为的区分认定问题。

2. 本案民事责任的承担问题。

【主要法律依据】

《反不正当竞争法》（1993 年 12 月 1 日起施行，2019 年 4 月 23 日修正）

第 2 条　经营者在生产经营活动中，应当遵循自愿、平等、公平、诚信的原则，遵守法律和商业道德。

第 10 条　经营者进行有奖销售不得存在下列情形：（一）所设奖的种类、兑奖条件、奖金金额或者奖品等有奖销售信息不明确，影响兑奖；（二）采用谎称有奖或者故意让内定人员中奖的欺骗方式进行有奖销售；（三）抽奖式的有奖销售，最高奖的金额超过五万元。

第 17 条第 1 款　经营者违反本法规定，给他人造成损害的，应当依法承担民事责任。

【理论分析】

附赠式有奖销售行为，是指经营者销售商品或提供服务时，附带性地向用户提供物品、金钱或者其他经济上利益的行为。它的表现形式主要有免费样品、随物赠送、加量不加价、回邮赠送等。本案为典型的附赠式有奖销售行为。其行为通常能够给商家带来营业额的增长，对商家来说是一种有效的促销手段。关于附赠式有奖销售中赠送的物品性质，通说认为属于买卖合同的组成部分，附赠行为也是商品交易行为，本质上是"名赠实卖"。目前，我国调整有奖销售的法律法规等主要有《反不正当竞争法》《关于禁止商业贿赂行为的暂行规定》《关于禁止有奖销售活动中不正当竞争行为的若干规定》，但这些法律法规的调整对象主要是抽奖式有奖销售活动，对附赠式有奖销售顾及较少。因此可知，规范附赠式有奖销售的相关法律严重不足，导致实践中不正当附赠式有奖销售现象泛滥，严重损害了消费者的合法权益。为此可以通过司法解释提高附赠式有奖销售行为的规范力度，《消费者权益保护法》可增加相关条款，规定经营者必须如实告知消费者赠品的相关情况，如该赠品的原产地、生产日期、有效期限、检验合格证明、售后服务等，以更加全面地保障消费者对赠品的知情权。

一、被诉行为是否构成《反不正当竞争法》中禁止的不正当竞争行为

涉案商品房销售过程中，被告通过购房款折扣、附属设施折扣、附送购物卡等优惠措施进行促销宣传，奖励销售，以吸引潜在客户成为待售楼盘的购房者。被告上述促销行为应认定为有奖销售的商业促销行为。根据购物卡背面及使用说明书中载明信息，该卡确无每卡1万元等额现金结算的储值功能的记载；另一方面，该卡"使用说明"中又宣称该卡可在某商场内五大类商品展厅消费时抵用相对应的现金金额，无消费现金金额限制。这说明，作为有奖销售的购物卡到底有无现金储值功能及能否在某商场购物消费使用并不明确。被告售楼部执行该项奖励措施时直接承诺每卡有1万元等额现金的储值功能，肆意扩大了该卡的使用范围与使用功能，与购物卡载明信息不符。因此被告在楼盘销售活动中出台的联名卡作为奖励销售的促销信息不明，奖励无法兑现，并误导原告向其作出购房的意思表示，故其奖励措施具有欺诈性，被告售楼部的该项促销行为应认定为虚假的有奖销售的促销行为。

二、关于本案民事责任应当由谁承担的问题

根据《反不正当竞争法》第10条第1款的规定，被告实施的虚假有奖促销措施属于该法禁止的不正当的竞争行为，具有违法性，依法应予禁止。原告期望通过预缴5万元定金、获得购物卡奖励及兑现购物卡奖励收益的目的落空，由此直接成为被告承诺的该项奖励措施的受害者。被告某实业投资有限公司作为楼盘开发者、奖励促销实施者和促销结果的受益者，应该依法承担该项虚假促销行为的法律责任，而不是由与其签订代理销售合同的公司承担责任。

【思考题】

1. 对比《反不正当竞争法》对第10条的修订变化内容，试分析其意义。

2. 本案仅按照实际损失额赔偿是否太过保守？被侵权所受到的实际损失作为第一顺序的计算方法指导下，法官有无行使自由裁量权的空间？

第六节 商业诋毁行为的法律规制

根据《反不正当竞争法》第 11 条规定，商业诋毁中涉及的信息指"虚假信息"和"误导性信息"，既包括毫无事实根据的虚假言论，也包括对客观事实的不真实、不准确、不全面、不客观的陈述。禁止商业诋毁行为，实质上就是对相关经营者的言论自由进行必要的限制。同时要注意，当事人以陈述"事实"为理由进行抗辩的，该"事实"必须有客观证据支撑，经营者单方面的判断不属于"事实"，如"侵权"这一事实需要行政裁决或司法判决为支撑、"产品存在缺陷"需要权威机构的鉴定为依据。

 案例六 某消防设备有限公司与某集团有限公司商业诋毁纠纷案❶

【基本案情】

一、当事人双方基本情况

本案原告某集团有限责任公司成立于 2004 年 2 月 23 日，经营范围为消防技术研发、防火防毒面具、火灾报警产品、灭火设备产品、消防装备产品等。被告某消防设备有限公司成立于 2010 年 10 月 28 日，经营范围为消防装备产品、灭火设备产品、火灾防护产品、火灾报警产品等。2017 年 3 月 26 日，在某电视生活栏目的"过滤式消防自救呼吸器的鉴别与使用"节目中，播出了某消防设备有限公司技术人员对过滤式消防自救呼吸器的鉴别使用讲解的过程，将包括标注企业名称为"某集团有限公司"的产品在内的三款产品认定为不合格产品，将标注企业名称为"某消防设备有限公司"的一款产品认定为合格产品。认定为不合格的三款产品中，对"某集团有限公司"的产品进行了清晰拍摄，对其余两款不合格产品均采取了模糊处理。

二、原告指控被告的侵权行为

某集团有限公司认为某消防设备有限公司在某电视台 2017 年 3 月 26 日播出的"过滤式消防自救呼吸器的鉴别与使用"节目中将假冒某集团有限公司的产品认定为不合格，并在自己公司的网站上宣传构成商业诋毁，请求判令某消防设备有限公司停止侵权行为并赔偿损失 103520 元。

三、法院判决情况

浙江省衢州市中级人民法院一审判决：（1）某消防设备有限公司立即停止商业诋毁等侵权行为，删除其公司网站上的涉案节目视频，并于判决生效后一个月内在某广

---

❶ 参见浙江宇安消防装备有限公司与浙安集团有限公司与上海广播电视台商业诋毁纠纷案，判决书编号：（2018）浙民终 572 号民事判决书。

播电视台的电视节目中就其商业诋毁行为向某公司赔礼道歉，消除影响。（2）某消防设备有限公司赔偿某集团有限公司经济损失及合理费用共计6万元，于判决生效后十日内履行完毕。某消防设备有限公司不服一审判决，提起上诉。浙江省高级人民法院经二审判决：驳回上诉，维持原判。最高人民法院经审查最终认定某消防设备有限公司的在节目中的行为属于商业诋毁行为，驳回了某公司的再审申请。

【主要法律问题】

商业诋毁构成要件中的"虚伪信息"理解问题，以及将散布误导性信息纳入商业诋毁进行规制，是否属于扩大解释的问题。

【主要法律依据】

《反不正当竞争法》（1993年12月1日起施行，2019年4月23日修正）

第14条　经营者不得捏造、散布虚伪事实，损害竞争对手的商业信誉、商品声誉。

第20条　经营者违反本法规定，给被侵害的经营者造成损害的，应当承担损害赔偿责任，被侵害的经营者的损失难以计算的，赔偿额为侵权人在侵权期间因侵权所获得的利润；并应当承担被侵害的经营者因调查该经营者侵害其合法权益的不正当竞争行为所支付的合理费用。

被侵害的经营者的合法权益受到不正当竞争行为损害的，可以向人民法院提起诉讼。

【理论分析】

一、商业评论行为与商业诋毁行为的合理界定问题

首先，商业诽谤行为的危害不仅表现在对市场主体合法权益的侵害，甚至可能通过排挤竞争对手等不正当竞争手段实现自身行业垄断的目的。其次，站在消费者角度，市场中庞杂紊乱的信息以及各种商业诋毁手段层出不穷使得消费者无法理智辨别特定消费物，从而导致消费者利益受损。❶ 发布商业评论是市场经营者的言论自由，但是并非不受限制，商业评论不能超出其言论自由和正当评价的范畴，否则就可能涉及商业诋毁，其边界在于经营者必须出于正当目的，客观、真实地进行评论，不得误导公众和损害他人商誉。尤其是和公司存在竞争关系的商业评论，应当更加谨慎。

二、根据发生商业诋毁行为主体之间关系的不同适用的法律规范

当发生诽谤经营者的商誉行为时，无论案涉双方是否为同一行业的经营者，都会对被诽谤经营者的商业信誉造成损害，并且直接对正当的竞争秩序产生负面影响，那么毫无疑问，对于这种诽谤行为应适用《反不正当竞争法》第11条规定，然而实际情

---

❶ 鲁耀徽. 商业诋毁行为法律规制研究 [J]. 黑龙江大学学报，2015（4）.

况是，现行《反不正当竞争法》第 11 条规制的商业诽谤行为，其诽谤对象必须是竞争对手，本案即为发生在消防设备行业同业竞争者的商业诋毁行为。对不具备竞争关系的经营者实施商业诽谤行为的，一般会通过民法对遭受商业诽谤的主体提供救济。

在涉案节目中，某消防设备有限公司对几款防毒面具进行鉴别比较时，将包括标注企业名称为某集团有限公司的产品在内的三款产品认定为不合格产品，并对某集团有限公司的产品进行了清晰拍摄，对其余两款不合格产品均采取了模糊处理。该行为诋毁、贬低某集团有限公司的商业信誉及商品声誉的主观故意明显，客观上也易使消费者对某集团有限公司的产品产生不正确的评价，最终影响消费者的选择，从而损害了某集团有限公司的商业信誉及商品声誉。是否构成商业诋毁，其行为的客观方面表现为捏造、散布虚伪事实，对竞争对手的商誉进行诋毁、贬损，给其造成或者可能给其造成一定的损害后果。本案中，某消防设备有限公司并没有相关机构出具的正式文件以证明某集团有限公司的防毒面具为不合格产品，捏造、散布虚伪事实，意在贬低、诋毁竞争对手的商誉。故原审判决将散布误导性信息纳入商业诋毁的不正当竞争行为范畴，并未对商业诋毁做扩大解释，不属于适用法律错误。

【思考题】

1. 虚假宣传行为与商业诋毁行为如何区分？
2. 虚伪信息只有向消费者散布时才能构成商业诋毁吗？
3. 经营者评价竞争对手时，应如何把握正当评价与商业诋毁之间的界限？

CHAPTER 6　第六章

消费者权益保护法律制度

本章知识要点

　　随着商品经济的发展，由于资源和信息占有不对称等因素，消费者相对经营者处于弱势地位。为了保护消费者的正当权益，协调经营者与消费者之间的利益冲突，维护市场经济秩序，消费者权益保护法应运而生。通过本章的学习，应当深入理解并掌握以下知识：（1）消费者的基本概念。消费者是为了生活消费需要，购买使用商品或接受服务的个体社会成员，其主体范围具有严格的要求，需要满足法定的构成要件。（2）消费者权利及经营者义务的主要内容。根据我国《消费者权益保护法》的规定，消费者权利种类多样，而经营者的基本义务则与消费者权利相对应。（3）惩罚性赔偿制度。经营者在提供商品或服务中存在欺诈行为，损害消费者权益的，应当承担惩罚性赔偿责任。惩罚性赔偿责任的设置是通过多倍赔偿制度鼓励受损害的消费者积极求偿或诉讼，以补偿消费者损害的同时惩罚经营者的违法行为，维护社会公共利益。

第一节　消费者的基本概念厘定

　　我国《消费者权益保护法》（2013年10月25日修正）第2条规定："消费者为生活消费需要购买、使用商品或者接受服务，其权益受本法保护。"根据这一规定，消费者是指为了生活消费需要购买、使用商品或者接受服务的个体（家庭）社会成员。

案例一　王某与甲公司买卖合同纠纷案❶

【基本案情】

2014 年 6 月 26 日，王某在甲商城网站购买"BURBERRY 巴宝莉男款黑色 PVC 斜挎邮差包 3876181"（以下简称巴宝莉男包）一件，价格 5200 元，参考价 11400 元；购买"BURBERRY 巴宝莉女士巧克力色 PVC 迷你手提包 3882027"（以下简称巴宝莉女包），价格 1980 元，参考价 4560 元，共付款 7180 元，甲公司开具发票。王某认为甲公司销售的商品页面存在价格欺诈和虚假宣传行为。故诉至法院，请求退还货款 7180 元；三倍赔偿 21540 元等。

2015 年 5 月 25 日，北京市发改委作出京发改价格处罚〔2015〕29 号《行政处罚决定书》载明：2014 年 6 月 26 日，甲商城销售巴宝莉，男包、女包，网页标示"BURBERRY 巴宝莉男款黑色 PVC 斜挎邮差包 3876181 专柜 5 折封顶—甲自营，正品保证！特惠持续，永不落幕……商城价：￥5200.00，参考价：￥11400（划线）"和"BURBERRY 巴宝莉女士巧克力色 PVC 迷你手提包 3882027 专柜 5 折封顶—甲自营，正品保证！特惠持续，永不落幕……商城价：￥1980.00，参考价：￥4560（划线）"。经查，上述男款黑色斜挎包从 2014 年 5 月 26 日至 5 月 31 日销售价格为 5700 元，从 6 月 1 日至 6 月 30 日销售价格为 5200 元。女士巧克力色迷你手提包从 2014 年 5 月 26 日至 5 月 31 日销售价格为 2280.00 元，从 6 月 1 日至 6 月 30 日销售价格为 1980.00 元。"5 折封顶"是在参考价基础上打 5 折。上述事实违反了《中华人民共和国价格法》（1998 年 5 月 1 日起施行）第 14 条第 4 项的规定，构成利用虚假的或者使人误解的价格手段，诱骗消费者或者其他经营者与其进行交易的价格违法行为。给予其警告和罚款 50 万元的行政处罚。

北京市工商行政管理局开发区分局作出京工商经开分处字（2015）第 112 号《行政处罚决定书》，载明：网站 www.jd.com 上对商品编号 984951 的商品"BURBERRY 巴宝莉男款黑色 PVC 斜挎邮差包"、商品编号为 984939 的商品"BURBERRY 巴宝莉女士巧克力色 PVC 迷你手提包"宣传"巴宝莉（BURBERRY）是英国国宝级品牌，由托马斯巴宝莉于 1856 年在英国创立，100 多年来，BURBERRY 成为了一个最能代表英国气质的品牌；BURBERRY 最能体现英伦风范，音译称巴宝莉或者博柏利等"。上述行为违反了《中华人民共和国广告法》第 7 条第 2 款第（三）项的规定，属于使用国家级、最高级、最佳等用语的行为。

---

❶ 中国裁判文书网. 北京京东叁佰陆拾度电子商务有限公司、北京京东世纪信息技术有限公司与王海买卖合同纠纷二审民事判决书［EB/OL］.（2017-06-01）［2022-05-12］. https://wenshu.court.gov.cn/website/wenshu/181107ANFZ0BXSK4/index.html?docId=ce591281e0934770a39ba785001088f1.

一审法院判决：一、甲公司于判决生效之日起七日内向王某退还货款 7180 元，王某于判决生效之日起七日内向甲公司返还"巴宝莉男款黑色 PVC 斜挎邮差包 3876181"一件和"巴宝莉女士巧克力色 PVC 迷你手提包 3882027"一件（如不能返还按照购买价格折抵货款）；二、甲公司于判决生效之日起七日内向王某赔偿 21540 元；三、驳回王某其他的诉讼请求。此后，甲公司不服一审判决提起上诉，二审法院经审理后判决驳回上诉，维持原判。

【主要法律问题】

1. 王某是否属于《消费者权益保护法》所保护的"消费者"？
2. 甲公司是否存在价格欺诈行为？

【主要法律依据】

《消费者权益保护法》（2013 年 10 月 25 日修正）

第 2 条　消费者为生活消费需要购买、使用商品或者接受服务，其权益受本法保护；本法未作规定的，受其他有关法律、法规保护。

第 55 条　经营者提供商品或者服务有欺诈行为的，应当按照消费者的要求增加赔偿其受到的损失，增加赔偿的金额为消费者购买商品的价款或者接受服务的费用的三倍；增加赔偿的金额不足五百元的，为五百元。法律另有规定的，依照其规定。

经营者明知商品或者服务存在缺陷，仍然向消费者提供，造成消费者或者其他受害人死亡或者健康严重损害的，受害人有权要求经营者依照本法第四十九条、第五十一条等法律规定赔偿损失，并有权要求所受损失二倍以下的惩罚性赔偿。

【理论分析】

一、王某具有《消费者权益保护法》上的"消费者"身份

我国《消费者权益保护法》第 2 条规定："消费者为生活消费需要购买、使用商品或者接受服务，其权益受本法保护；本法未作规定的，受其他有关法律、法规保护。"由该条文可知，消费者是为了生活消费需要而购买、使用商品或者接受服务的个体（家庭）社会成员。其构成要件应当满足以下几个条件：（1）消费主体须为购买、使用商品或接受服务的自然人，自然人是产品或服务的最终使用人；（2）消费性质须为生活消费，消费性质的限定将生产消费排除在消费者权益保护法的保护范围之外，将消费者与生产者、经营者严格区分开来。需要特别注意的是，根据我国《消费者权益保护法》的特别规定，农民购买、使用直接用于农业生产的生产资料的，也可以视为消费者受消费者权益保护法的保护；（3）消费的客体须为经营者提供的商品或服务。

根据我国《消费者权益保护法》的规定可以看出，消费者的概念是相对于经营者而存在的，经营者包括生产者和销售者，只要在市场交易中购买、使用商品是为了个人、家庭的生活需要，而不是为了从事生产经营活动，就应当被认定为消费者，其合法权益理应受到消费者权益保护法的保护。在本案中，法院审理指出，虽然王某在打击假冒伪劣产品、向产品经营者索赔维权方面具有一定的社会知名度，但并不意味着王某在正常的市场交易中就不能作为消费者主张相关权利。同时法院也指出王某在甲商城网站购买包时已经发现了甲公司经营的该商品可能存在价格欺诈或虚假宣传的情形，也不能据此否认王某的消费者身份，因为目前的法律法规并没有对消费者的主观购买动机作出限制性规定，也并没有将"知假买假"的消费者排除在《消费者权益保护法》的保护范围，且甲公司并无证据证明王某购买上述商品是为了生产经营之需要，因此法院判定甲公司上诉称王某不属于消费者的意见并没有被法院采纳。

需要特别注意的是，"知假买假者"应否属于消费者范畴，我国 2013 年修订的《消费者权益保护法》中对此并没有明确规定。2013 年 12 月 23 日最高人民法院颁布的《关于审理食品药品纠纷案件适用法律若干问题的规定》第 3 条规定"因食品、药品质量问题发生纠纷，购买者向生产者、销售者主张权利，生产者、销售者以购买者明知食品、药品存在质量问题而仍然购买为由进行抗辩的，人民法院不予支持。"因此，在实践中，食品药品领域的"知假买假者"应当按照消费者来对待，而对于其他领域需要具体问题具体分析，其认定的关键在于是否是为了满足"生活消费"需要而购买、使用商品或者接受服务，若以营利为目的的经营性质的购买行为，则往往不应认定其行为人为消费者。2017 年最高人民法院办公厅出台的《对十二届全国人大五次会议第 5990 号建议的答复意见》（法办函〔2017〕181 号）也特别指出"职业打假人群体及其引发的诉讼出现了许多新的发展和变化，其负面影响日益凸显"，并认为不宜将食药纠纷的特殊政策推广适用到所有消费者保护领域，以逐步限制职业打假人的牟利性打假行为。

二、甲公司存在价格欺诈行为

甲公司是否存在价格欺诈行为是该案能否适用《消费者权益保护法》规定的惩罚性赔偿的关键所在。认定是否存在价格欺诈，需要满足以下要件：（1）欺诈故意；（2）欺诈行为；（3）因欺诈行为和欺诈故意引发了消费者的误导，同时误导与欺诈行为之间存在因果关系。

（一）甲公司是否存在欺诈故意

甲公司对于涉案产品的价格信息和价格变动幅度及降价范围和降价力度不可能不知情，其行为是为了吸引更多的消费者参与促销活动，以促进产品销量获利，主观上存在欺诈故意。

（二）甲公司是否实施了欺诈行为

根据我国《禁止价格欺诈行为的规定》（2002 年 1 月 1 日起施行）第 3 条："价格欺诈行为是指经营者利用虚假的或者使人误解的标价形式或者价格手段，欺骗、诱导消费者或者其他经营者与其进行交易的行为"。同时第 7 条规定的价格欺诈具体表现形式中包括"（1）虚构原价，虚构降价原因，虚假优惠折价，谎称降价或者将要提价，诱骗他人购买的；……"该规定中的"原价"是指经营者在本次降价前七日内在本交易场所成交的有交易票据的最低交易价格；如前七日内没有交易价格，以本次降价前最后一次交易价格作为原价。"虚构原价"，是指经营者在促销活动中，标示的原价属于虚假、捏造，并不存在或者从未有过交易记录。而"虚假优惠折价"是指经营者标示的价格等于或者高于本次优惠折价活动前七日内，在本交易场所成交的有交易票据的最低交易价格。在该案中甲商城网页标示"BURBERRY 巴宝莉男款黑色 PVC 斜挎邮差包 3876181 专柜 5 折封顶—甲自营，正品保证！特惠持续，永不落幕……商城价：¥5200，参考价：¥11400"，而实际该包从 2014 年 5 月 26 日至 5 月 31 日销售价格为5700 元，从 6 月 1 日至 6 月 30 日销售价格为 5200 元。"5 折封顶"是在参考价基础上打 5 折。网页标示"BURBERRY 巴宝莉女士巧克力色 PVC 迷你手提包 3882027 专柜 5折封顶—甲自营，正品保证！特惠持续，永不落幕……商城价：¥1980，参考价：¥4560（划线）"，实际该包从 2014 年 5 月 26 日至 5 月 31 日销售价格为 2280 元，从6 月 1 日至 6 月 30 日销售价格为 1980 元。"5 折封顶"也是在参考价基础上打 5 折。据此可见，甲公司客观上实施了虚构原价、虚构优惠折价的欺诈行为。

（三）欺诈行为和欺诈故意与消费者误导之间是否存在因果关系

法律并没有对消费者主观购买的动机作出限制性的规定，在认定是否存在消费欺诈时，主体应当以一般消费者对待，指的是抽象意义的、不特定的消费者，并非局限为特定交易的相对方。因此经营者的行为只要足以误导一般消费者就可以认定因果关系的存在，即使特定的相对方为"知假买假"也不影响消费欺诈的认定。在该案中甲公司的虚构原价及虚构优惠折价的行为足以造成一般消费者的误导而做出消费决定，其欺诈行为和欺诈故意与消费者误导之间存在因果关系。

【思考题】

1. 什么是消费者？如何理解消费者的基本构成要件？
2. 职业打假人是否属于《消费者权益保护法》所保护的消费者范畴？

第二节　消费者权利与经营者义务

消费者权利是消费者权益保护法的核心内容。根据我国《消费者权益保护法》的规定，主要包括以下权利：安全保障权、真情知悉权、自主选择权、公平交易权、依法求偿权、反悔权、依法结社权、接受教育权、获得尊重权、批评监督权、个人信息受保护权等 11 项基本权利。在交易关系中，经营者是与消费者相对应的主体，是为消费者提供商品和服务的主体，消费者权利的实现需要经营者义务的履行，除《消费者权益保护法》外，《产品质量法》《价格法》《广告法》《反不正当竞争法》等涉及经营者经营活动的法律法规所规定的经营者义务也是经营者的法定义务，这些法定义务是经营者应当遵守的最低限度的准则。

 案例二　任某与甲汽车销售服务有限公司买卖合同纠纷案❶

【基本案情】

2017 年 11 月 10 日，任某（甲方）与甲公司（乙方）签订《中进百旺销售合同书》，约定如下事项：（1）车辆及价格描述。车型：大捷龙；颜色：黑色；车架号：135773；车价：开票 40 万元；保险：以实际为准，四大主险；购置税：以实际为准；验车费：1800 元。（2）交车时间：2017.11.15。3. 预付订金：1 万元。……（6）提车方式：建行分期，甲方须在提车前付清全部车款，乙方保证车辆车况良好。……（8）附加条款：送全车龙膜，手续费 3%，12 万元×3%，3600 元手续费。2017 年 11 月 16 日，甲公司的销售人员马某向公司提交一份《申请》，载明：2016 年款大捷龙，3.6 豪华版，原价 496800 元，优惠 96800 元，开票 40 万元，车主任某，车架号 135773，已收定金 1 万元，银行贷款 12 万元，今日应收 27 万元车款、1800 元上牌费、建行分期手续费 3600 元。同日，甲公司给任某开具了机动车销售统一发票，向任某交付了进口机动车辆随车检验单、车辆一致性证书。任某于当日购买了机动车商业保险（含机动车损失保险、盗抢险、第三者责任保险），交纳保险费 11030.99 元；购买了机动车交通事故责任强制保险，交纳保险费 483.33 元。2017 年 11 月 20 日，甲公司向任某交付车辆，出库单显示车辆的内、外部检查均正常，任某在该出库单上签字确认。2017 年 11 月 23 日，任某对车辆进行注册登记，车辆所有人登记为任某。当日，任某缴纳车辆购置税 39800 元。

此后，任某发现甲公司在与其签订车辆买卖合同时未告知其车辆曾被召回和经过维修的事实，故向法院提起诉讼，要求法院判决：（1）撤销任某与甲公司于 2017 年 11 月 10 日签订的销售合同书；（2）甲公司退还任某购车款 40 万元，任某将其在甲公司处购买的克莱斯勒大捷龙轿车一辆返还给甲公司；（3）甲公司向任某赔偿购车款三倍的赔偿金 120 万元；（4）甲公司赔偿任某的损失（车辆购置税 39800 元，车辆保险费用 12614.32 元，上牌费 1800 元，建行分期手续费 3600 元）共计 1657814.32 元。

一审法院经审理认为甲公司并无主动向任某告知案涉车辆进行过更换电池、召回维修的信息的法定义务，且相关信息均有记录或公告，甲公司并无任何隐瞒，对相关信息有了解需求的消费者均可通过查询而知悉，从而对自己的消费需求进行判断，故作出驳回任某全部诉讼请求的一审判决。任某对一审判决不服提起上诉，二审法院经

---

❶　中国裁判文书网. 任辉与北京中进百旺汽车销售服务有限公司买卖合同纠纷二审民事判决书 [EB/OL]. (2020-01-06) [2022-05-12]. https://wenshu.court.gov.cn/website/wenshu/181107ANFZ0BXSK4/index.html?docId=e46c2d62ce904aab95c4ab38000bcccf.

审理后对任某的部分上诉请求予以支持，判决：一、撤销一审民事判决；二、甲汽车销售公司于本判决生效后十日内赔偿任某人民币6万元；三、驳回任某其他诉讼请求。

【主要法律问题】

1. 甲公司是否有将涉案车辆更换电池及召回维修的信息告知任某的义务？
2. 甲公司未向任某告知维修信息是否构成《消费者权益保护法》第55条规定的欺诈？

【主要法律依据】

《消费者权益保护法》（2014年3月15日起施行）

第8条 消费者享有知悉其购买、使用的商品或者接受的服务的真实情况的权利。

消费者有权根据商品或者服务的不同情况，要求经营者提供商品的价格、产地、生产者、用途、性能、规格、等级、主要成份、生产日期、有效期限、检验合格证明、使用方法说明书、售后服务，或者服务的内容、规格、费用等有关情况。

第20条 经营者向消费者提供有关商品或者服务的质量、性能、用途、有效期限等信息，应当真实、全面，不得作虚假或者引人误解的宣传。

经营者对消费者就其提供的商品或者服务的质量和使用方法等问题提出的询问，应当作出真实、明确的答复。

经营者提供商品或者服务应当明码标价。

第55条 经营者提供商品或者服务有欺诈行为的，应当按照消费者的要求增加赔偿其受到的损失，增加赔偿的金额为消费者购买商品的价款或者接受服务的费用的三倍；增加赔偿的金额不足五百元的，为五百元。法律另有规定的，依照其规定。

经营者明知商品或者服务存在缺陷，仍然向消费者提供，造成消费者或者其他受害人死亡或者健康严重损害的，受害人有权要求经营者依照本法第四十九条、第五十一条等法律规定赔偿损失，并有权要求所受损失二倍以下的惩罚性赔偿。

【理论分析】

一、甲公司没有将涉案车辆更换电池的信息告知任某的义务，有将汽车进行召回维修的信息告知任某的义务

根据《消费者权益保护法》第8条、第16条及第20条的规定，消费者享有知悉其购买、使用的商品或者接受的服务的真实情况的权利，经营者负有真实、全面向消费者提供有关商品或者服务的质量、性能、用途、有效期限等信息的义务。消费者只有充分了解了商品或服务的基本信息，才能知晓商品或服务是否满足自己的需求，因此信息的准确、及时、有效获取对于消费者而言至关重要。对于商品买卖而言，在合同缔结和商品销售的整个过程中，消费者都享有知情权，经营者都负有如实告知商品信息的义务。

在本案中，任某主张甲公司有义务主动将涉案汽车更换电池及召回维修的信息向其告知，甲公司则否认该两项信息属于其告知义务的范围，其关键在于认定该两项信息是否能够成为影响消费者自主作出购买选择的重要信息，以实现对消费者知情权、选择权的实质性保护。该案中的商品为汽车，汽车商品是一种零部件众多、构造复杂且技术精密的消费品，汽车从最初生产到最终交付至消费者的过程中会经历运输、仓储、维护等诸多环节，商品自身及相关物流环节涉及的信息量巨大。在这样的商品买卖过程中，如果要求经营者不加区别地将所有信息告知消费者，可能导致交易成本的不必要增加，还有可能将影响消费者作出选择的重要信息淹没。因此，在汽车消费领域，关于商品信息的全面告知不仅要强调消费者有权获取商品的全面信息，也应当强调对消费者知情权的实质性保护，不能过度重视形式完整而忽略实质信息获取。在汽车交易过程中，经营者向消费者全面告知义务的范围并非指与汽车商品相关的所有信息，而是指可能影响消费者人身健康、安全或一定财产利益的全部重要信息。在该案中关键在于判断更换电池及召回维修的信息是不是属于应当告知的信息。

（一）关于更换电池的信息

本案中所涉汽车产地为加拿大，自 2015 年 9 月出厂以来，经历了包括海运在内的长途运输，于 2015 年 10 月 28 日抵达上海海关，并经克莱斯勒中国公司于 2015 年 11 月 12 日按章办结了进口手续，当时进口机动车随车检验单显示案涉车辆经我国出入境检验检疫局检验通过，车辆的一般项目检验、安全性能检验均合格。汽车在运抵我国后，经过了一定时间的存储，2017 年 2 月 10 日克莱斯勒中国公司更换了案涉车辆的蓄电池，并将该操作上传于该车的服务历史记录中。根据法院已查明的事实，克莱斯勒中国公司使用原厂蓄电池对汽车蓄电池进行更换时距汽车的出厂时间已近一年半。汽车蓄电池长久不用会慢慢放电直至报废，即使是新车置于仓库，蓄电池经过一定的时间后性能也会受损，因此在汽车的日常养护中，每隔一段时间启动一次汽车给蓄电池充电是车辆养护的必要步骤。从这个意义上讲，在日常养护中发现蓄电池需要更换而依据标准程序对蓄电池进行更换在一定程度上是对自然消耗品的更新，并不属于汽车自身的质量缺陷或外观瑕疵，而可视为是有利于汽车良好性能保持的养护程序，并不会对消费者的人身健康和安全产生不良影响，也几乎不涉及实质性财产利益。因此，甲公司未将电池更换信息告知任某不构成法定告知义务的违反，不构成对任某知情权的侵犯。

（二）关于召回维修的信息

本案中，克莱斯勒公司于 2017 年 3 月 20 日在国家质量监督检验检疫总局的网站发布了召回公告，对 2015 年 8 月 3 日至 2015 年 12 月 11 日生产的 2016 款大捷龙车辆进行召回。召回公告中明确载明召回范围内部分车辆因变速驱动桥油泵转子内外尺寸存在偏差导致转子损坏，引起车辆动力缺失，存在安全隐患，召回后实施了维修措施，为召回范围内的车辆免费更换尺寸正确的驱动桥油泵。根据已查明的事实，甲公司在将汽车出售给任某前，于 2017 年 7 月 11 日对案涉车辆的驱动桥油泵进行了更换，并将该更换操作上传于该汽车的服务历史记录中，但在出售汽车时，并未将该信息告知任某。

首先，根据克莱斯勒公司发布的召回公告，召回范围内的汽车存在变速驱动桥油泵转子内外尺寸偏差的问题，而这一问题可能导致车辆动力缺乏。对于汽车商品而言，车辆动力是保证其使用安全性的至关重要的因素，涉及的是车辆驱动系统的核心部件，召回维修属于消除产品缺陷的维修行为，如果不对其进行维修，可能存在重大的安全隐患。尽管召回维修后汽车的安全隐患已经排除，已经属于可以进行销售的合格车辆，但对关键零部件的更换维修会对消费者选择权产生重要影响，实践中因关键部件瑕疵而放弃交易的案例比比皆是。因此本案中涉及车辆动力及安全性能的变速驱动桥油泵部件的更换属于能够影响消费者财产利益的信息，经营者理应在交易过程中如实告知。

其次，在认定经营者告知义务的范围时，基于维护整体公共利益的考量，不能以个别消费者的任意解释作为标准，而应以一般消费者的正常理解、认识与要求为准，即基于广大消费者在购买商品时对相关信息的合理期待为标准。从一般消费者的认知能力和消费心理出发，新车是指全新且未经过使用、维修的汽车，对关键零部件进行过维修、更换的汽车并不能成为一般消费者认为的新车，关键零部件的维修、更换信息显然会影响消费者的选择权。虽然在本案中并没有明确证据能够证明召回维修操作会对涉案车辆的外观、安全性能、使用功能等造成损害，但根据一般消费者的认知能力和消费心理，车辆动力系统存在固有缺陷、经过维修操作的事实会在一定程度上影响消费者的购买选择，因此该事实应当属于消费者知情权的范围，属于经营者告知义务的范围，甲公司未向任某明确告知该事实损害了任某的知情权。

最后，虽然克莱斯勒公司在国家质量监督检验检疫总局网站上发布了召回公告，该信息发布行为是依据《缺陷汽车产品召回管理条例》而进行的信息发布行为，社会上不特定的公众能够通过查询获取到该信息，但并不能因此就免除经营者对特定消费者的告知义务。同时，甲公司虽然将修理、更换记录上传至该涉案车辆的服务历史记录系统，但任某作为普通消费者在缔约阶段并不能有效获知该项信息。因此，甲公司的上传记录行为也不属于其履行告知义务的行为。

综上所述，涉案汽车属于召回范围并存在关键零部件维修、更换的信息属于经营者全面、如实告知义务的范围，甲公司未向任某告知汽车召回维修的信息侵犯了任某的知情权。

二、甲公司未向任辉告知维修信息不构成《消费者权益保护法》第 55 条规定的欺诈行为

《中华人民共和国民法总则》（2017 年 10 月 1 日起施行，已废止）第 148 条规定："一方以欺诈手段，使对方在违背真实意思的情况下实施的民事法律行为，受欺诈方有权请求人民法院或者仲裁机构予以撤销。"在本案中，认定甲公司未向任某告知维修信息是否构成《消费者权益保护法》第 55 条规定的欺诈行为，关键在于确定甲公司是否存在欺诈故意，是否实施了欺诈行为，以及认定欺诈故意和欺诈行为是否能够引发对消费者的误导。

首先，关于甲公司的主观状态是否存在故意的认定需要考量甲公司是否具有隐瞒相关信息的主观恶意，并不能因经营者违反告知义务就认定其构成欺诈。在该案中，克莱斯勒公司在国家质量监督检验检疫总局的网站公开发布了召回公告，对 2015 年 8 月 3 日至 2015 年 12 月 11 日生产的 2016 款大捷龙车辆进行召回，其召回公告中明确载明召回范围内部分车辆因变速驱动桥油泵转子内外尺寸存在偏差导致转子损坏，引起车辆动力缺失，存在安全隐患，召回后实施了维修措施，为召回范围内的车辆免费更换尺寸正确的驱动桥油泵，甲公司在将汽车出售给任某前，于 2017 年 7 月 11 日对案涉车辆的驱动桥油泵进行了更换，并将该更换操作上传于该汽车的服务历史记录系统中。据此，甲公司公开发布的公告处于不特定消费者均可查的状态，同时修理信息在车辆服务记录系统中明确载明，在一定程度上进行了信息披露，并没有出现刻意隐瞒的情形，从主观状态上不具有故意。

其次，衡量甲公司是否实施欺诈行为应当明确没有获知车辆维修信息是否足以致使任某作出错误的意思表示。在汽车买卖合同中，任某作为消费者的缔约目的在于取得质量合格的汽车的所有权，在本案中，甲公司出售给任某的汽车出现了属于召回范围并经维修的情形，但经过召回修理后，原本存在的缺陷已经消除，任某购买该车能够实现其使用目的。同时根据《缺陷汽车产品召回管理条例》第 19 条的规定，对实施召回的缺陷汽车产品，生产者应当及时采取修订或者补充标识、修理、更换、退货等措施消除缺陷，并没有要求存在召回情形即解除合同。甲公司在与任某签订买卖合同前已按照召回公告的要求采取了修理措施，涉案车辆的质量缺陷因修理而消除，应当能够保障任某的人身健康和财产安全，满足任某的使用需要。因此，任某不知晓涉案汽车在销售前已经经过召回维修，并不足以使其购买的意思表示陷入错误，也没有明确的证据证明因该信息会导致其放弃购买意愿，不构成对任某的欺诈。

【思考题】

1. 如何理解消费者知情权的权利边界与经营者全面告知义务的范围？
2. 如何实现消费者知情权的实质性保障？
3. 赋予消费者权利的理论意义和价值是什么？

第三节　惩罚性赔偿制度

惩罚性赔偿责任与补偿性民事责任不同，其主要适用于侵害了众多消费者权益、损害市场经济秩序的违法行为。惩罚性赔偿责任通过多倍赔偿制度鼓励受损害的消费者积极求偿或诉讼，从而达到在补偿消费者遭受损害之余，惩罚经营者的违法行为，维护社会公共利益的目的。《消费者权益保护法》第 55 条第 1 款规定了因经营者欺诈行为的三倍损害赔偿责任，规定惩罚性赔偿金额为商品价款或接受服务费用的三倍，增加赔偿金额不足 500 元的，为 500 元。《食品安全法》第 148 条规定了十倍损害赔偿责任，规定生产不符合食品安全标准的食品或者经营明知是不符合食品安全标准的食品，消费者除要求赔偿损失外，还可以向生产者或者经营者要求支付价款十倍或者损失三倍的赔偿金；增加赔偿的金额不足 1000 元的，为 1000 元。

 案例三　王某诉甲科技有限责任公司网络购物合同纠纷案❶

【基本案情】

2014 年 4 月 8 日，甲科技有限责任公司（以下简称甲公司）在其官方网站上发布的广告显示：10400 mAh 移动电源，活动特价 49 元。当日，王某在该网站上订购了以下两款移动电源：金属移动电源 10400 mAh 银色 69 元，移动电源 5200 mAh 银色 39元。王某提交订单后，于当日通过支付宝向甲公司付款 108 元。同月 12 日，王某收到上述两个移动电源及配套的数据线。同月 17 日，王某发现使用 5200 mAh 移动电源的原配数据线不能给手机充满电，故与甲公司的客服联系，要求调换数据线。甲公司同意调换并已收到该数据线。此后，王某以甲公司对其实施价格欺诈为由向法院起诉，请求撤销网络购物合同，王某退还甲公司两套涉案移动电源，并请求甲公司退回价款108 元、赔偿 500 元、支付快递费 15 元并赔偿交通费、打印费、复印费 100 元。一审法院认为，涉案网络购物合同有效，甲公司的行为不构成欺诈，判决驳回王某的诉讼请求。王某不服，上诉。二审法院审理后认为，王某与甲公司的网购合同有效，并认为网络抢购这种销售方式具有特殊性，需要消费者在短时间内作出购买的意思表示，王某在购买时因为认同了其广告价格 49 元而在活动当日作出抢购的意思表示，其真实意思表示所认定的价格为 49 元，但从订单详情可知，王某于 2014 年 4 月 8 日 14 时 30分下单，订单显示 10400 mAh 移动电源的价格为 69 元，并非为广告显示的 49 元。同时，二审法院经查，甲公司认可商城活动界面显示错误，存在广告价格与实际结算价格不一致的情形，甲公司将其解释为电脑后台系统出现错误。但在发现此不一致情形后，甲公司并未就该后台故障问题公开向消费者说明，也没有实质性证据证明电脑后台故障的存在，因而二审法院认定甲公司具有欺诈消费者的故意，认为王某关于 10400mAh 移动电源存在欺诈请求撤销合同的请求合理，对另一电源双方当事人均同意解除合同，最终二审法院判决王某退还甲公司涉案的两个移动电源，甲公司保底赔偿王某500 元，退还王某货款 108 元。

❶ 中国裁判文书网. 王辛与小米科技有限责任公司网络购物合同纠纷二审民事判决书［EB/OL］.（2014-12-18）［2022-05-12］. https://wenshu. court. gov. cn/website/wenshu/181107ANFZ0BXSK4/index. html?docId=f3418 e30a26b45b580cb4b43813e8c1a.

【主要法律问题】

甲公司的行为是否构成欺诈，王某是否能够依据《消费者权益保护法》主张惩罚性赔偿。

【主要法律依据】

《消费者权益保护法》（2014 年 3 月 15 日起施行）

第 55 条　经营者提供商品或者服务有欺诈行为的，应当按照消费者的要求增加赔偿其受到的损失，增加赔偿的金额为消费者购买商品的价款或者接受服务的费用的三倍；增加赔偿的金额不足五百元的，为五百元。法律另有规定的，依照其规定。

经营者明知商品或者服务存在缺陷，仍然向消费者提供，造成消费者或者其他受害人死亡或者健康严重损害的，受害人有权要求经营者依照本法第四十九条、第五十一条等法律规定赔偿损失，并有权要求所受损失二倍以下的惩罚性赔偿。

【理论分析】

甲公司的行为构成欺诈，王某可以依据《消费者权益保护法》主张惩罚性赔偿。

王某能否依据《消费者权益保护法》主张惩罚性赔偿的关键在于认定甲公司是否构成欺诈行为，如果甲公司的行为构成欺诈行为，根据《消费者权益保护法》第 55 条的规定，王某就有权要求甲公司承担惩罚性赔偿责任。

欺诈是指故意隐瞒真实情况或故意告知对方虚假情况，欺骗对方，诱使对方作出错误的意思表示，欺诈既包括故意告知消费者虚假情况的行为，也包括故意隐瞒真实情况使消费者陷入认识错误的情形，在网络消费时代，部分网络经营者通过隐瞒真实身份、发布虚假广告、使用网络消费格式条款等欺诈手段侵害网络消费者的利益。在本案中，王某与甲公司通过网络平台建立买卖合同关系，认定甲公司是否构成欺诈需要从以下几个层面予以考量。

一、甲公司是否实施了欺诈行为

欺诈行为是指经营者在提供商品或者服务时采取虚假或者其他不正当手段欺骗、误导消费者，使消费者的合法权益受到损害的行为，实践中在出售商品时一方如果有义务向另一方告知商品的性能、质量瑕疵等情况却沉默不宣导致对方发生误解，也可以构成欺诈。相较于实体店面消费，网络消费在欺诈的表现形式上有一定特殊性，如网络经营者一般通过文字+图片或影像资料的方式在网络上发布商品或者服务信息，这些信息易存在虚假、不完整、与实物失真、夸大质量或功能等情况，实施欺诈行为。在本案中，甲公司在抢购前就 10400 mAh 移动电源专门制作了宣传页面进行广告宣传，即原价 69 元的 10400 mAh 移动电源特价 49 元，在活动当日该广告仍然存在。由于此广告界面与商品的抢购界面直接链接且需要消费者在短时间内作出购买的意思表示。王某正是认同了广告价格 49 元才在活动当日实施了抢购的购买行为。甲公司以广告的形式向消费者表明原价 69 元的 10400 mAh 移动电源活动特价 49 元，却并未按照 49 元售卖，客观上实施了虚假信息欺骗、误导消费者的行为。

二、甲公司主观上是否存在欺诈故意

故意是认定欺诈行为的重要标准，从主观方面来说，经营者有欺诈的故意表现为经营者在提供商品或者服务时明知虚假或者夸大不实，仍向消费者作出不实陈述的主观心理状态。在本案中，甲公司行为表现为广告价格为 49 元，从王某提交的订单详情来看，其于 4 月 8 日 14 时 30 分下单，符合甲商城抢购广告的要求，但订单中 10400 mAh 移动电源的价格却为 69 元，并非 49 元。甲公司此后认可甲商城活动界面显示错误，存在广告价格与实际结算价格不一致的情形，并将该不一致解释为电脑后台系统出现错误。经调查，甲公司事后也并未就该所谓的后台系统错误问题向消费者作出声明，且其无法提供有效证据证明活动当天电脑后台确实出现故障而导致广告价格与实际结算价格不一致，因此可以认定甲公司存在欺诈的主观故意。

三、甲公司的欺诈行为是否误导了消费者

判断经营者的行为是否误导消费者应以一般消费者的认知水平和识别能力为准。如果该行为足以使一般消费者发生误解，即构成欺诈。如果该行为不足以使一般消费者发生误解，个别消费者应证明自己确实发生误解以主张欺诈行为的成立。经营者实施欺诈行为，一般都会造成消费者合法权益的损害，但认定消费欺诈行为并不要求消费者有实际的损失或者损害发生，只要经营者的行为足以误导消费者就可以被认定为欺诈。在本案中，王某基于 10400 mAh 移动电源的广告价格为 49 元而陷入认识错误，并基于该认识错误作出购买行为，其购买行为与经营者的欺诈行为之间存在因果关系。

因此，甲公司的行为构成《消费者权益保护法》第 55 条规定的欺诈行为，王某可以依据《消费者权益保护法》主张惩罚性赔偿。

【思考题】

1. 当消费者权益受到损害时，消费者应如何维权？
2. 如何理解惩罚性赔偿责任的启动条件？
3. 惩罚性赔偿责任与一般赔偿性法律责任的区别是什么？

CHAPTER 7　　第七章

产品质量监管法律制度

 本章知识要点

　　（1）掌握产品范围界定，能够判定生产者、销售者的产品质量义务及产品质量责任承担，能够掌握产品质量监管制度和措施。（2）掌握食品安全管理制度、生产经营制度、食品安全事故处理制度。（3）掌握药品管理制度。

第一节　产品质量法

　　在我国，产品质量法是指调整产品在生产、销售、消费过程中因产品质量发生的监督管理关系和责任关系的法律规范的总称。1993 年，我国颁布《中华人民共和国产品质量法》（1993 年 9 月 1 日起施行，2000 年 7 月 8 日、2018 年 12 月 29 日修订，以下简称《产品质量法》）。我国产品质量法调整的法律关系包括产品质量监督管理关系和产品质量责任关系。前者是发生在产品生产者、销售者与监管机关之间的监管与被监管关系；后者是发生在产品生产者、销售者与消费者之间的产品交易关系。中国的产品质量法兼具公法和私法属性。在域外，产品质量法多限于产品责任法，产品责任法起源于英美判例法，1979 年美国率先颁布《美国统一产品责任示范法》。

　　我国现已形成以《产品质量法》为基石，以《中华人民共和国食品安全法》（2021 年 4 月 29 日起施行，以下简称《食品安全法》）、《中华人民共和国药品管理法》（2019 年 12 月 1 日起施行，以下简称《药品管理法》）、《中华人民共和国农产品质量安全法》（2018 年 10 月 26 日起施行）等特定产品质量法和配套法规为补充的法律框架体系。

 **案例一　A 市甲建设集团股份有限公司与 B 市 C 区市场监督管理局、B 市 C 区人民政府行政复议纠纷案❶**

【基本案情】

A 市甲建设集团股份有限公司（以下简称甲公司）于 2019 年 6 月 17 日与乙公司签订建设工程施工专业分包合同。分包工程为某项目四号地块外幕墙施工工程，发包人为丙公司，承包人为乙公司，分包人为甲公司。承包人和分包人双方就分包合同施工事项经协商达成一致。

一、行政处罚过程

2019 年 5 月，B 市 C 区市场监督管理局（以下简称 C 区市监局）执法人员到甲公司施工地点进行现场检查，对工程中使用的 5 批热镀锌钢材进行执法检查并随机抽样送检。经检验检测，钢材镀锌层厚度均不符合国家标准。另外总包单位乙公司和监理单位丁公司的报监资料中标称戊公司和己公司的产品质量证明书均系伪造，而产品质量证明书随同货物同行至工地在报监过程中反复使用，由此甲公司在工程中使用伪造质量证明文件的钢材、货值总额 1848026.88 元。

2019 年 8 月 23 日，C 区市监局执法人员向甲公司邮寄送达行政处罚听证告知书，甲公司于 2019 年 8 月 24 日签收，在法定期限内未提出听证申请。2019 年 8 月 29 日，C 区市监局对甲公司作出行政处罚决定：甲公司在工程中使用伪造质量证明文件的钢材，违反本省《惩治生产销售假冒伪劣商品行为条例》第 5 条及第 6 条第 6 项的规定，处以罚款 30 万元的行政处罚。

二、行政复议过程

2019 年 9 月 12 日，甲公司向 C 区政府提交行政复议申请。C 区政府于 2019 年 9 月 17 日受理甲公司申请，同日向 C 区市监局发送行政复议答复通知书。C 区市监局于 2019 年 9 月 25 日提交行政复议答复书及证据。C 区政府作出行政复议决定，维持 C 区市监局作出的行政处罚决定。

三、行政诉讼过程

甲公司于法定期限内诉至 B 市医药高新技术产业开发区人民法院，请求撤销 C 区市监局作出的行政处罚决定和 C 区政府作出的行政复议决定等。一审法院经查，C 区市监局对甲公司在案涉工程中使用伪造质量证明文件钢材的违法行为作出行政处罚决

❶　中国裁判文书网. 深圳市宝鹰建设集团股份有限公司与泰州市海陵区市场监督管理局、泰州市海陵区人民政府行政复议二审行政判决书［EB/OL］.（2021-04-21）［2021-09-13］. https://wenshu.court.gov.cn/website/wenshu/181107ANFZ0BXSK4/index.html?docId=66c8062774b14948bae2ad1000a6418c.

定职权正当、认定事实清楚、证据确实充分、适用法律正确且量罚适当，因此对于甲公司要求撤销行政处罚决定的诉讼请求不予支持。C 区政府在收到甲公司行政复议申请后，依据法定程序作出行政复议决定，符合法律规定。甲公司不服一审判决，向 B 市中级人民法院提起上诉，请求撤销一审判决，改判撤销案涉行政处罚决定和行政复议决定。法院经审理查明，被诉行政处罚决定及行政复议决定符合法律规定，一审判决并无不当；上诉人的上诉理由及请求，无事实和法律依据。驳回上诉，维持原判决。

【主要法律问题】

1. 本案是否属于《产品质量法》调整的"产品"范畴？
2. 本案如何反映我国的产品质量监督管理制度？
3. 本案中甲公司违反产品质量法律规定应承担何种行政责任？

【主要法律依据】

一、《中华人民共和国产品质量法》（1993 年 9 月 1 日起施行，2000 年 7 月 8 日、2018 年 12 月 29 日修订）

第 2 条　在中华人民共和国境内从事产品生产、销售活动，必须遵守本法。

本法所称产品是指经过加工、制作，用于销售的产品。

建设工程不适用本法规定；但是，建设工程使用的建筑材料、建筑构配件和设备，属于前款规定的产品范围的，适用本法规定。

第 8 条　国务院市场监督管理部门主管全国产品质量监督工作。国务院有关部门在各自的职责范围内负责产品质量监督工作。县级以上地方市场监督管理部门主管本行政区域内的产品质量监督工作。县级以上地方人民政府有关部门在各自的职责范围内负责产品质量监督工作。法律对产品质量的监督部门另有规定的，依照有关法律的规定执行。

第 13 条　可能危及人体健康和人身、财产安全的工业产品，必须符合保障人体健康和人身、财产安全的国家标准、行业标准；未制定国家标准、行业标准的，必须符合保障人体健康和人身、财产安全的要求。

禁止生产、销售不符合保障人体健康和人身、财产安全的标准和要求的工业产品。具体管理办法由国务院规定。

第 70 条　本法第四十九条至第五十七条、第六十条至第六十三条规定的行政处罚由市场监督管理部门决定。法律、行政法规对行使行政处罚权的机关另有规定的，依照有关法律、行政法规的规定执行。

第 73 条　军工产品质量监督管理办法，由国务院、中央军事委员会另行制定。

因核设施、核产品造成损害的赔偿责任，法律、行政法规另有规定的，依照其规定。

二、《中华人民共和国建筑法》（1998 年 3 月 1 日起施行，2019 年 4 月 23 日修正，以下简称《建筑法》）

第 58 条　建筑施工企业对工程的施工质量负责。

建筑施工企业必须按照工程设计图纸和施工技术标准施工，不得偷工减料。工程设计的修改由原设计单位负责，建筑施工企业不得擅自修改工程设计。

第 59 条　建筑施工企业必须按照工程设计要求、施工技术标准和合同的约定，对建筑材料、建筑构配件和设备进行检验，不合格的不得使用。

【理论分析】

一、关于《产品质量法》调整的"产品"范畴

在产品质量法中，对于"产品"的含义及范围的界定至关重要，这不仅关系到产品责任范围的大小、政府监管的力度，也关系到消费者何种利益受到保护以及保护程度。

根据我国《产品质量法》第 2 条第 2 款、第 3 款和第 73 条规定，产品，是指经过加工、制作，用于销售的物品。因此，我国产品质量法意义上的"产品"需要满足经过加工、制作，且以营利为目的销售。天然产品、未经加工的初级农产品、不动产、建设工程、军工产品均不属于"产品"，但建设工程使用的建筑材料、建筑构配件和设备属于产品。另外，从司法实践来看，计算机软件、书籍等智力产品、血液及血液制品、电也被排除在"产品"的范围之外。本案中，不合格的物品为"热镀锌钢材"，故属于《产品质量法》调整的"产品"范畴。

二、本案体现了我国产品质量监督管理制度

产品质量监督管理制度，是指产品质量监督管理的主体、程序、方式等方面的法律制度。产品质量监督管理的主体是依法享有行政职权的国家机关，客体是在生产、销售、消费过程中的产品质量，内容是监管主体采取各种措施维护产品质量管理秩序，预防、纠正、打击违法行为。

（一）产品质量监督管理体制

产品质量监督管理体制，是以产品质量监督管理机构的设置及权限划分为核心的制度构建。2001 年 8 月颁布的《国家工商行政管理总局职能配置内设机构和人员编制规定》，确定国家工商行政管理部门负责流通领域产品质量监督、技术监督部门负责生产领域产品质量监督的管理体制。2018 年，《国务院机构改革方案》出台，将国家工商行政管理总局、国家质量监督检验检疫总局、国家食品药品监督管理总局等部门职责整合，组建国家市场监督管理总局。同年《产品质量法》修改，第 8 条第 1 款规定，国务院市场监督管理部门主管全国产品质量监督工作。国务院有关部门在各自的职责范围内负责产品质量监督工作。产品质量监督管理机构主要从宏观和微观两个层面行使监管职能。

本案案发于 2019 年 5 月，根据《产品质量法》第 8 条第 2 款、第 70 条规定，C 区市监局作为 C 区政府产品质量监督部门，主管本行政区域内的产品质量监督工作，对于本行政区域内违反产品质量监督管理、生产销售假冒伪劣商品的违法行为具有作出行政处罚的职权。甲公司作为案涉工程分包单位，其使用的建筑材料、建筑构配件和设备质量监管属于 C 区市监局职责范围。

（二）产品质量监督管理的主要制度

1. 产品质量检验制度

产品质量检验，是指依据特定的标准，通过科学、合理的方法，检测产品的各项特性，以确定产品质量是否合格的活动。根据产品质量检验主体的不同，产品质量检验分为生产经营者自行检验和第三方检验。第三方检验通常是在特定情况下针对特定产品适用。常见的第三方检验的情形有：在产品质量争议中，由当事人申请或争议处理机关决定将检验机构对争议产品的质量进行检验；在产品质量认证中，为查明特定产品是否具备获得认证的资格，须由相关检验机构进行检验；在产品质量抽查中，可以根据情况委托检验机构对抽查的产品进行检验。

2. 产品质量标准化管理制度

产品质量的标准化管理，是指产品质量标准和与产品质量有关的其他标准的制定、实施活动的总称。实施标准化管理有利于产品质量管理的专业化、现代化，有利于推动技术进步、提高产品质量的整体水平。《产品质量法》第 13 条规定，可能危及人体健康和人身、财产安全的工业产品，必须符合保障人体健康和人身、财产安全的国家标准、行业标准；未制定国家标准、行业标准的，必须符合保障人体健康和人身、财产安全的要求；禁止生产、销售不符合保障人体健康和人身、财产安全的标准和要求的工业产品。具体管理办法由国务院规定。依据制定主体及适用范围的不同，分为国家标准、地方标准、行业标准和企业标准。依据标准性质的不同，产品质量标准可以分为强制性标准和推荐性标准。

2019 年修订后的《建筑法》第 58 条第 1 款及第 59 条规定，建筑施工企业对工程的施工质量负责，必须按照工程设计要求、施工技术标准和合同的约定，对建筑材料、建筑构配件和设备进行检验，不合格的不得使用。建筑工程的质量与人身安全和财产安全息息相关。本案中，甲公司明知建材不符合国家标准依然使用的行为，不仅违反《建筑法》规定，还违反《产品质量法》有关质量监督的条款，应承担相应责任。

3. 产品质量监督检查制度

产品质量监督检查，是指依法进行监督检查的行政机关以抽查为主要方式对产品的质量状况进行检查的活动。在我国，产品质量监督检查制度具有以下几方面的特点：（1）监督检查以抽查方式为主。抽查的样品应当在市场上或者企业成品仓库内的待销产品中随机抽取，数量不得超过检验的合理需要，并不得向被检查人收取费用。对依法进行的产品质量监督检查，生产者、销售者不得拒绝。（2）监督抽查的产品范围包括以下三类：可能危及人体健康和人身、财产安全的产品；影响国计民生的重要工业产品；消费者、有关组织反映有质量问题的产品。（3）监督检查的主体。监督抽查工作由国务院市场监督管理部门规划和组织，县级以上地方产品质量监督部门在本行政区域内也可以组织监督抽查。国家监督抽查的产品，地方不得另行重复抽查；上级监督抽查的产品，下级不得另行重复抽查。国务院和省、自治区、直辖市人民政府的产品质量监督部门应当定期发布其监督抽查的产品的质量状况公告。（4）根据监督抽查的需要，可以对产品进行检验。生产者、销售者对抽查检验的结果有异议的，可以自收到检验结果之日起 15 日内向实施监督抽查的产品质量监督部门或其上级产品质量监督部门申请复检，由受理复检的产品质量监督部门作出复检结论。（5）监督抽查不合格的处理。监督抽查的产品质量不合格的，由实施监督抽查的产品质量监督部门责令其生产者、销售者限期改正。逾期不改正的，由省级以上人民政府市场监督管理部门予以公告；公告后经复查仍不合格的，责令停业，限期整顿；整顿期满后经复查产品质量仍不合格的，吊销营业执照。监督抽查的产品有严重质量问题的，依照有关规定处罚。

三、本案所反映的我国产品质量行政责任

产品生产、销售主体涉及下列行为时，应当承担产品质量行政责任：（1）生产、销售不符合保障人体健康、财产安全的国家标准、行业标准的产品；（2）在产品中掺杂、掺假，以假充真、以次充好，或以不合格产品冒充合格产品；（3）生产国家明令淘汰的产品、销售国家明令淘汰并停止销售的产品；（4）销售变质、失效的产品；（5）伪造产品产地，伪造或冒用他人厂名或厂址、伪造或冒用认证标志等质量标志；（6）产品标识、产品包装标识不符合法律规定，拒绝接受依法进行的质量监督检查；（7）产品质量检验机构、认证机构伪造检验结果或出具虚假证明；（8）明知属于《产品质量法》禁止生产或销售的产品而为其提供运输、保管、仓储便利条件，或为以假充真的产品提供制假生产技术的；（9）服务业将禁止销售的产品用于经营性服务；（10）隐匿、转移、变卖、毁坏被市场监督管理部门查封、扣押的物品等。

对上述违法行为适用过错责任原则，由监管部门分别给予以下行政制裁：（1）责令停止生产；（2）责令停止销售；（3）没收违法生产或者销售产品；（4）没收违法所得；（5）罚款；（6）责令更正；（7）责令停业整顿；（8）吊销营业执照；（9）取消或者撤销检验资格或者认证资格。当事人对行政处罚不服可依法申请复议。

【思考题】

请试论智能产品是否属于产品范畴。

案例二　原告 A 县某音响电器经营部与被告郑某等人产品销售者责任纠纷案❶

【基本案情】

郑某夫妇经营一家五金店。两人于 2017 年至 2018 年期间多次从 B 县某个体工商户吕某处购进 12V 智能充电器和特大容量电瓶等产品。2018 年 11 月 9 日，杨某在郑某夫妇经营的五金店购买一个无品牌名称的充电器、一个电瓶及其他用品。充电器、电瓶均无生产品合格证标识和生产时间。其后杨某回到某音响电器经营部，将其自有的电瓶接在当日购买的充电器上充电。当日下班后该店内无人看守，充电器也未断电。第 2 天 7 时许，充电器位置多次冒出火花，并发生爆炸，引起火灾。消防队赶到现场进行处置，对火灾现场进行勘验，从现场提取的电瓶和充电器残留物进行鉴定后作出《火灾事故认定书》，认定起火原因为充电过程中发生故障引起火灾。此次火灾造成该音响电器经营部店内的摄像机、功放机、话筒等音响设备被烧毁，产生直接经济损失 77 万余元。

杨某的音响电器经营部诉至人民法院，请求判令郑某夫妇及吕某对原告财产损失承担连带赔偿责任。法院经审理，结合事故当晚某音响电器经营部无人看守，人员离开后充电器也未断电的情况，判定原告疏于管理，负有管理不善之责。因此，法院判决被告郑某夫妇赔偿原告损失的 70%，原告自行承担损失的 30%。

【主要法律问题】

1. 本案中郑某夫妇应履行何种产品质量义务？
2. 本案中被告需承担哪些产品质量民事责任？
3. 本案损害赔偿的主体如何确定？

【主要法律依据】

一、《中华人民共和国产品质量法》（1993 年 9 月 1 日起施行，2018 年 12 月 29 日修订，以下简称《产品质量法》）

第 26 条　生产者应当对其生产的产品质量负责。

产品质量应当符合下列要求：

（一）不存在危及人身、财产安全的不合理的危险，有保障人体健康和人身、财产安全的国家标准、行业标准的，应当符合该标准；

❶ 重庆市高级人民法院甄选发布近年来重庆法院审结的消费者权益保护典型案例之一：原告酉阳县某音响电器经营部与被告郑某等人产品销售者责任纠纷案。

（二）具备产品应当具备的使用性能，但是，对产品存在使用性能的瑕疵作出说明的除外；

（三）符合在产品或者其包装上注明采用的产品标准，符合以产品说明、实物样品等方式表明的质量状况。

第 27 条　产品或者其包装上的标识必须真实，并符合下列要求：

（一）有产品质量检验合格证明；

（二）有中文标明的产品名称、生产厂厂名和厂址；

（三）根据产品的特点和使用要求，需要标明产品规格、等级、所含主要成份的名称和含量的，用中文相应予以标明；需要事先让消费者知晓的，应当在外包装上标明，或者预先向消费者提供有关资料；

（四）限期使用的产品，应当在显著位置清晰地标明生产日期和安全使用期或者失效日期；

（五）使用不当，容易造成产品本身损坏或者可能危及人身、财产安全的产品，应当有警示标志或者中文警示说明。

裸装的食品和其他根据产品的特点难以附加标识的裸装产品，可以不附加产品标识。

第 30 条　生产者不得伪造产地，不得伪造或者冒用他人的厂名、厂址。

第 31 条　生产者不得伪造或者冒用认证标志等质量标志。

第 32 条　生产者生产产品，不得掺杂、掺假，不得以假充真、以次充好，不得以不合格产品冒充合格产品。

第 33 条　销售者应当建立并执行进货检查验收制度，验明产品合格证明和其他标识。

第 34 条　销售者应当采取措施，保持销售产品的质量。

第 35 条　销售者不得销售国家明令淘汰并停止销售的产品和失效、变质的产品。

第 36 条　销售者销售的产品的标识应当符合本法第二十七条的规定。

第 37 条　销售者不得伪造产地，不得伪造或者冒用他人的厂名、厂址。

第 38 条　销售者不得伪造或者冒用认证标志等质量标志。

第 39 条　销售者销售产品，不得掺杂、掺假，不得以假充真、以次充好，不得以不合格产品冒充合格产品。

第 40 条　售出的产品有下列情形之一的，销售者应当负责修理、更换、退货；给购买产品的消费者造成损失的，销售者应当赔偿损失：

（一）不具备产品应当具备的使用性能而事先未作说明的；

（二）不符合在产品或者其包装上注明采用的产品标准的；

（三）不符合以产品说明、实物样品等方式表明的质量状况的。

销售者依照前款规定负责修理、更换、退货、赔偿损失后，属于生产者的责任或者属于向销售者提供产品的其他销售者（以下简称供货者）的责任的，销售者有权向生产者、供货者追偿。

销售者未按照第一款规定给予修理、更换、退货或者赔偿损失的，由市场监督管理部门责令改正。

生产者之间，销售者之间，生产者与销售者之间订立的买卖合同、承揽合同有不同约定的，合同当事人按照合同约定执行。

二、《中华人民共和国民法典》（2021 年 1 月 1 日起施行，以下简称《民法典》）

第 1202 条　因产品存在缺陷造成他人损害的，生产者应当承担侵权责任。

第 1203 条　因产品存在缺陷造成他人损害的，被侵权人可以向产品的生产者请求赔偿，也可以向产品的销售者请求赔偿。

产品缺陷由生产者造成的，销售者赔偿后，有权向生产者追偿。因销售者的过错使产品存在缺陷的，生产者赔偿后，有权向销售者追偿。

第 1204 条　因运输者、仓储者等第三人的过错使产品存在缺陷，造成他人损害的，产品的生产者、销售者赔偿后，有权向第三人追偿。

第 1205 条　因产品缺陷危及他人人身、财产安全的，被侵权人有权请求生产者、销售者承担停止侵害、排除妨碍、消除危险等侵权责任。

第 1206 条　产品投入流通后发现存在缺陷的，生产者、销售者应当及时采取停止销售、警示、召回等补救措施；未及时采取补救措施或者补救措施不力造成损害扩大的，对扩大的损害也应当承担侵权责任。

依据前款规定采取召回措施的，生产者、销售者应当负担被侵权人因此支出的必要费用。

第 1207 条　明知产品存在缺陷仍然生产、销售，或者没有依据前条规定采取有效补救措施，造成他人死亡或者健康严重损害的，被侵权人有权请求相应的惩罚性赔偿。

【理论分析】

一、产品质量义务

（一）生产者的产品质量义务

1. 产品内在质量的担保义务。（1）确保产品具备安全性，不存在危及人身、财产安全的不合理危险，有保障人体健康和人身、财产安全的国家标准、行业标准的，应当符合该标准。（2）确保产品具备使用性能，但对产品存在使用性能瑕疵作出说明的除外。（3）符合在产品或者其包装上注明采用的产品标准，符合以产品说明、实物样品等方式表明的质量状况。

2. 确保产品或者其包装上的标识真实，并符合规定要求。具体体现为：（1）有产品质量检验合格证明。（2）有中文标明的产品名称、生产厂厂名和厂址。（3）根据产品的特点和使用要求，需要标明产品规格、等级、所含主要成份的名称和含量的，用中文相应予以标明；需要事先让消费者知晓的，应在外包装上标明，或者预先向消费者提供有关资料。（4）限期使用的产品，应在显著位置清晰地标明生产日期和安全使用期或者失效日期。（5）使用不当，容易造成产品本身损坏或者可能危及人身、财产安全的产品，应有警示标志或者中文警示说明。此外，生产者应当履行好特殊产品的包装、标识义务。对于易碎、易燃、易爆、有毒、有腐蚀性、有放射性等危险物品以及储运中不能倒置和其他有特殊要求的产品，其包装质量必须符合相应要求，依照国家有关规定。

3. 生产者不得违反法律禁止性规定的义务。（1）不得生产国家明令淘汰的产品。（2）不得伪造产地，不得伪造或者冒用他人的厂名、厂址。（3）不得伪造或者冒用认证标志等质量标志。（4）不得掺杂、掺假，不得以假充真、以次充好，不得以不合格产品冒充合格产品。

（二）销售者的产品质量义务

1. 严格遵守进货检查验收制度。销售者应当建立并执行进货检查验收制度，验明产品合格证明和其他标识，并确保销售的产品标识符合《产品质量法》的相关规定。销售者在进行检查验收时，不但需要检验产品是否具有合格证明以及相应的质量标识，也要对产品进行感官和内在质量的检验。

2. 采取必要措施保持产品质量。销售者在收到产品后，应当采取必要措施，保持销售产品的质量。销售者应当根据不同产品的具体特点，采取必要的储存措施、运输措施，例如防雨、防晒、控制温度等必要措施，保证产品原有质量。

3. 不得违反法律的禁止性规定。销售者不得销售国家明令淘汰并停止销售的产品和失效、变质的产品；销售者不得伪造或者冒用认证标志等质量标志；销售者销售的产品，不得掺杂、掺假，不得以假充真、以次充好，不得以不合格产品冒充合格产品。

作为销售者，郑某夫妇及其供货者吕某应严格遵守上述产品质量义务。

二、产品质量的民事责任

民事责任，是指产品生产者、销售者因违反产品质量法规定所需承担的民事责任，包括瑕疵担保责任和侵权损害赔偿责任。当一个行为同时侵犯两种责任时，受害人不得同时主张承担两种责任，只能选取其中一种来主张权利。

（一）产品瑕疵和产品缺陷

产品质量问题通常分为一般质量问题（瑕疵）和严重质量问题（缺陷）。根据《产品质量法》规定，瑕疵，是指产品存在一般性质量问题，但不至于致使消费者的人身、财产受到损害，如产品的包装等；缺陷，是指产品存在着严重的质量问题，足以致使消费者以及他人的人身、财产受到损害。

瑕疵和缺陷作为产品质量的两种分类，二者存在着许多异同。共同之处在于：两者都违反《产品质量法》的规定，属于不符合产品质量要求的产品，相应的责任人都需要承担责任（瑕疵产品的经营者在生产、销售时及时作出说明或者消费者购买时明知瑕疵的可免除责任）。瑕疵和缺陷的区别在于：（1）瑕疵的质量问题要轻于缺陷。（2）对于瑕疵产品，消费者在购买前若已经明知瑕疵的存在，可以自行决定是否购买；对于缺陷产品，消费者原则上不应接受。（3）瑕疵产品和缺陷产品的追偿对象不同，瑕疵产品的消费者直接向销售者要求赔偿，如果是生产者责任的话，销售者可以向生产者追偿；缺陷产品的消费者，可以选择向销售者或生产者主张赔偿，赔偿后，生产者、销售者之间可以根据实际责任情况向对方追偿。（4）对于瑕疵产品，由销售者依照法律规定或者合同约定，负责修理、更换、退货以至于赔偿损失；对于缺陷产品，以损害赔偿为原则。

（二）瑕疵担保责任

瑕疵担保责任，是指销售者向存在直接买卖合同关系的消费者销售不符合法律规定或者合同约定的瑕疵产品，并且未及时履行说明义务，该情况下销售者必须根据法律或者合同约定承担民事责任。

根据《产品质量法》第40条的规定，销售者具有以下三项义务：（1）销售的产品应当具备使用性能（如不具备相应性能需事先说明）；（2）销售的产品符合其包装上注明采用的产品标准；（3）销售的产品符合以产品说明、实物样品等方式表明的质量状况。销售者如果违反上述三项义务，销售者应当负责修理、更换、退货；给购买产品的消费者造成损失的，销售者应当赔偿损失；销售者依照前款规定负责修理、更换、退货、赔偿损失后，属于生产者的责任或者属于向销售者提供产品的其他销售者的责任的，销售者有权向生产者、供货者追偿。

（三）侵权损害赔偿

产品生产者对因产品存在缺陷造成的损害所承担的责任是无过错责任，即只要产品存在缺陷、有损害事实的发生、产品的缺陷与损害事实之间具有因果关系，产品的生产者就需要承担损害赔偿责任，不需要主观上具有过错。虽然生产者承担无过错责任，但是生产者依然享有相应的免责权利，生产者满足下列情况之一的即可免责：未将产品投入流通的；产品投入流通时，引起损害的缺陷尚不存在的；将产品投入流通时的科学技术水平尚不能发现缺陷的存在的。

产品销售者对产品存在缺陷造成的损害所承担的责任是过错责任，即要求产品存在缺陷、有损害事实的发生、产品的缺陷与损害事实之间具有因果关系、产品销售者主观上具有过错（故意或者过失），同时满足以上四个条件，销售者须对损害承担赔偿责任。

三、关于本案损害赔偿的主体

本案中，基于充电器和电瓶既无生产合格证，又无生产时间的事实，法院认定其存在"危及人身、他人财产安全的不合理的危险"，即属于缺陷产品。根据消防大队作出的事故认定，起火原因为"充电过程中发生短路引起爆炸导致火灾"。在缺陷产品诉讼中，被告应对其销售的产品不存在缺陷、火灾事故与其销售的产品短路之间不存在因果关系负举证责任。但本案中被告未能举证证明。同时，郑某夫妇作为销售者，未在进货中严格把关，淘汰不合格产品，保证进货产品质量，主观存在过错。因而，作为销售者的郑某夫妇应当对缺陷产品致人损害承担赔偿责任。本案中，吕某并非涉案充电器的生产者，与杨某间不存在买卖法律关系，无需对杨某损失承担赔偿责任。但其负有生产者或供货者的责任，销售者郑某夫妇赔偿后，有权向生产者、供货者（吕某）追偿。

【思考题】

请试论人工智能产品致人损害的侵权责任认定。

第二节　食品安全法律制度

食品安全法，是指国家调整食品生产经营及监督管理活动的法律规范的总称。我国《食品安全法》于 2009 年颁布，后经 2015 年、2018 年、2021 年三次修订。2019 年，我国又修订《中华人民共和国食品安全法实施条例》（2009 年 7 月 20 日起施行，2019 年 12 月 1 日修订，以下简称《食品安全法实施条例》）。在我国，国务院设立食品安全委员会作为议事协调机构，对食品安全工作进行指导和协调。国务院食品安全监督管理部门对食品生产经营活动实施监督管理。国务院卫生行政部门组织开展食品安全风险检测和风险评估，会同国务院食品安全监督管理部门制定并公布食品安全国家标准。

 案例三　A 市查处生产经营标注虚假生产日期的食品案❶

【基本案情】

2019 年 8 月，A 市 B 区市场监督管理局接到举报，反映 A 市某食品有限公司涉嫌篡改产品生产日期。2019 年 8 月 7 日，执法机关经过现场排摸，在企业的外包装间查见从业人员正在使用抹布和喷码机清洗剂擦拭奶酪熏肠上的生产日期（2019/4/17），同时用喷码机进行重新喷码，喷码机字样显示为 2019/08/07A1。B 区市场监管局当日对该企业立案调查，查扣违法生产的食品和用于篡改生产日期的喷码机等违法工具设备，并对现场操作人员进行询问。

---

❶ 最高人民检察院、国家市场监督管理总局和国家药品监督管理局联合发布落实食品药品安全"四个最严"要求专项行动典型案例一：上海查处生产经营标注虚假生产日期的食品案。

经查，A市某食品有限公司为延长产品销售期限，从2019年8月1日起，对积压的临近保质期以及已经过期的"奶酪熏肠"等产品篡改生产日期。截至案发，共篡改奶酪熏肠1487包，德式经典煎肠3757包，德式图林根煎肠441包，德式纽伦堡煎肠698包，货值金额177081元，已销售生产日期被篡改的德式经典煎肠54包。案发后，A市某食品有限公司对已销售的54包德式经典煎肠全部召回。B区市场监管局依据《食品安全法》第124条给予相应行政处罚。

【主要法律问题】

1. 本案生产食品是否属于我国禁止生产经营的食品范围？
2. 本案涉及的食品召回是何种制度？
3. 本案违法生产者应承担何种法律责任？

【主要法律依据】

一、《中华人民共和国食品安全法》（2009年6月1日起施行，2021年4月29日修订）

第34条　禁止生产经营下列食品、食品添加剂、食品相关产品：

（一）用非食品原料生产的食品或者添加食品添加剂以外的化学物质和其他可能危害人体健康物质的食品，或者用回收食品作为原料生产的食品；

（二）致病性微生物，农药残留、兽药残留、生物毒素、重金属等污染物质以及其他危害人体健康的物质含量超过食品安全标准限量的食品、食品添加剂、食品相关产品；

（三）用超过保质期的食品原料、食品添加剂生产的食品、食品添加剂；

（四）超范围、超限量使用食品添加剂的食品；

（五）营养成分不符合食品安全标准的专供婴幼儿和其他特定人群的主辅食品；

（六）腐败变质、油脂酸败、霉变生虫、污秽不洁、混有异物、掺假掺杂或者感官性状异常的食品、食品添加剂；

（七）病死、毒死或者死因不明的禽、畜、兽、水产动物肉类及其制品；

（八）未按规定进行检疫或者检疫不合格的肉类，或者未经检验或者检验不合格的肉类制品；

（九）被包装材料、容器、运输工具等污染的食品、食品添加剂；

（十）标注虚假生产日期、保质期或者超过保质期的食品、食品添加剂；

（十一）无标签的预包装食品、食品添加剂；

（十二）国家为防病等特殊需要明令禁止生产经营的食品；

（十三）其他不符合法律、法规或者食品安全标准的食品、食品添加剂、食品相关产品。

第124条　违反本法规定，有下列情形之一，尚不构成犯罪的，由县级以上人民政府食品安全监督管理部门没收违法所得和违法生产经营的食品、食品添加剂，并可以没收用于违法生产经营的工具、设备、原料等物品；违法生产经营的食品、食品添加剂货值金额不足一万元的，并处五万元以上十万元以下罚款；货值金额一万元以上的，并处货值金额十倍以上二十倍以下罚款；情节严重的，吊销许可证：

（一）生产经营致病性微生物，农药残留、兽药残留、生物毒素、重金属等污染物质以及其他危害人体健康的物质含量超过食品安全标准限量的食品、食品添加剂；

（二）用超过保质期的食品原料、食品添加剂生产食品、食品添加剂，或者经营上述食品、食品添加剂；

（三）生产经营超范围、超限量使用食品添加剂的食品；

（四）生产经营腐败变质、油脂酸败、霉变生虫、污秽不洁、混有异物、掺假掺杂或者感官性状异常的食品、食品添加剂；

（五）生产经营标注虚假生产日期、保质期或者超过保质期的食品、食品添加剂；

（六）生产经营未按规定注册的保健食品、特殊医学用途配方食品、婴幼儿配方乳粉，或者未按注册的产品配方、生产工艺等技术要求组织生产；

（七）以分装方式生产婴幼儿配方乳粉，或者同一企业以同一配方生产不同品牌的婴幼儿配方乳粉；

（八）利用新的食品原料生产食品，或者生产食品添加剂新品种，未通过安全性评估；

（九）食品生产经营者在食品安全监督管理部门责令其召回或者停止经营后，仍拒不召回或者停止经营。

除前款和本法第一百二十三条、第一百二十五条规定的情形外，生产经营不符合法律、法规或者食品安全标准的食品、食品添加剂的，依照前款规定给予处罚。

生产食品相关产品新品种，未通过安全性评估，或者生产不符合食品安全标准的食品相关产品的，由县级以上人民政府食品安全监督管理部门依照第一款规定给予处罚。

二、《食品召回管理办法》（2015 年 3 月 11 日起施行，2020 年 11 月 3 日修订）

第 12 条　食品生产者通过自检自查、公众投诉举报、经营者和监督管理部门告知等方式知悉其生产经营的食品属于不安全食品的，应当主动召回。

食品生产者应当主动召回不安全食品而没有主动召回的，县级以上市场监督管理部门可以责令其召回。

第 13 条　根据食品安全风险的严重和紧急程度，食品召回分为三级：

（一）一级召回：食用后已经或者可能导致严重健康损害甚至死亡的，食品生产者应当在知悉食品安全风险后 24 小时内启动召回，并向县级以上地方市场监督管理部门报告召回计划。

（二）二级召回：食用后已经或者可能导致一般健康损害，食品生产者应当在知悉食品安全风险后 48 小时内启动召回，并向县级以上地方市场监督管理部门报告召回计划。

（三）三级召回：标签、标识存在虚假标注的食品，食品生产者应当在知悉食品安全风险后 72 小时内启动召回，并向县级以上地方市场监督管理部门报告召回计划。标签、标识存在瑕疵，食用后不会造成健康损害的食品，食品生产者应当改正，可以自愿召回。

【理论分析】

一、关于我国禁止生产经营的食品范围

我国《食品安全法》（2021 年 4 月 29 日起施行）第 34 条以"列举+兜底"的形式确定了 13 项禁止生产经营的食品，以"负面清单"方式保障生产和经营环节的食品安全。具体而言，禁止生产经营的食品范围包括食品、食品添加剂、食品相关产品，如原料有害的食品，污染物质超标的食品，超过保质期的食品，超量使用食品添加剂的食品，标注虚假生产日期、保质期或者超过保质期的食品、食品添加剂等以及其他不符合法律、法规或者食品安全标准的食品、食品添加剂、食品相关产品。本案中，A 市某食品有限公司对积压的临近保质期及已经过期的"奶酪熏肠"等产品篡改生产日期延长产品销售期限，是在生产经营过程中对超过保质期的食品标注虚假的生产日期的行为，为《食品安全法》第 34 条第 10 项所规制行为，即属于禁止生产经营的食品范围。

二、关于食品召回制度的规定

食品召回制度，是指食品生产者、销售者等发现经营的食品不符合食品安全标准或者有证据证明可能危害人体健康的，应当立即停止生产，召回已经销售的食品的制度。2020 年，国家市场监督管理总局修改《食品召回管理办法》，对食品召回制度作出体系化规定。

首先，在知悉生产经营不安全食品后，生产者应当主动发起召回程序。其次，根据食品安全风险的严重和紧急程度，将食品召回分为三种具体情形。其中，严重健康损害甚至造成死亡的，应在 24 小时内召回；一般健康损害的，应在 48 小时内召回；虚假标注的，应在 72 小时内召回。最后，食品召回的处置措施，包括无害化处理、销毁或采取补救措施后继续销售。

根据上述规定，本案案发后，A 市某食品有限公司召回全部已销售不安全食品。

三、关于本案 A 市某食品有限公司应承担的法律责任

食品安全行政责任主要表现为：（1）责令改正；（2）没收违法所得；（3）没收违法生产经营的食品和用于违法经营的工具、设备、原材料等物品；（4）罚款；（5）责令停产停业；（6）吊销营业执照等形式。除此之外，《食品安全法》还厘清经营者承担民事责任和行政责任的顺序。当生产法经营者违反本法规定，造成人身、财产或者其他损害的，依法承担赔偿责任。其财产不足以同时承担民事赔偿责任和缴纳罚款、罚金时，先承担民事赔偿责任。

本案 B 区市场监管局依据《食品安全法》规定作出行政处罚决定，A 市某食品有限公司承担的行政责任形式为：（1）吊销食品生产许可证；（2）没收违法生产的产品及工具、设备；（3）罚款 301 万元。

【思考题】

试论食品安全事故处理制度。

 **案例四　A 省查处某信息科技有限公司 B 市分公司未履行平台责任案❶**

【基本案情】

2020 年 6 月，A 省 B 市市场监督管理局通过互联网和大数据对网络订餐第三方平台进行监控和异常数据抓取时发现，某订餐平台上的两家入网餐饮业户曹某（B 市 C 区某快餐店）、王某（B 市 D 区某快餐店）涉嫌存在未取得食品经营许可证、未公示相关信息等违法行为。执法人员对某订餐平台经营主体某信息科技有限公司 B 市分公司进行现场检查，但在某订餐平台上未发现两店铺相关信息。执法人员现场展示 B 市市场监管局抓取的两段视频，视频显示在某订餐平台"B 市 C 区某快餐店""B 市 D 区某快餐店"展示有营业执照，未见食品经营许可证以及量化分级信息，某信息科技有限公司 B 市分公司负责人员对视频予以认可。

2020 年 6 月 11 日，执法人员对曹某（B 市 C 区某快餐店）、王某（B 市 D 区某快餐店）进行调查，并对某信息科技有限公司 B 市分公司立案调查。经查，曹某（B 市 C 区某快餐店）未取得食品经营许可证，王某（B 市 D 区某快餐店）2016 年 10 月 16 日取得食品经营许可证，量化分级为 B 级；某信息科技有限公司 B 市分公司未严格履行平台责任，未对曹某（B 市 C 区某快餐店）的食品经营许可证进行审查，未公示王某（B 市 D 区某快餐店）食品经营许可证以及量化分级信息。

B 市市场监督管理局依据《食品安全法》《网络餐饮服务食品安全监督管理办法》规定，对某息科技有限公司 B 市分公司、B 市 C 区某快餐店、B 市 D 区某快餐店给予相应罚款处罚。

【主要法律问题】

1. 入网餐饮是否应取得食品经营许可？
2. 本案中网络餐饮服务第三方平台提供者应承担何种监管责任？

---

❶ 国家市场监督管理总局. 落实食品药品安全"四个最严"要求专项行动典型案例［EB/OL］.（2021-02-19）［2021-09-04］. http://www. samr. gov. cn/xw/zj/202102/t20210218_326137. html.

【主要法律依据】

一、《中华人民共和国食品安全法》（2009 年 6 月 1 日起施行，2021 年 4 月 29 日修订，以下简称《食品安全法》）

第 35 条 国家对食品生产经营实行许可制度。从事食品生产、食品销售、餐饮服务，应当依法取得许可。但是，销售食用农产品和仅销售预包装食品的，不需要取得许可。仅销售预包装食品的，应当报所在地县级以上地方人民政府食品安全监督管理部门备案。

县级以上地方人民政府食品安全监督管理部门应当依照《中华人民共和国行政许可法》的规定，审核申请人提交的本法第三十三条第一款第一项至第四项规定要求的相关资料，必要时对申请人的生产经营场所进行现场核查；对符合规定条件的，准予许可；对不符合规定条件的，不予许可并书面说明理由。

第 62 条 网络食品交易第三方平台提供者应当对入网食品经营者进行实名登记，明确其食品安全管理责任；依法应当取得许可证的，还应当审查其许可证。

网络食品交易第三方平台提供者发现入网食品经营者有违反本法规定行为的，应当及时制止并立即报告所在地县级人民政府食品安全监督管理部门；发现严重违法行为的，应当立即停止提供网络交易平台服务。

第 131 条 违反本法规定，网络食品交易第三方平台提供者未对入网食品经营者进行实名登记、审查许可证，或者未履行报告、停止提供网络交易平台服务等义务的，由县级以上人民政府食品安全监督管理部门责令改正，没收违法所得，并处五万元以上二十万元以下罚款；造成严重后果的，责令停业，直至由原发证部门吊销许可证；使消费者的合法权益受到损害的，应当与食品经营者承担连带责任。

消费者通过网络食品交易第三方平台购买食品，其合法权益受到损害的，可以向入网食品经营者或者食品生产者要求赔偿。网络食品交易第三方平台提供者不能提供入网食品经营者的真实名称、地址和有效联系方式的，由网络食品交易第三方平台提供者赔偿。网络食品交易第三方平台提供者赔偿后，有权向入网食品经营者或者食品生产者追偿。网络食品交易第三方平台提供者作出更有利于消费者承诺的，应当履行其承诺。

二、《食品经营许可管理办法》（2015 年 8 月 31 日起施行，2017 年 11 月 17 日修订）

第 2 条 在中华人民共和国境内，从事食品销售和餐饮服务活动，应当依法取得食品经营许可。

食品经营许可的申请、受理、审查、决定及其监督检查，适用本办法。

三、《中华人民共和国食品安全法实施条例》（2009 年 7 月 20 日起施行，2019 年 12 月 1 日修订，以下简称《食品安全法实施条例》）

第 15 条 食品生产经营许可的有效期为 5 年。

食品生产经营者的生产经营条件发生变化，不再符合食品生产经营要求的，食品生产经营者应当立即采取整改措施；需要重新办理许可手续的，应当依法办理。

四、《网络餐饮服务食品安全监督管理办法》（2017 年 11 月 6 日起施行，2020 年 10 月 23 日修订）

第 4 条　入网餐饮服务提供者应当具有实体经营门店并依法取得食品经营许可证，并按照食品经营许可证载明的主体业态、经营项目从事经营活动，不得超范围经营。

第 9 条　网络餐饮服务第三方平台提供者和入网餐饮服务提供者应当在餐饮服务经营活动主页面公示餐饮服务提供者的食品经营许可证。食品经营许可等信息发生变更的，应当及时更新。

第 10 条　网络餐饮服务第三方平台提供者和入网餐饮服务提供者应当在网上公示餐饮服务提供者的名称、地址、量化分级信息，公示的信息应当真实。

第 32 条　违反本办法第九条、第十条、第十一条规定，网络餐饮服务第三方平台提供者和入网餐饮服务提供者未按要求进行信息公示和更新的，由县级以上地方市场监督管理部门责令改正，给予警告；拒不改正的，处 5000 元以上 3 万元以下罚款。

【理论分析】

一、关于食品经营许可制度

为了更好地保证食品安全，国家对食品生产经营实行许可制度。根据《食品安全法》第 35 条规定，从事食品生产、食品销售、餐饮服务，应依法取得许可。但是，销售食用农产品和仅销售预包装食品的，不需要取得许可。仅销售预包装食品的，应报所在地县级以上地方人民政府食品安全监督管理部门备案。县级以上地方人民政府食品安全监督管理部门应当依照《中华人民共和国行政许可法》（2019 年 4 月 23 日起施行）的规定，予以审核许可。食品经营许可证发证日期为许可决定作出的日期，有效期为 5 年。

2020 年，国家市场监督管理总局发布《网络餐饮服务食品安全监督管理办法》（2020 年 10 月 23 日起施行），对网络餐饮的生产经营及平台权责予以明确，破解新经济模式下食品安全监管盲点、难点和痛点。该办法第 4 条提出对入网餐饮服务提供者的主体资质要求，即应当具有实体经营门店并依法取得食品经营许可证，并按照食品经营许可证载明的主体业态、经营项目从事经营活动，不得超范围经营。曹某（B 市 C 区某快餐店）未取得食品经营许可证，不具备食品生产经营的主体资质。

《网络餐饮服务食品安全监督管理办法》第 9 条和第 10 条规定了入网餐饮服务提供者的公示义务。入网餐饮服务提供者应当在餐饮服务经营活动主页面公示餐饮服务提供者的食品经营许可证，相关信息发生变化时应当及时更新。同时，还应当公示餐饮服务提供者的名称、地址、量化分级信息。此外，还应当公示菜品名称和主要原料名称。王某（B 市 D 区某快餐店）未公示食品经营许可证以及量化分级信息，即未履行公示义务。因此，两方面均不符合《食品安全法》与《网络餐饮服务食品安全监督管理办法》相关规定。

二、关于网络餐饮服务第三方平台提供者的监管责任

作为网络餐饮服务第三方平台提供者（以下简称平台提供者），应尽到的职责主要有：（1）备案义务，即平台提供者应当在通信主管部门批准后30个工作日内，向所在地省级食品药品监督管理部门备案。（2）审查登记义务，平台提供者应当对入网餐饮服务提供者的食品经营许可证进行审查，登记其名称、地址、法定代表人或者负责人及联系方式等信息。未对入网食品经营者进行实名登记、审查许可证的，由执法部分责令改正，没收违法所得，并处5万元以上20万元以下罚款；造成严重后果的，责令停业，直至由原发证部门吊销许可证；使消费者的合法权益受到损害的，应当与食品经营者承担连带责任。（3）建立制度义务，平台提供者应当建立并执行入网餐饮服务提供者审查登记、食品安全违法行为制止及报告、严重违法行为平台服务停止，以及投诉举报处理等制度。（4）公示义务，在餐饮服务经营活动页面公示餐饮服务提供者的食品经营许可证、名称、地址、量化分级信息等。未按要求进行信息公示和更新的，由县级以上地方市场监督管理部门责令改正，给予警告；拒不改正的，处5000元以上3万元以下罚款。（5）设置食品安全管理机构，配备专职管理人员，并进行培训和考核。（6）记录义务，如实记录网络订餐的订单信息，保存不得少于6个月。（7）对入网餐饮服务提供者的经营行为进行抽查和检测的义务。

本案中，某餐饮服务第三方平台在本案中未尽到审查登记义务，其分公司存在未履行为入网食品经营者审查许可证义务的违法事实。执法机关下达行政处罚决定书后，及时依法向社会进行处罚信息公示，警示、督促第三方平台、入网餐饮业户合法经营。

【思考题】

请试论食品安全全程追溯制度。

第三节　药品管理法律制度

药品管理，广义上是指对药品的经济、技术、质量、行政等方面的管理；狭义上是指对药品质量的监督管理。药品管理法是调整药品监督管理、确保药品质量、增进药品疗效、保障用药安全、维持人体健康活动中产生的各种社会关系的法律规范的总和。1984年，我国颁布《药品管理法》，后经2001年、2015年、2019年三次修订。我国药品管理法从药品的研制、生产、流通到使用等各个环节，对药品质量的监督管理做出明确规定。国家对药品的管理主要通过制定药品标准的统一技术规范和建立完整有效的药品监督管理制度来实现。

案例五　孔某、乔某等人涉嫌生产、销售假药案❶

【基本案情】

2020 年 8 月，孔某、乔某产生制造假新冠（新型冠状病毒）疫苗并销售牟利的想法，为此 2 人通过互联网查找、了解真品疫苗的针剂样式和包装样式。随后，2 人购买预灌封注射器，在酒店房间和租住房内，用生理盐水制造假新冠疫苗。为扩大制假规模，乔某从老家找来亲属、朋友 3 人帮助制造。制假后期因生理盐水不足，乔某以矿泉水代替。应孔某委托，殷某等 3 人利用制图技术、印刷技术和印制条件，为孔某设计制作"新冠肺炎灭活疫苗"标签和包装盒。制作完成后，孔某对外伪称是"从内部渠道拿到的正品新冠疫苗"，销售给王某（另案处理）等人，以致假疫苗流入社会。11 月 19 日，孔某指使他人将制假过程中剩余的包装盒、半成品等运至偏僻处焚烧、销毁。

2020 年 11 月 27 日，公安机关发现孔某等人的犯罪线索，决定立案侦查，并于当天将携赃款出逃的孔某、乔某抓获，随后相继抓获殷某等人。初步查明，孔某、乔某等人制造并销售假新冠疫苗约 5.8 万支，获利约人民币 1800 万元。12 月 22 日，公安机关以孔某、乔某等人涉嫌生产、销售假药罪，提请检察机关批准逮捕。

【主要法律问题】

1. 本案中孔某、乔某的行为是否属于《药品管理法》规定的从事药品生产、销售活动？

2. 本案中孔某、乔某生产销售的假新冠疫苗是否属于《药品管理法》中规定的假药？

3. 本案中孔某、乔某违反《药品管理法》需要承担的责任类型有哪些？

【主要法律依据】

一、《中华人民共和国药品管理法》（1985 年 7 月 1 日起施行，2019 年 12 月 1 日修订，以下简称《药品管理法》）

第 41 条　从事药品生产活动，应当经所在地省、自治区、直辖市人民政府药品监督管理部门批准，取得药品生产许可证。无药品生产许可证的，不得生产药品。

药品生产许可证应当标明有效期和生产范围，到期重新审查发证。

第 42 条　从事药品生产活动，应当具备以下条件：

---

❶ 中华人民共和国最高人民检察院. 最高人民检察院依法严惩涉新冠疫苗犯罪典型案例［EB/OL］. （2021-02-10）［2021-09-04］. https://www.spp.gov.cn/xwfbh/wsfbt/202102/t20210210_509077.shtml.

（一）有依法经过资格认定的药学技术人员、工程技术人员及相应的技术工人；

（二）有与药品生产相适应的厂房、设施和卫生环境；

（三）有能对所生产药品进行质量管理和质量检验的机构、人员及必要的仪器设备；

（四）有保证药品质量的规章制度，并符合国务院药品监督管理部门依据本法制定的药品生产质量管理规范要求。

第45条　生产药品所需的原料、辅料，应当符合药用要求、药品生产质量管理规范的有关要求。

生产药品，应当按照规定对供应原料、辅料等的供应商进行审核，保证购进、使用的原料、辅料等符合前款规定要求。

第51条　从事药品批发活动，应当经所在地省、自治区、直辖市人民政府药品监督管理部门批准，取得药品经营许可证。从事药品零售活动，应当经所在地县级以上地方人民政府药品监督管理部门批准，取得药品经营许可证。无药品经营许可证的，不得经营药品。

药品经营许可证应当标明有效期和经营范围，到期重新审查发证。

药品监督管理部门实施药品经营许可，除依据本法第五十二条规定的条件外，还应当遵循方便群众购药的原则。

第52条　从事药品经营活动应当具备以下条件：

（一）有依法经过资格认定的药师或者其他药学技术人员；

（二）有与所经营药品相适应的营业场所、设备、仓储设施和卫生环境；

（三）有与所经营药品相适应的质量管理机构或者人员；

（四）有保证药品质量的规章制度，并符合国务院药品监督管理部门依据本法制定的药品经营质量管理规范要求。

第98条　禁止生产（包括配制，下同）、销售、使用假药、劣药。

有下列情形之一的，为假药：

（一）药品所含成份与国家药品标准规定的成份不符；

（二）以非药品冒充药品或者以他种药品冒充此种药品；

（三）变质的药品；

（四）药品所标明的适应症或者功能主治超出规定范围。

有下列情形之一的，为劣药：

（一）药品成分的含量不符合国家药品标准；

（二）被污染的药品；

（三）未标明或者更改有效期的药品；

（四）未注明或者更改产品批号的药品；

（五）超过有效期的药品；

（六）擅自添加防腐剂、辅料的药品；

（七）其他不符合药品标准的药品。

禁止未取得药品批准证明文件生产、进口药品；禁止使用未按照规定审评、审批的原料药、包装材料和容器生产药品。

二、《中华人民共和国刑法》（1979 年 7 月 1 日起施行，2020 年 12 月 26 日修订，以下简称《刑法》）

第 141 条　生产、销售假药的，处三年以下有期徒刑或者拘役，并处罚金；对人体健康造成严重危害或者有其他严重情节的，处三年以上十年以下有期徒刑，并处罚金；致人死亡或者有其他特别严重情节的，处十年以上有期徒刑、无期徒刑或者死刑，并处罚金或者没收财产。

药品使用单位的人员明知是假药而提供给他人使用的，依照前款的规定处罚。

第 142 条　生产、销售劣药，对人体健康造成严重危害的，处三年以上十年以下有期徒刑，并处罚金；后果特别严重的，处十年以上有期徒刑或者无期徒刑，并处罚金或者没收财产。

药品使用单位的人员明知是劣药而提供给他人使用的，依照前款的规定处罚。

【理论分析】

一、关于生产和销售药品的管理制度

（一）药品的生产

从事药品生产的主体，应当经所在地省、自治区、直辖市人民政府药品监督管理部门批准，取得药品生产许可证后方可生产。无药品生产许可证的，则不得生产药品。药品生产许可证应当表明有效期和生产范围。我国《药品管理法》对药品生产主体的条件、药品生产质量管理及药品标准有严格的治理体系。根据国家标准化规定，任何药品均需有产品标准的编号，以明确产品的质量等级标准。

本案涉案当事人孔某和乔某并未取得药品生产许可，也不符合相关条件。首先，二人通过互联网了解真品疫苗的针剂样式和包装样式，非依法经过资格认定的药学技术人员、工程技术人员及相应的技术工人，不具备生产药品的专业知识。其次，药品生产需具有与生产活动相适应的厂房、设施和卫生环境，有进行质检的必要仪器设备。二人以酒店房间和租住房屋为生产场地，不符合药品生产的特定要求。最后，《药品管理法》第 45 条规定，生产药品所需的原料、辅料，应当符合药用要求、药品生产质量管理规范的有关要求，并对供应商进行审查，保证购进、适用的原料符合要求。孔某与乔某以预灌封注射器作为制造疫苗设备，以生理盐水和矿泉水为原料，不符合上述法律规定。

（二）药品的经营

药品作为特殊物品，不仅生产主体需经批准认可，从事药品批发的主体，也应当经所在省、自治区、直辖市人民政府药品监督管理部门批准，取得药品经营许可证。

从事药品零售活动的，应当经所在地县级以上地方人民政府药品监督管理部门批准，取得药品经营许可证。无药品经营许可证的，不得经营药品。《药品管理法》第 52 条对药品经营活动主体、场所等条件有着严格要求。在孔某、乔某等人涉嫌生产、销售假药案中，不符合法律对药品批发零售的规定与要求。

二、《药品管理法》中的假药情形

《药品管理法》第 98 条将假药定义为下列情形：（1）药品所含成份与国家药品标准规定的成份不符的；（2）以非药品冒充药品或者以他种药品冒充此种药品的；（3）变质的药品；（4）药品所表明的适用症或者功能主治超出规定范围。同时，将下列情形视为劣药：（1）药品成份的含量不符合国家药品标准；（2）被污染的药品；（3）未标明有效期或者更改有效期的药品；（4）未注明或者更改生产批号的药品；（5）超过有效期的药品；（6）擅自添加防腐剂、辅料的药品；（7）其他不符合药品标准的药品。

自 2021 年 2 月 25 日，国家药品监督管理局附条件批准 4 款新冠疫苗，其中 3 个为灭活疫苗，1 个为腺病毒载体疫苗。可见，疫苗的生产需经过严格的审批程序。孔某和乔某生产销售的"新冠肺炎灭活疫苗"制造原料为生理盐水、矿泉水，不含有灭活成分，无法产生疫苗应有的作用，二人涉嫌生产"以非药品冒充药品"的假药。

三、关于违反《药品管理法》的责任类型

（一）民事责任

药品的生产企业、经营企业、医疗机构违反药品管理法规定，因药品不合格、假药或劣药因而发生药品中毒事故等给他人的人身造成损害的，依法承担赔偿责任。药品检验机构出具的检验结果不实，造成损失的，应当承担相应的赔偿责任。

（二）行政责任

行政责任的内容包括行政处分和行政处罚。在药品监督管理中，行政处分，是指在当前药品管理中国家监督管理部门及各种药品生产、经营企事业组织对所属工作人员或职工进行的处分。行政处罚，是指县以上药品监督管理部门对单位、个人违反药品法规所进行的处罚，主要形式有警告、罚款、没收药品和违法所得、停产、停业整顿、吊销许可证或资格。

（三）刑事责任

刑事责任，是指药品生产销售单位或个人由于实施刑事法律制度禁止的行为，所应承担的刑事法律所规定的责任。《刑法》（2021 年 3 月 1 日起施行）第 141 条、第 142 条规定了生产、销售、提供假药罪和生产、销售、提供劣药罪。生产、销售假药的，处 3 年以下有期徒刑或者拘役，并处罚金；对人体健康造成严重危害或者有其他严重情节的，处 3 年以上 10 年以下有期徒刑，并处罚金；致人死亡或者有其他特别严重情节的，处 10 年以上有期徒刑、无期徒刑或者死刑，并处罚金或者没收财产。生产、销售劣药，对人体健康造成严重危害的，处 3 年以上 10 年以下有期徒刑，并罚金；后果特别严重的，处 10 年以上有期徒刑或者无期徒刑，并处罚金或者没收财产。药品使用单位的人员明知是假药、劣药而提供给他人适用的，依照前款的规定处罚。本案中孔某与乔某等即涉嫌生产、销售假药罪。

【思考题】

1. 请试论处方药与非处方药的管理规定。
2. 请试论药品网络交易第三方平台的监管制度。

CHAPTER 8　第八章

广告监管法律制度

 本章知识要点

　　广告市场的监管对象是广告活动，包含了广告主体的设计、制作、发布广告等行为。对于广告主体，法律要求从事广告发布业务或行为必须具有相应的资质；在行为方面，广告主、广告经营者、广告发布者从事广告活动，应当遵守真实、准确与合法等基本准则，在涉及特殊商品和服务时还应遵循特殊准则。对于法律禁止生产、销售的产品或者提供的服务，广告主体不得设计、制作、代理、发布广告。

第一节　广告准则

　　商业广告可以促进商品信息传播，推动社会经济发展，也可能扭曲市场公平竞争，损害市场主体积极性。因而，为了保护消费者的权益，促进广告业的健康发展，维护公平、有序的市场环境，各国都会对商业广告进行监督和管理，为广告主体的广告活动建立必须遵守的行为准则和基本要求。广告准则是广告的发布标准，指广告活动主体所发布广告在内容上和形式上应遵守的法律规定的准则和规范。从适用的范围上分，广告准则可以分为一般准则和特殊准则。

 **案例一　某市场监督管理局处罚某环保新材料有限公司违法发布广告案❶**

【基本案情】

　　2019 年 3 月 21 日，某市场监督管理局接到举报，反映某环保新材料有限公司（以

---

　　❶　江苏省无锡市中级人民法院行政判决书（2020）苏 02 行终 238 号［EB/OL］.（2020-11-09）［2022-02-09］. https://wenshu. court. gov. cn/website/wenshu/181107ANFZ0BXSK4/index. html? docId = 32fe5a0567d6450c8683ac6e00b7786f.

下简称某环材公司）网站违法发布广告。市场监督管理局于 3 月 26 日对该举报予以立案受理。根据反映情况，该局初步调查发现，该环材公司在其网站首页中显示"二十多项国家发明专利和实用新型专利""中国环境保护十大贡献企业之一""世界屋顶绿化创新技术金奖""中国环保最具创新力企业"四条突出放大标语，并且该标语左侧及下方还有中国城市建设与环境提升大会颁发的"中国环保产业最具创新力企业"牌匾、荣誉证书、部分实用新型专利证书照片等。为了核实该公司网站宣传的真实性，市场监督管理局进行了现场检查，调取相关证据，认定该公司拥有中国城市建设与环境提升大会颁发的"中国环保产业最具创新力企业"牌匾，公司实际取得发明专利五项，实用新型专利三项，另有 15 项发明专利、实用新型专利的申请获得受理，但审查结果尚未公布。监管局制作了检查笔录，并经该公司行政部赵经理签字确认。据此，该市场监督管理局认定，公司行为违反了《广告法》有关规定，并对其处以罚款。

【主要法律问题】

1. 某环材公司的行为是否属于广告行为？

2. 某环材公司发布"中国环保最具创新力企业""二十多项国家发明专利和实用新型专利"等行为是否违反《广告法》的规定？

【主要法律依据】

《中华人民共和国广告法》（1995 年 2 月 1 日起施行，2021 年 4 月 29 日修正，以下简称《广告法》）

第 4 条　广告不得含有虚假或者引人误解的内容，不得欺骗、误导消费者。广告主应当对广告内容的真实性负责。

【理论分析】

一、某环材公司的行为应当适用广告法

对某环材公司行为是否适用《广告法》，可以从该法第 2 条的规定予以分析。根据《广告法》第 2 条的规定，在中华人民共和国境内，商品经营者或者服务提供者通过一定媒介和形式直接或者间接地介绍自己所推销的商品或者服务的商业广告活动，适用本法。该条解决了两个问题，一是明确了《广告法》的调整对象与适用范围，即经营者的行为只要构成《广告法》意义上的广告，就会适用"本法"，其他行为则不受"本法"的调整；二是明确了广告的定义，是指商品经营者或者服务提供者通过一定媒介和形式直接或者间接地介绍自己所推销的商品或者服务的商业广告。可见，商业广告的作用在于引起人们对特定商品的关注，使人们了解这些商品并对其产生认同和需求。因而，广告应具备广告主、广告信息、广告媒介与形式等构成要件。

本案中，某环材公司对商品信息进行了宣传，在内容上，某环材公司网站上发布的"中国环保最具创新力企业"及"二十多项国家发明专利和实用新型专利"两条宣传用语，向公众传达了有关商品的信息；从传播媒介上看，任何人均可直接通过网络搜索方式，无须密码等特殊条件即可进入公司网站，浏览到该两条宣传用语；在功能上，该两条宣传用语能够引发消费者对该公司产品或者服务的直接联想，具有诱导消费者购买该公司的产品或服务之可能。因此，该公司行为符合商业广告的构成要件，应按照《广告法》的规定，参照广告的一般准则和特殊准则对其进行监管。

二、关于广告的基本准则和基本要求

广告准则是广告的发布标准，指广告活动主体所发布广告在内容上和形式上应遵守的法律规定的准则和规范。我国《广告法》规定了广告的一般准则和特殊准则，以有效规范广告行业竞争秩序。

（一）广告的一般准则

广告的一般准则是所有广告都必须遵守的共同要求，内容包括广告的真实、准确和合法等几个方面。

广告应当客观介绍商品或服务，不能含有虚假的内容，欺骗和误导消费者和社会公众。《广告法》规定，广告使用数据、统计资料、调查结果、文摘、引用语等引证内容的，应当真实、准确，并表明出处。引证内容有适用范围和有效期限的，应当明确表示。广告涉及专利产品或者专利方法的，应当标明专利号和专利种类，未取得专利权的，不得在广告中谎称取得专利权，禁止使用未授予专利权的专利申请和已经终止、撤销、无效的专利做广告。广告发布者向广告主、广告经营者提供的覆盖率、收视率、点击率、发行量等资料应当真实。

广告的准确是指广告表达的内容应当清晰，不得含有虚假或者引人误解的内容，不得欺骗、误导消费者广告。在广告内容方面，《广告法》规定，广告中对商品的性能、功能、产地、用途、质量、成分、价格、生产者、有效期限、允诺等或者对服务的内容、提供者、形式、质量、价格、允诺等有表示的，应当准确、清楚、明白；广告中表明推销的商品或者服务附带赠送的，应当明示所附带赠送商品或者服务的品种、规格、数量、期限和方式。法律、行政法规规定广告中应当明示的内容，应当显著、清晰表示。

广告的合法是指广告必须符合我国有关法律、法规及国家其他有关规定的要求。按照我国法律规定，广告不得有下列情形：使用中华人民共和国国旗、国歌、国徽、军旗、军歌、军徽；使用或变相使用国家机关或者国家机关工作人员的名义或形象；使用"国家级""最高级""最佳"等用语；损害国家的尊严或者利益，泄露国家秘密；妨碍社会安定，损害社会公共利益；危害人身、财产安全，泄露个人隐私；妨碍社会公共秩序或者违背社会良好风尚；含有淫秽、色情、赌博、迷信、恐怖、暴力的内容；含有民族、种族、宗教、性别歧视的内容；妨碍环境、自然资源或者文化遗产保护；法律、行政法规规定禁止的其他情形。

（二）广告的特殊准则

广告的特殊准则，是指涉及特殊商品和服务的广告应当遵循的特殊标准和基本要求。特殊商品和服务具有一般商品所不具有的特征，体现出更为复杂的特性，需要专门的知识才能对其做出合理的判断。如果对这些商品或服务的广告不加约束，经营者更加容易诱导消费者做出非理性的消费活动，不仅损害消费者利益，还会引发同类商品或服务之间的不正当竞争。为此，《广告法》对这些特殊商品和服务设立了特殊准则。

针对我国经济生活中的实际情况，结合国际惯例，《广告法》规定了药品、保健食品、医疗器械、医疗广告、农药、化妆品、烟草、酒、食品等商品广告的特殊准则。

（三）广告准则在本案中的具体适用

广告准则具有预防性疏导功能，可以为一般经营者的广告提供行为指引，建立有序的广告市场秩序，避免出现不法行为；同时，广告准则还具有处置具体案件的功能，在案件发生时为执法人员和当事人提供裁判标准，确保广告准则和规范得到实施。

在本案中，某环材公司在其公司网站使用了"中国环保最具创新力企业"的宣传用语，该宣传用语与该公司获得的"中国环保产业最具创新力企业"牌匾的内容并不一致，且未说明该奖牌的来源及获评时间、颁奖机构等信息。在陈列方式上，某环材公司在网站首页中部位置以放大的方式展示"中国环保最具创新力企业"用语，并将"中国环保产业最具创新力企业"牌匾置于该宣传用语的下方右侧位置，足以使受众误以为该公司是中国环保最具创新力企业，对其产品或服务产生误解。同时，在立案调查时，环材公司实际已取得发明专利五项，实用新型专利三项，另外15项发明专利、实用新型专利申请仅处于受理阶段，即环材公司实际取得的专利仅为八项。某环材公司发布的"二十多项国家发明专利和实用新型专利"用语并未添加任何前缀或后缀，该宣传用语易于使受众产生该公司已取得二十多项发明专利和实用新型专利的错误认识。因此，该公司的广告用语并不符合客观事实，违背了广告的一般准则，应当依法予以处罚。

【思考题】

1. 如何界定《广告法》和《反不正当竞争法》调整的虚假广告与虚假宣传？
2. 广告一般准则与特殊准则间有什么关系？

第二节 广告活动的监管

广告活动是一种重要的市场活动，应当接受政府的监管，依照法律规定进行。广告活动是广告主体设计、制作、发布广告等一系列活动的总称。与此对应，广告活动监管包含了对广告主体以及具体行为两方面的监管。《广告法》除对广告准则等作了规定外，还对广告活动主体的义务以及户外广告的管理等进行了规定。在我国，县级以上市场监督管理部门对广告负有监督管理职责；有关行政主管部门对特殊广告在发布前负有审查职责，属于广告审查机关。

 案例二 某市监督管理局处罚某药房有限公司发布处方药广告案❶

【基本案情】

为举行周年店庆活动，2018 年 6 月，某药房有限公司（以下简称某药房公司）委托某科技公司制作广告海报 62 份，以便在该药房公司门店和其他区门店张贴，用作"有球必硬，夜夜激情"网络直播活动的宣传。2018 年 6 月 15 日，该药房公司在 A 市某区西康路 608 号拍摄并直播了"有球必硬，夜夜激情"网络直播活动，以销售处方药品"万艾可"。在该网络直播活动中，药房公司邀请了上海某医院主任医师、某热门主播作为嘉宾，并邀请上海某媒体主持人全程参加，采取现场布置道具、嘉宾和主持人互动的方式，对处方药万艾可的功效、使用办法、有效率等内容进行了宣传。同时，某药房公司在该直播过程中还举办了处方药"万艾可"的秒杀优惠销售活动，至活动结束时观看直播活动的人数达 155234 人。网络直播活动嘉宾与主持人互动中出现了"挑逗男生、制服诱惑"等用语。本次广告业务中没有产生广告费用，市场监督管理局对该活动进行了调查，认为药房公司的上述行为，违反了《广告法》的规定，要求药房公司停止发布违法广告，并处以相应金额的罚款。

【主要法律问题】

1. 药房公司是否属于《广告法》中的适格主体？
2. 药房公司的行为是否违法？
3. 如何认定直播电商广告的法律属性问题？

【主要法律依据】

《中华人民共和国广告法》（1995 年 2 月 1 日起施行，2021 年 4 月 29 日修正）

第 15 条 麻醉药品、精神药品、医疗用毒性药品、放射性药品等特殊药品，药品类易制毒化学品，以及戒毒治疗的药品、医疗器械和治疗方法，不得作广告。

第 16 条 医疗、药品、医疗器械广告不得含有下列内容：（一）表示功效、安全性的断言或者保证；（二）说明治愈率或者有效率；（三）与其他药品、医疗器械的功效和安全性或者其他医疗机构比较；（四）利用广告代言人作推荐、证明；（五）法律、行政法规规定禁止的其他内容。

【理论分析】

某药房公司委托某科技公司制作广告海报，以便在药房公司门店和其他区门店张

---

❶ 上海市徐汇区市场监管局行政处罚决定书沪监管徐处字（2018）第 042018002365 号。

贴的行为，属于广告活动。广告活动是广告主体设计、制作、发布广告等一系列活动的总称。与此对应，药房公司的活动应受到广告主体以及广告行为两方面的监管。

一、药房公司属于《广告法》中的适格主体

根据《广告法》规定，广告主体包括广告主、广告经营者、广告发布者和广告代言人等。广告主属于广告行为的发起人，是指为推销商品或者服务，自行或者委托他人设计、制作、发布广告的自然人、法人或者其他组织；广告经营者，是接受委托提供广告设计、制作、代理服务的自然人、法人或者其他组织；广告发布者，是为广告主或者广告主委托的广告经营者发布广告的自然人、法人或者其他组织；广告代言人，是广告主以外的，在广告中以自己的名义或者形象对商品、服务作推荐、证明的自然人、法人或者其他组织。

广告主体监管主要体现为对相关主体是否具备从事广告活动或行为资质的监管。本案中，药房公司为推销处方药，委托科技公司设计、制作广告，并自行发布广告，属于商业广告法律关系的广告主；科技公司接受委托为该药房公司提供广告设计、制作服务，为广告经营者；药房公司邀请上海某医院主任医师、某热门主播作为嘉宾以及上海某媒体主持人全程参加，他们属于广告主以外的自然人，具有独立的人格，利用自己可被公众识别的名义、形象等人格信息对消费者进行产品推荐、证明，进而影响消费者的购买选择，他们是广告代言人。因此，他们均需履行相应的义务，出现违反《广告法》的行为时应承担必要的法律责任。

二、药房公司的行为应当适用《广告法》的广告行为监管

广告行为监管的内容主要包括：（1）广告主、广告经营者、广告发布者不得在广告活动中进行任何形式的不正当竞争。（2）广告主委托设计、制作、发布广告，应当委托具有合法经营资格的广告经营者、广告发布者。（3）广告经营者、广告发布者应当按照国家有关规定，建立、健全广告业务的承接登记、审核、档案管理制度。广告经营者、广告发布者依据法律、行政法规查验有关证明文件，核对广告内容。对内容不符或者证明文件不全的广告，广告经营者不得提供设计、制作、代理服务，广告发布者不得发布。（4）法律、行政法规规定禁止生产、销售的产品或者提供的服务，以及禁止发布广告的商品或者服务，任何单位或者个人不得设计、制作、代理、发布广告。（5）广告主、广告经营者在广告中使用他人名义、形象的，应当事先取得他人的书面同意；使用无民事行为能力人、限制民事行为能力人的名义、形象的，应当事先取得其监护人的书面同意，不得利用不满十周岁的未成年人作为广告代言人。（6）在针对未成年人的大众传播媒介上不得发布医疗、药品、保健食品、医疗器械、化妆品、酒类、美容广告，以及不利于未成年人身心健康的网络游戏广告。针对不满十四周岁的未成年人的商品或者服务的广告不得含有劝诱其要求家长购买广告商品或者服务以及可能引发其模仿不安全行为的内容。（7）利用互联网发布、发送广告，不得影响用户正常使用网络。在互联网页面以弹出等形式发布的广告，应当显著标明关闭标志，

确保一键关闭。

可见，广告具有传播范围广、影响大的特点，在确保其内容真实、合法之外，在表达内容的形式上也必须具有正面健康导向，符合社会主义精神文明建设和中华民族传统的要求。药房公司出于制造轰动效应，吸引大量人群聚集的目的，采用了低俗的宣传形式，这种行为违背了社会良好风尚和民族传统要求。同时，"万艾可"属于处方药，根据法律规定，处方药应在医师的指导下使用，处方药的广告只能以医师等医学、药学专业人士为对象，只能在国务院卫生行政部门和国务院药品监督管理部门共同指定的医学、药学专业刊物上作介绍，因此某药房公司以网络直播的形式向大众推销处方药，属于违反《广告法》的行为。并且，某药房公司为发布处方药邀请医师、主播和主持人作推荐、证明，还违反了药品广告不得利用广告代言人作推荐、证明的禁止性规定。

此外，某科技公司的行为也存在违法情形。作为广告经营者，某科技公司应知悉处方药广告的特殊性，必须按照有关规定做好广告审核义务。在明知或应知广告主有前述违法行为的前提下，某科技公司仍为某药房公司提供广告设计、制作、代理服务，需承担相应的法律责任。同时，本案还涉及广告代言人的责任问题，由于该案的广告代言人违反了不得为药品进行推荐、证明的禁止性规定，市场监督管理局对其违法所得进行没收，并处一倍以上二倍以下罚款。

三、直播电商广告的法律属性问题

在传统的经济活动中，商业广告往往具有独立的地位，在时间与实施场景上与经营者销售活动相互区别而存在。具体表现为，经营者通过广告传递自己商品信息，消费者接收到商品信息后，形成对相关商品的消费需求，从而进入经营者的销售场所，决定选择该商品，最终产生了商品购买行为。由于经营者的广告行为和销售行为相互独立，区别明显，商业广告往往会凭借特定的媒介和载体而持续表达，易于为消费者或监管机构事先观察。同时，从行为的法律属性上看，大多数商业广告仅是商品信息的展示，并未明确表示购买该商品的合同条款和内容。相反，商品购买合同的条款和内容往往是在消费者进入经营者的销售场所后，通过与"导购"人员的要约和承诺才能达成一致，在这种意义上，传统商业广告属于合同订立中的要约邀请。

与此不同，在新型广告的认定中，电商直播带货具有较大的复杂性。直播电商，是指直播者通过网络的直播平台或直播软件来推销相关产品，使受众了解产品各项性能，从而购买自己的商品的交易行为。[1] 可见，直播电商既包含了对相关产品的推销，又包含着商品销售行为，经营者的商品广告和销售行为在同一时间和场景得到实现，这给行为的事实认定带来困难。如果仅将直播电商认定为广告行为，就忽略了其中销售或"导购"的成分；如果直播电商属于销售行为，那么就无法体现该行为通过互联

---

[1] 中国消费者协会. 直播电商购物消费者满意度在线调查报告［EB/OL］.（2020-03-31）［2021-08-08］. https://www.cca.org.cn/jmxf/detail/29533.html.

网媒介传递商品信息的特征。并且，表面上直播电商包含了合同订立的具体内容，属于合同中的"要约"，与传统商业广告的"要约邀请"属性并不完全相同。

尽管如此，直播电商传递了商品信息，意在吸引消费者注意和购买商品，体现了商业广告的特征，应按照商业广告的相关规定进行审查。具体来看，直播电商与"导购"的销售行为不同，"导购"针对的是特定消费者个体，而商业的受众是不特定的消费者，这一点与传统广告无异，至于电商直播中主播与经营者的关系，以及直播包含的商品购买合同的条款和内容，均不影响商业性质广告的成立。

【思考题】

网络直播带货中主播身份的认定及法律责任。

第三节　广告监管体制

健全的监管体制是国家管理和监督广告活动的根本保障，是确保广告监管制度得以实施的必要条件。从具体含义来看，狭义的广告监管是政府依法对广告的监督管理，主要由政府机构实施；广义的广告监管还包括政府行业组织或企业自己的监管。我国已经形成了系统化的广告监管体制，由政府监管、企业自我监管、行业自律监管和社会监督等构成。广告监管体制主要涉及广告监管机构及其职责两方面内容，前者解决了由谁监管，后者规定了如何监管等问题。

 **案例三　某市场监督管理局处罚华某食品公司利用外包装发布虚假广告案❶**

【基本案情】

2019 年 4 月 5 日，经举报，某市场监督管理局在当地某大超市发现：华某食品公司两款产品，"华某 热带の奶茶果味型果冻"和"华某 来一杯沙漠骆驼果味型果冻"的外包装正面显著位置上均标注"特加果肉"字样内容，但配料中未见果肉成分。经审查，该市场监督管理局于 8 月 19 日认定华某食品公司未在涉案产品中添加果肉的情况下，利用产品外包装标注"特加果肉"等虚假内容欺骗、误导消费者的行为，符合《广告法》第 28 条第 2 款第 2 项的规定，构成虚假广告，其行为违反了《广告法》第 4

---

❶ 河南省焦作市中级人民法院行政判决书（2020）豫 08 行终 137 号［EB/OL］.（2020-11-30）［2022-02-09］. https: //wenshu. court. gov. cn/website/wenshu/181107ANFZ0BXSK4/index. html? docId = bd44fecf79514008aa 91ac8300905624.

条的规定，属于违法行为。基于此，该市场监督管理局对华某食品公司作出如下行政处罚决定：（1）责令停止发布广告，消除影响；（2）罚款500000元。华某食品公司不服，认为其产品外包装属于食品标签，不属于广告，该市场监督管理局处罚适用法律错误且无管辖权，向上级市场监督管理部门申请行政复议，上级市场监督管理部门于11月2日作出维持原行政处罚的决定，华某食品公司仍不服，向法院提起行政诉讼，认为该市场监督管理局事实认定和法律适用错误，不应按照《广告法》对其行为进行处理。

【主要法律问题】

1. 华某食品公司的商品标注是否属于广告？
2. 华某食品公司的行为的法律属性问题？

【主要法律依据】

《中华人民共和国广告法》（1995年2月1日起施行，2021年4月29日修正）

第6条　国务院市场监督管理部门主管全国的广告监督管理工作，国务院有关部门在各自的职责范围内负责广告管理相关工作。

县级以上地方市场监督管理部门主管本行政区域的广告监督管理工作，县级以上地方人民政府有关部门在各自的职责范围内负责广告管理相关工作。

【理论分析】

本案中，华某食品公司认为其产品外包装属于食品标签，不属于广告，监督管理局对其处罚缺乏管辖权，并且市场监督管理局在事实认定和法律适用方面存在错误，不应按照《广告法》对其行为进行处理，涉及的是广告监管机构及其权限等法律问题。

一、广告监管机构

《广告法》规定，国务院市场监督管理部门主管全国的广告监督管理工作，国务院有关部门在各自的职责范围内负责广告管理相关工作。县级以上地方市场监督管理部门主管本行政区域的广告监督管理工作，县级以上地方人民政府有关部门在各自的职责范围内负责广告管理相关工作。

任何单位或者个人有权向市场监督管理部门和有关部门投诉、举报违反广告法的行为。市场监督管理部门和有关部门应当向社会公开受理投诉、举报的电话、信箱或者电子邮件地址，接到投诉、举报的部门应当自收到投诉之日起七个工作日内，予以处理并告知投诉、举报人。市场监督管理部门和有关部门不依法履行职责的，任何单位或者个人有权向其上级机关或者监察机关举报。接到举报的机关应当依法作出处理，并将处理结果及时告知举报人。广告行业组织依照法律、法规和章程的规定，制定行业规范，加强行业自律，促进行业发展，引导会员依法从事广告活动，推动广告行业诚信建设。

上述案中，华某食品公司辩称，涉案食品包装上标注的"特加果肉"属于《食品安全法》应标注的产品"成分"信息，对于食品成分的文字描述是食品生产企业法定义务，该内容不是广告，即使存在标签标示成分不真实的情形，也不等于虚假广告，因此本案应受《食品安全法》调整，不应由市场监督管理局监管。食品公司的行为是否属于市场监管局的监管范围，涉及该行为属性判定的问题。从行为主体上看，华某食品公司在超市销售"热带の奶茶""来一杯沙漠骆驼"等果味型果冻产品，系公司自行设计并借助外包装发布商品信息的行为，因而该公司即为广告主，其行为应受市场监督管理局的监管。对于食品公司在涉案食品包装上标注"特加果肉"的行为，根据《食品安全法》第67条，"特加果肉"不属于《食品安全法》应强制标注的产品信息，且不符合成分的表述，更不是应在食品标签的醒目位置清晰标示反映食品真实属性的专用名称，相反，该标注属于外包装中的宣传用语。同时，尽管食品标签是商品外包装的一部分，但其本身属于一种特定媒介形式，除外包装上食品标签强制标注的信息外，使用的图片、文字均具有直接或者间接宣传推销商品的作用，应属于广告。

二、广告监管机构的职责

市场监管机构履行广告监督管理职责，可以行使的职权包括：（1）对涉嫌从事违法广告活动的场所实施现场检查；（2）询问涉嫌违法当事人或者其法定代表人、主要负责人和其他有关人员，对有关单位或者个人进行调查；（3）要求涉嫌违法当事人限期提供有关证明文件；（4）查阅、复制与涉嫌违法广告有关的合同、票据、账簿、广告作品和其他有关资料；（5）查封、扣押与涉嫌违法广告直接相关的广告物品、经营工具、设备等财物；（6）责令暂停发布可能造成严重后果的涉嫌违法广告；（7）法律、行政法规规定的其他职权。

正是根据这些职责，市场监管局认定，该食品公司在明知自己产品不含果肉的情况下通过在外包装显著位置标注"特加果肉"等宣传内容，客观上使消费者误解产品中有果肉成分，从而达到影响消费者购买意愿的目的，对购买行为有着实质性影响，根据《广告法》第28条规定，该食品公司对商品成分标注不实，商品的允诺信息与实际情况不符，该行为足以造成欺骗和误导消费者的后果，属于虚假广告行为，应当承担相应的法律责任。

【思考题】

1. 广告监管与社会监督之间具有何种关系？
2. 广告违法行为查处制度中有哪些不足？

CHAPTER 9　第九章

价格监管法律制度

 本章知识要点

　　（1）了解价格和价格法律制度、价格管理体制、价格形式、政府定价行为、经营者的价格权利和价格义务、价格监督检查和法律责任等基本知识；（2）价格串通行为的构成要件包含经营者相互串通、操纵市场价格和损害其他经营者或消费者合法权益，其中操纵市场价格的认定并不要求结果发生，只要存在可能性即可；（3）政府定价是维护价格稳定的手段之一，区分其与市场调节的关键在于中央及地方定价目录；（4）虚构原价行为中，对原价的认定需考量其合理性，若原价明显为不正当价格，基于此原价的打折促销行为不构成虚构原价型价格欺诈。

第一节　价格监管体制

　　价格监管法律制度，是指为了维护正常的价格秩序，而由价格立法确立的政府、社会对经营者的价格行为实施监督管理的制度安排。[1]

　　我国目前价格监管制度以《中华人民共和国价格法》（1998年5月1日起施行，以下简称《价格法》）为核心，但并不当然适用于所有市场价格或价格行为。价格可分为广义价格与狭义价格，广义价格包括服务、商品以及生产要素价格，但因生产要素的价格受到保险、汇率等特殊因素影响，需要专门立法，因而并非当然适用《价格法》。因此，《价格法》中的价格为狭义价格，包含商品及服务价格。

　　价格监管体制则是指市场与政府在价格形成上的分工、价格监管机构的设置及其职权划分等制度的总称。按照我国《价格法》的规定，经营者依据生产经营成本和市场供求状况，享有以下定价权：（1）自主制定属于市场调节的价格；（2）在政府指导价规定的幅度内制定价格；（3）制定属于政府指导价、政府定价产品范围内的新产品

---

　　[1]　张守文. 经济法学（马克思主义理论研究和建设工程重点教材）［M］. 北京：高等教育出版社，2016：313.

的试销价格，特定产品除外；（4）检举、控告侵犯其依法自主定价权利的行为。为了确保市场价格形成机制有效发挥，《价格法》对政府定价也作出了详细规定。按照规定，下列商品和服务价格，政府在必要时可以实行政府指导价或者政府定价：（1）与国民经济发展和人民生活关系重大的极少数商品价格；（2）资源稀缺的少数商品价格；（3）自然垄断经营的商品价格；（4）重要的公用事业价格；（5）重要的公益性服务价格。同时，为了防止政府指导价和政府定价范围的扩大，《价格法》还规定了政府指导价、政府定价的定价权限和具体适用范围，以中央的和地方的定价目录为依据。

案例一　某大药房哄抬口罩价格案❶

【基本案情】

2020 年 1 月 28 日，C 市市场监督管理局接到消费者投诉，C 市某大药房存在高价贩卖口罩的违法行为。2 月 5 日，C 市市场监督管理局对某大药房涉嫌哄抬口罩价格行为立案调查。C 市市场监督管理局执法人员经过调查，了解到该药房于 1 月 23 日从外地某公司购进一次性劳保口罩 44000 个，购进价格 0.6 元/个，销售价格 1 元/个。

C 市市场监督管理局认为某大药房的购销差价额高过《C 省市场监督管理局关于新型冠状病毒感染的肺炎防控期间有关价格违法行为认定与处理的指导意见》文件规定的 15% 标准，涉嫌哄抬价格。目前，C 市市场监督管理局已对该案调查终结，没收违法所得 14210 元，罚款 42630 元。

【主要法律问题】

1. 案件中口罩价格能否适用市场调节价问题。
2. "哄抬价格"的定义问题。

【主要法律依据】

《中华人民共和国价格法》（1998 年 5 月 1 日起施行）

第 3 条　国家实行并逐步完善宏观经济调控下主要由市场形成价格的机制。价格的制定应当符合价值规律，大多数商品和服务价格实行市场调节价，极少数商品和服务价格实行政府指导价或者政府定价。

市场调节价，是指由经营者自主制定，通过市场竞争形成的价格。

本法所称经营者是指从事生产、经营商品或者提供有偿服务的法人、其他组织和个人。

政府指导价，是指依照本法规定，由政府价格主管部门或者其他有关部门，按照

---

❶ 洪市监罚字〔2020〕5 号。

定价权限和范围规定基准价及其浮动幅度，指导经营者制定的价格。

政府定价，是指依照本法规定，由政府价格主管部门或者其他有关部门，按照定价权限和范围制定的价格。

【理论分析】

一、口罩的价格确定问题

《价格法》第 3 条将价格分为"市场调节价""政府指导价"和"政府定价"。《价格法》第 3 条第 1 款："国家实行并逐步完善宏观经济调控下主要由市场形成价格的机制。价格的制定应当符合价值规律，大多数商品和服务价格实行市场调节价，极少数商品和服务价格实行政府指导价或者政府定价。"可以说，我国商品价格以市场调节价为原则，以政府指导价、政府定价为例外。

根据《价格法》，这三种价格的含义分别是：（一）市场调节价，是指由经营者自主制定，通过市场竞争形成的价格。（二）政府指导价，是指依照《价格法》规定，由政府价格主管部门或者其他有关部门，按照定价权限和范围规定基准价及其浮动幅度，指导经营者制定的价格。（三）政府定价，是指依照《价格法》规定，由政府价格主管部门或者其他有关部门，按照定价权限和范围制定的价格。

那么，哪些商品属于需要实行政府指导价或者政府定价的"极少数商品"呢？《价格法》规定："下列商品和服务价格，政府在必要时可以实行政府指导价或者政府定价：（一）与国民经济发展和人民生活关系重大的极少数商品价格；（二）资源稀缺的少数商品价格；（三）自然垄断经营的商品价格；（四）重要的公用事业价格；（五）重要的公益性服务价格。"别看上面这几种情形比较虚，为了防止政府随意解释上面这几种情形，《价格法》还规定："政府指导价、政府定价的定价权限和具体适用范围，以中央的和地方的定价目录为依据。"也就是，只有在中央的和地方的定价目录中的价格，才是可以实行政府指导价和政府定价的价格。而且，这个目录只有国务院和省级政府才有权制定，其他地方各级政府均无权制定定价目录。实际上，被列入中央、地方定价目录中的商品是很少的。对于我们社会生活中的绝大多数商品，都是实行市场调节价——口罩也是"市场调节价大军"的一员。

根据《价格法》第 6 条"商品价格和服务价格，除依照本法第 18 条规定适用政府指导价或者政府定价外，实行市场调节价，由经营者依照本法自主制定"、第 8 条"经营者定价的基本依据是生产经营成本和市场供求状况"、第 11 条中"经营者进行价格活动，享有下列权利：（1）自主制定属于市场调节的价格"的规定，口罩作为实行市场调节价的商品，经营者可以依据生产经营成本和市场供求状况等诸多因素自主制定。

需要注意的是，这里说生产经营成本和市场供求状况是定价的"基本依据"，而不是全部依据。全国人大常委会法工委编撰的《中华人民共和国价格法释义》说，合理的利润、法定的税金、商品质量和品牌、服务水平和环境、流通费用等都可以是构成商品价格的诸多因素。

二、经营者自主制定口罩价格受限问题

正如卢梭所说："人生而自由，却无往不在枷锁中。"市场调节价虽然自由，但也要受到一定限制。《价格法》第6条虽然说了市场调节价可以"自主制定"，但也必须"依照本法"。价格法通过一些禁止性规范，为经营者的自主定价行为划定了界限。

《价格法》第14条规定了经营者不得实施的"不正当价格行为"。这些行为包括：（一）相互串通，操纵市场价格，损害其他经营者或者消费者的合法权益；（二）在依法降价处理鲜活商品、季节性商品、积压商品等商品外，为了排挤竞争对手或者独占市场，以低于成本的价格倾销，扰乱正常的生产经营秩序，损害国家利益或者其他经营者的合法权益；（三）捏造、散布涨价信息，哄抬价格，推动商品价格过高上涨的；（四）利用虚假的或者使人误解的价格手段，诱骗消费者或者其他经营者与其进行交易；（五）提供相同商品或者服务，对具有同等交易条件的其他经营者实行价格歧视；（六）采取抬高等级或者压低等级等手段收购、销售商品或者提供服务，变相提高或者压低价格；（七）违反法律、法规的规定牟取暴利；（八）法律、行政法规禁止的其他不正当价格行为。

案例中，C市市场监管局认为经营者是在哄抬价格。那么需要来重点关注一下《价格法》第14条第3项："捏造、散布涨价信息，哄抬价格，推动商品价格过高上涨的"。《价格法释义》对此是这么解释的："价格法对这种行为作了明确界定，经营者使用的手段是捏造、散布涨价信息，这是一种违法行为，目的在于制造和利用消费者担心价格上涨的心理，造成市场上的紧张气氛，引诱消费者增加购买，然后兴风作浪，乘机抬价、囤积惜售，推动价格过高上涨，从而牟取更多的利润，这种扰乱正常的价格秩序，损害消费者利益的行为是一种不正当的价格行为。"也就是说，《价格法》第14条第3项被逗号隔开的三句话，不是互相独立的，而是连在一起的。

三、"哄抬价格"的含义变迁

根据立法机关法制工作机构编撰的《价格法释义》，《价格法》第14条第3项中的"捏造、散布涨价信息""哄抬价格""推动商品价格过高上涨"是连在一起的，不是独立的。最开始的时候，国务院对此的理解也是如此。在1999年7月10日国务院批准、1999年8月1日国家发展计划委员会（现在的国家发改委）公布施行的《价格违法行为行政处罚规定》第5条规定，经营者违反价格法第14条的规定，相互串通，操纵市场价格，造成商品价格较大幅度上涨的，责令改正，没收违法所得，并处违法所得5倍以下的罚款；没有违法所得的，处10万元以上100万元以下的罚款，情节较重的处100万元以上500万元以下的罚款；情节严重的，责令停业整顿，或者由工商行政管理机关吊销营业执照。除前款规定情形外，经营者相互串通，操纵市场价格，损害其他经营者或者消费者合法权益的，依照本规定第4条的规定处罚。行业协会或者其他单位组织经营者相互串通，操纵市场价格的，对经营者依照前两款的规定处罚；对行业协会或者其他单位，可以处50万元以下的罚款，情节严重的，由登记管理机关依

法撤销登记、吊销执照。这里其实就是照抄了《价格法》第 14 条第 3 项所规定的情形。

　　然而，"非典"改变了这一切。在"非典"疫情中，同样发生了口罩、体温计等医疗卫生用品价格上涨的行为，也因此引发了一些争议。作为一种回应，国家发改委于 2004 年 7 月 29 日制定出台的《价格违法行为行政处罚实施办法》第 2 条规定："经营者违反《价格法》第十四条规定哄抬价格，有下列情形之一的，政府价格主管部门依据《价格违法行为行政处罚规定》第五条的规定予以行政处罚：（一）捏造、散布涨价信息，大幅度提高价格的；（二）生产成本或进货成本没有发生明显变化，以牟取暴利为目的，大幅度提高价格的；（三）在一些地区或行业率先大幅度提高价格的；（四）囤积居奇，导致商品供不应求而出现价格大幅度上涨的。构成哄抬价格行为的具体提价或涨价幅度，由省级价格主管部门根据当地具体情况提出，并报请省级人民政府批准确定。"此时，国家发改委对"哄抬价格"行为的解释已经与《价格法释义》中的原本含义发生了变化——哄抬价格的手段已经不再是"捏造、散布涨价信息"这一种了。

　　2008 年 1 月 13 日，国务院在对《价格违法行为行政处罚规定》进行修改的时候，将原先的"捏造、散布涨价信息，哄抬价格，推动商品价格过高上涨"修改为"捏造、散布涨价信息，恶意囤积以及利用其他手段哄抬价格，推动商品价格过高上涨"。将原先的"哄抬价格，推动商品价格过高上涨"的手段由一种改成了三种：（一）捏造、散布涨价信息；（二）恶意囤积；（三）其他手段。2010 年 12 月 4 日，国务院又一次修改《价格违法行为行政处罚规定》的时候，又对上述三种手段进行了细化明确。

　　从上述法规、规章的演化中可以看出，行政机关逐渐改变了《价格法》原本所定义的"哄抬价格"，不再将"哄抬价格"的手段仅限于"捏造、散布涨价信息"。按照《价格法》的原始含义，认定是否存在"哄抬价格"，关键不在于价格是否上涨，而在于是否存在"捏造、散布涨价信息"。

【思考题】

1. 市场调节价、政府指导价与政府定价之间有什么区别？
2. 政府定价的优势及缺点有哪些？

第二节　价格监督检查法律制度

　　依据《价格法》，价格监督检查主要分为两种形式：（1）价格行政执法监督检查，主要由县级以上人民政府的价格主管部门进行监督检查。（2）社会监督，社会中消费者组织、居民委员会以及新闻媒体等均可对价格进行监督。政府价格主管部门对于价格违法举报应建立奖励机制，并为举报者保密。

案例二　米粉串通涨价案❶

【基本案情】

2009年12月下旬，A市经营米粉的摊点、米粉店陆续收到了生产厂家通知，称从2010年1月1日起提高米粉的出厂价格。至2010年1月1日的当日，A市25家米粉厂家将每500克米粉的出厂价格提高0.05~0.3元不等。部分农贸市场米粉销售摊点的米粉零售价每500克随之上涨0.15~0.3元，一些米粉店每碗米粉价格也上涨了0.5元。B市经营米粉的摊点、米粉店则在2010年1月中旬，陆续收到了生产厂家通知，称从2010年1月21日起提高出厂价格，由平均每500克0.75元上调至0.95元。同时，各米粉店、各米粉摊点也声称，如米粉厂家涨价，他们也跟着涨。1月21日，B市16家米粉厂家中有15家如期涨价。一些米粉店、米粉摊点将每碗米粉价格上涨0.5元。A市、B市两地的米粉价格集体上涨引发社会各界强烈关注，两地市民在互联网、QQ聊天群和社区论坛中表达自己的质疑和不满，一些市民呼吁用行动抵制米粉价格上涨。两市物价局快速介入调查，查明两市米粉价格上涨系一些违法经营者串通涨价所致。经查，2009年1月、12月，A市甲食品厂两次召集A市18家米粉厂举行会议，提出通过承包、联营、入股及分红等方式，整合A市米粉生产行业的方案和米粉涨价的设想。经过协商，最终有九家米粉生产企业与甲食品厂签订承包合同，一家签订联营协议，18家生产企业就涨价事宜达成共识。2010年1月1日起，上述18家米粉生产企业联合涨价，其余生产厂家跟风涨价，A市共计25家米粉厂家将出厂价格每500克提高0.05~0.3元不等，提价幅度8.7%~57%。随后，B市部分米粉生产厂家负责人主动与甲食品厂联系，商讨米粉涨价问题。2010年1月上旬至中旬，B市15家米粉厂负责人先后三次召开会议，商讨与甲食品厂合作经营、统一涨价及利润分成问题。同时，A市甲食品厂与B市乙米粉厂通过利诱、胁迫等手段，向B市各米粉生产企业施加压力。B市米粉生产企业最后商定，从1月21日起将米粉出厂价格从平均每500克0.75元上调至0.95元，提价幅度26.7%。两市米粉生产企业涨价后，米粉销售摊点随后调价，每碗米粉涨价0.5元左右。

A市物价局和B市物价局认定，两市米粉生产企业的涨价行为属于相互串通，操纵市场价格的不正当行为，依法对涉案的33家米粉生产厂实施了行政处罚。其中，对A市甲食品厂和B市两家米粉生产厂共三家涨价组织者分别处以10万元罚款；对参与串通涨价的米粉厂家共18家根据情节轻重，分别处以3万~8万元罚款；对主动配合价格主管部门查处案件、提供重大线索并主动改正错误的米粉厂共12家给予警告，免于经济处罚。对少数跟风涨价的米粉生产厂下发了提醒告诫书，要求进一步加强价格

---

❶ 南价函〔2010〕1号。

自律，自觉维护良好市场价格秩序。

【主要法律问题】

1. 案件中所涉及主体行为认定分歧。
2. 串通行为的构成要件有哪些？

【主要法律依据】

《中华人民共和国价格法》（1998 年 5 月 1 日起施行）

第 14 条　经营者不得有下列不正当价格行为：

（1）相互串通，操纵市场价格，损害其他经营者或者消费者的合法权益；

（2）在依法降价处理鲜活商品、季节性商品、积压商品等商品外，为了排挤竞争对手或者独占市场，以低于成本的价格倾销，扰乱正常的生产经营秩序，损害国家利益或者其他经营者的合法权益；

（3）捏造、散布涨价信息，哄抬价格，推动商品价格过高上涨的；

（4）利用虚假的或者使人误解的价格手段，诱骗消费者或者其他经营者与其进行交易；

（5）提供相同商品或者服务，对具有同等交易条件的其他经营者实行价格歧视；

（6）采取抬高等级或者压低等级等手段收购、销售商品或者提供服务，变相提高或者压低价格；

（7）违反法律、法规的规定牟取暴利；

（8）法律、行政法规禁止的其他不正当价格行为。

【理论分析】

本案是典型的价格串通行为，A、B 两市米粉生产厂家通过集体协商，就米粉价格的上涨幅度、上涨时间达成一致意见并付诸实施，操纵了两市米粉市场价格，损害了消费者和米粉零售经营者的合法权益。根据《价格法》第 14 条的规定，认定价格串通行为要注意把握以下几个要件。

一、两个以上经营者相互串通

"相互串通"是指经营者之间就其销售商品或者提供服务的价格，相互进行沟通，并达成某种形式的一致意见或协定。价格串通作为一种多方行为，经营者一定是复数，如本案中参与串通受到处罚的经营者累计 33 家。相互串通行为包含两层意思：一是经营者之间进行沟通，经营者相互交流价格、产量以及未来的价格策略等信息，沟通的具体形式可以是会议讨论，书信往来，电话、电子邮件等形式的直接双向交流，还可以是提前散布涨价信息，与竞争对手进行隔空喊话。二是经营者之间就价格事项达成某种形式的一致意见。这种一致意见可以是书面的，可以是口头的，还可以体现在实际的行动上。本案中经营者通过会议沟通形成了一致意见。

二、操纵市场价格

所谓操纵市场价格，从理论上讲，是促使相关产品的市场价格按照串通者的意愿进行变动。操纵市场价格，可以是一种结果，也可以是一种重大的可能性。所谓结果，是指经营者通过串通，使市场价格按照其意图发生了变动。本案中，两市米粉企业串通提高米粉出厂价格后，米粉市场价格随之上涨，实现了操纵市场价格的结果。所谓重大可能性，就是只要经营者之间达成的协议很可能发生操纵市场价格的后果，就可以认定构成价格串通行为。实践中，认定操纵市场价格结果比较容易取证，只需调取相关产品的市场价格变化情况即可，认定操纵市场价格重大可能性则要综合分析协议内容、经营者市场地位、市场结构等因素。

三、损害其他经营者或者消费者的合法权益

经营者之间达成串通协议，无论是否实施，都将削弱市场竞争，降低市场经济的效率，降低社会和消费者福利。如果价格串通付诸实施，其危害将更加严重，作为交易相对人的消费者或其他经营者将被迫支付更高的费用，有的消费者或者经营者将选择放弃消费，或选择其他不够经济的替代品。因此，无论串通协议是否实施，都不影响对价格串通行为的认定。本案中，米粉作为A、B两市居民生活必需品，生产厂家串通涨价导致消费者和米粉零售经营者多支付费用，损害了消费者和零售经营者的合法权益。

【思考题】

1. 价格串通行为的构成要件有哪些？
2. 价格串通行为与横向垄断协议之间是什么关系？

 案例三　D市手机市场价格欺诈案[1]

【基本案情】

2010年10月8日，陈某在D市电信手机大卖场花3200元购买了一台三星牌手机，商家标价签上的标价为3200元，原价3500元。陈某购买使用两天后得知，其朋友王某在10月5日仅花了3000元就购买了一台和自己所购置手机完全一样的手机，遂陈某认为自己上当受骗，商家存在虚构原价并对自己实施了价格欺诈行为，便到D市价格监督检查局举报其受到商家的价格欺诈，要求D市价格监督检查局查处商家的这一价格违法行为，维护自己的正当价格权益。D市价格监督检查局受理后派了名执法人员对此案件展开调查，经查，商家是根据厂商的统一安排和部署而做出的价格下调行为，

---

[1] 安市价检〔2010〕50号。

国庆节前此手机的标价为 3500 元，国庆期间的促销价格为 3000 元，现在的卖价为 3200 元。D 市价格监督检查局对于商家的此次价格行为是否属于价格欺诈行为无法做出决定，认为此案属于疑难案件，就把此案提交至 D 市物价局案件审理委员会。案件审理委员会成员对此案进行了认真分析讨论，由于意见分歧较大，决定将此案向省物价局汇报。

【主要法律问题】

1. 本案中商家是否构成虚构原价？
2. 真实原价显著提高时，能否构成价格欺诈？

【主要法律依据】

《禁止价格欺诈行为的规定》（2002 年 1 月 1 日起施行，以下简称《规定》）

第 6 条　经营者收购、销售商品和提供有偿服务的标价行为，有下列情形之一的，属于价格欺诈行为：（1）标价签、价目表等所标示商品的品名、产地、规格、等级、质地、计价单位、价格等或者服务的项目、收费标准等有关内容与实际不符，并以此为手段诱骗消费者或者其他经营者购买的；（2）对同一商品或者服务，在同一交易场所同时使用两种标价签或者价目表，以低价招徕顾客并以高价进行结算的；（3）使用欺骗性或者误导性的语言、文字、图片、计量单位等标价，诱导他人与其交易的；（4）标示的市场最低价、出厂价、批发价、特价、极品价等价格表示无依据或者无从比较的；（5）降价销售所标示的折扣商品或者服务，其折扣幅度与实际不符的；（6）销售处理商品时，不标示处理品和处理品价格的；（7）采取价外馈赠方式销售商品和提供服务时，不如实标示馈赠物品的品名、数量或者馈赠物品为假劣商品的；（8）收购、销售商品和提供服务带有价格附加条件时，不标示或者含糊标示附加条件的；（9）其他欺骗性价格表示。

第 7 条　经营者收购、销售商品和提供有偿服务，采取下列价格手段之一的，属于价格欺诈行为：（1）虚构原价，虚构降价原因，虚假优惠折价，谎称降价或者将要提价，诱骗他人购买的；（2）收购、销售商品和提供服务前有价格承诺，不履行或者不完全履行的；（3）谎称收购、销售价格高于或者低于其他经营者的收购、销售价格，诱骗消费者或者经营者与其进行交易的；（4）采取掺杂、掺假，以假充真，以次充好，短缺数量等手段，使数量或者质量与价格不符的；（5）对实行市场调节价的商品和服务价格，谎称为政府定价或者政府指导价的；（6）其他价格欺诈手段。

【理论分析】

此案件的焦点是标价签上标示的原价 3500 元是否属于虚构原价。《规定》第 7 条中规定："经营者收购、销售商品和提供有偿服务，采取下列价格手段之一的，属于价格欺诈行为：（1）虚构原价，虚构降价原因，虚假优惠折扣，谎称降价或者将要提价，诱骗他人购买的。"此处并没对什么行为属于虚构原价做出说明,所以价格执法人员很难把握其含义,运用中的弹性太大,同样的价格行为会在不同的地方呈现出大相径庭的结果。《国家发展改革委关于〈禁止价格欺诈行为的规定〉有关条款解释的通知》中有如下解释意见:《规定》所称"原价"是指经营者在本次促销活动前七日内在本交易场所成交,有交易票据的最低交易价格;如果前七日内没有交易,以本次促销活动前最后一次交易价格作为原价。如果根据这条解释来判断案例中的价格行为的话,此案就是虚构原价的价格欺诈行为。但是,在中国绝大部分商家都选择在节假日搞降价促销活动,节假日后又恢复原来价格,有的商家就在恢复原价的基础上做出降价销售行为。按照此解释执行的话,这些商家的行为无疑就构成价格欺诈而要被查处,这显然同中国的商业习惯相悖。所以应该结合中国的商业习惯对价格欺诈中的虚构原价做出明确的规定,便于商家和价格执法人员执行。

同时,现在有一些专家、学者和价格工作者提出:如果原价属于价格暴利等不正当价格行为,经营者又根据原价做出打折等降价销售行为,那么其做出打折等降价销售行为是否属于《禁止价格欺诈行为的规定》中的虚构原价价格欺诈行为?根据国家发展改革委上述对原价的解释的话,经营者的此价格行为就不是虚构原价的价格欺诈行为,因为此价格是经营者在此次降价促销前七日内在本交易场所成交的有交易票据的最低交易价格,或前七日内没有交易价格,是本次降价前最后一次交易价格。这显然不符合《价格法》的立法宗旨,《价格法》的立法宗旨是打击价格违法行为,维护经营者和消费者的合法价格权益。所以原价必须是符合《价格法》规定的原价,才不构成虚构原价的价格欺诈行为。❶

【思考题】

1. 如何看待"双十一""618"等电商活动中,商家先抬高价格后打折的行为?
2. 如何认定是否构成价格暴利?

---

❶ 何干良,钟丽萍. 对价格欺诈行为的法律思考 [J]. 中国物价,2005(1):17.

CHAPTER 10 | 第十章

金融市场监管法律制度

 本章知识要点

    金融市场监管制度主要体现为对货币市场、证券市场和保险市场的监管。货币市场监管制度涉及银行业市场准入、银行业审慎经营行为监管，以及货币市场监管体制等内容。我国证券法对证券信息披露、市场操纵以及内幕交易等行为，均规定了明确的认定标准和评价依据。保险市场监管主要包含保险市场准入监管、保险组织与内部治理监管、保险经营行为监管等内容，科学的保险监管制度可以保护投保人利益，保障经济和社会的稳定。

第一节　货币市场监管法律制度

    货币市场，是指期限在一年以内的短期融资的金融市场，是短期融资工具交易所形成的供求关系及其运行机制的总和。在构成上，货币市场一般指银行间同业拆借、票据贴现等短期信用工具买卖的市场，从而形成了商业银行的同业拆借、票据贴现等行为，最终，货币市场活动集中表现为商业银行的各种经营活动，因此，货币市场的监管主要体现为商业银行经营行为的监管。根据《中华人民共和国商业银行法》（1995年7月1日起施行，2015年8月29日修正，以下简称《商业银行法》），商业银行以安全性、流动性、效益性为经营原则，实行自主经营，自担风险，自负盈亏，自我约束。商业银行依法开展业务，不受任何单位和个人的干涉。《中华人民共和国银行业监督管理法》（2004年2月1日起施行，2006年10月31日修正，以下简称《银行业监督管理法》）第21条规定，银行业金融机构的审慎经营规则，由法律、行政法规规定，也可以由国务院银行业监督管理机构依照法律、行政法规制定。审慎经营规则，包括风险管理、内部控制、资本充足率、资产质量、损失准备金、风险集中、关联交易、资产流动性等内容。银行业金融机构应当严格遵守审慎经营规则。

案例一　某农商行与宁波银行某分行合同纠纷案❶

【基本案情】

2015 年 11 月 25 至 30 日，某农商行（甲方）与宁波银行某分行（乙方）签订了九份《回购合同》，涉及汇票金额 17 亿多元。合同约定，乙方向甲方提交票据，甲方审核合格后，在回购起息日将回购实付金额划至乙方指定的账户买入票据，乙方在回购到期日按约定的日期、价格和方式赎回该票据。在上述合同签订的同日，宁波银行某分行向该农商行出具了九份《回购合同》所涉及票据复印件的《代保管函》，载明代保管票据，并承诺合同涉及汇票的真实性。合同签订过程中，宁波银行某分行并未实际持有约定的票据，该农商行亦未审查票据。在上述合同签订的同日，宁波银行某分行就合同交易的每批票据，与浦发银行某分行签订了《转贴现合同》。《转贴现合同》约定，在《回购合同》约定的回购到期日，由宁波银行某分行将同批票据转贴现给浦发银行某分行。合同签订过程中，双方同样未实际发生票据交付行为。在每份《回购合同》签订的当日，该农商行在收到宁波银行某分行发送的《回购合同》及代保管函扫描件之后，即向宁波银行某分行支付了每份《回购合同》所约定的款项，宁波银行某分行也依照《转贴现合同》的约定，于同日向浦发银行某分行支付了约定款项。

在《回购合同》约定的回购到期日，浦发银行某分行未向宁波银行某分行支付票据转贴现款项，宁波银行某分行亦未向某农商行支付回购款项。但是，2016 年 1 月 21 日至 2016 年 7 月 19 日，该农商行先后收到案外人 15 笔款项，总数额与其诉请金额高度接近。该 15 笔款项在该农商行的财务报表反映了 15 笔款项，却未载明记账原因。

【主要法律问题】

1. 《回购合同》的性质及本案的法律关系问题。
2. 《回购合同》的效力问题。

【主要法律依据】

《中华人民共和国银行业监督管理法》（2004 年 2 月 1 日起施行，2006 年 10 月 31 日修订，以下简称《银行业监督管理法》）

第 18 条　银行业金融机构业务范围内的业务品种，应当按照规定经国务院银行业监督管理机构审查批准或者备案。需要审查批准或者备案的业务品种，由国务院银行业监督管理机构依照法律、行政法规作出规定并公布。

---

❶　吉林省高级人民法院民事判决书（2016）吉民初第 44 号。

【理论分析】

一、案中当事人行为的法律属性

本案中，该农商行与宁波银行某分行在形式上签订了《回购合同》，并且出具了《代保管函》，表面上似乎属于票据融资与回购法律关系。对于票据回购业务，中国银行业协会自律工作委员会发布的《中国银行业票据业务规范》第 42 条规定，办理回购业务的金融机构应在清点查验票据后，由双方共同将相关票据现场封包并存放在买入方处。在回购业务到期日当天，交易双方应同时在场拆包、确认票据无误并在收妥资金后进行实物票据交付。封包可采取封总包或者分项封包等形式，以方便融资需求。同时，中国人民银行对国债回购进行了专门规范，要求各国有独资商业银行、股份制商业银行和城市商业银行等应在全国银行间同业拆借市场进行回购。

但是，从具体交易过程看，某农商行与宁波银行某分行均未沟通过《回购合同》所交易票据的交付问题，表明了双方并无实际交付票据的合意，这不符合回购协议的法定要件。在实际操作中，双方当事人在整个履约过程也没有进行票据的实际交付，而是出具了票据复印件和《代保管函》，这种票据复印件以及《代保管函》显然不能产生替代票据实物交付的法律效果。同时，在宁波银行某分行未能按照《回购合同》约定的时间和金额向某农商行支付回购款时，该农商行并未立即要求宁波银行某分行履行回购义务，而是向宁波银行某分行确认了其与实际用资人正在商议由实际用资人直接回款的方式解决回款事宜。因而，这些案外人的实际回款表明，宁波银行某分行亦不具有回购义务。

可见，本案当事人虽然仅采用了商业银行票据回购的格式合同文本，并按照票据回购法律关系约定了回购金额、回购利率等内容，但双方无交付票据或审核票据的意愿或行为，而在未发生验票、交票的情况下，径行发生了付款行为。双方的实际履行行为不符合前述银行业规定的票据回购的实质要件，亦不符合案涉《回购合同》约定的权利义务。因此，双方签订《回购合同》系外在的表面行为，其内部的隐藏行为是资金通道行为。

二、商业银行的跨业通道业务

根据《商业银行并表管理与监管指引》（银监发〔2014〕54 号，2015 年 7 月 1 日起施行）第 87 条，商业银行从事的跨业通道业务，是指商业银行或银行集团内各附属机构作为委托人，以理财、委托贷款等代理资金或者利用自有资金，借助证券公司、信托公司、保险公司等银行集团内部或者外部第三方受托人作为通道，设立一层或多层资产管理计划、信托产品等投资产品，从而为委托人的目标客户进行融资或对其他资产进行投资的交易安排。

根据当前我国法律，银行虽然可提供跨业通道业务，却不能从事同业通道业务经营。《人民银行、银保监会、证监会、外汇局关于规范金融机构资产管理业务的指导意见》（银发〔2018〕106 号）要求打破刚兑，实现净值管理，提高投资者门槛、禁止多层嵌套及规避监管型通道业务、统一杠杆比例、规范资金池业务，存量不合规通道业务在过渡期内清理完毕，不得新增不合规通道业务。

上述案件中，某农商行起诉主张宁波银行某分行给付的金额合计为 17 亿多元，而该农商行自认已经收到第三方付款 15 笔，共计金额为 18 亿元，考虑到罚息，该金额与诉请金额高度接近。并且，法院通过相关证据发现，第三方回款与《回购协议》中签订的交易直接相关，该农商行实际上已经通过这些回款收回其所主张的回购款。可见，虽然当事人之间名义上为票据回购合同，实际上却属于资金通道合同关系，其行为应遵守有关资金通道的法律规定，但这种资金通道行为属于违法行为。

【思考题】

1. 银保监会在商业银行业务监管中发挥着何种作用？
2. 商业银行资金通道行为应遵循何种基本规则？
3. 如何监管商业银行的经营行为？

 案例二　工商银行某支行与某控股有限公司、某控股集团财务有限公司票据追索权纠纷案❶

【基本案情】

2018 年 11 月 15 日，工商银行某支行（甲方）与芜湖某公司（乙方）签订《银行承兑汇票合作协议》，协议约定，甲方在其为乙方办理贴现的每份银行承兑汇票项下对乙方享有追索权，甲方应当将被拒绝付款事由书面通知乙方，乙方应保证在收到甲方追索通知之次日起三个工作日内，将被拒绝付款的汇票金额及迟收利息（汇票金额自到期日或提示付款日起至清偿日止，按中国人民银行规定的利率计算）划入甲方指定账户，并在甲方收妥前述款项后将票据取回。

2019 年 3 月 18 日，工商银行某支行为芜湖某公司办理两笔电子银行承兑汇票贴现业务，出票日期为 2019 年 3 月 18 日，到期日为 2020 年 3 月 17 日，出票人为某控股公司，承兑人为某财务公司，两张票面金额均为 1000 万元。上述二张汇票均经过连续背书，顺序依次为：某矿业公司、上海某公司、衢州某公司、芜湖某公司。芜湖某公司将上述二张汇票贴现给工商银行某支行后，工商银行某支行又将该汇票转贴现给某银行。该汇票在到期日提示付款后被拒绝付款，该银行向工商银行某支行追索，工商银行某支行于 2020 年 3 月 18 日为此垫付汇票金额 2000 万元。该支行垫付后，即向某财务公司发起了电票系统追索，又以催收函的形式向所有前手进行书面追索。

---

❶ 安徽省芜湖市中级人民法院（2020）皖 02 民初 46 号。

【主要法律问题】

1. 工商银行某支行与芜湖某公司票据贴现中的追索权的行使问题。
2. 工商银行某支行与芜湖某公司票据贴现业务中真实交易背景的审查标准问题。

【主要法律依据】

《中华人民共和国票据法》（1996 年 1 月 1 日起施行，2004 年 8 月 28 日修正，以下简称《票据法》）

第 61 条　汇票到期被拒绝付款的，持票人可以对背书人、出票人以及汇票的其他债务人行使追索权。汇票到期日前，有下列情形之一的，持票人也可以行使追索权：（1）汇票被拒绝承兑的；（2）承兑人或者付款人死亡、逃匿的；（3）承兑人或者付款人被依法宣告破产的或者因违法被责令终止业务活动的。

【理论分析】

一、票据贴现的融资功能及其法律性质

票据通常是指已经承兑并且尚未到期的商业汇票，分为商业承兑汇票和银行承兑汇票。根据《商业汇票承兑、贴现与再贴现管理办法》（人民银行、银保监会〔2022〕4 号，以下简称《再贴现管理办法》），贴现是指持票人在商业汇票到期日前，贴付一定利息将票据转让至具有贷款业务资质机构的行为。票据贴现主要有票据贴现、转贴现和再贴现等具体形式。《再贴现管理办法》将贴现定义为一种票据行为，不过，从制度价值和功能上理解，贴现在本质上更偏向于一种融资行为，或者说是一种特殊的贷款行为，是贴现申请人为提前获得票款而与银行达成的一项融资合意。

票据贴现包括转让票据和支付款项两个行为。根据《再贴现管理办法》，申请贴现的商业汇票持票人应为自然人、在中华人民共和国境内依法设立的法人及其分支机构和非法人组织。申请贴现的持票人取得贴现票据应依法合规，与出票人或前手之间具有真实交易关系和债权债务关系，因税收、继承、赠与依法无偿取得票据的除外。持票人申请贴现，须提交贴现申请、持票人背书的未到期商业汇票以及能够反映真实交易关系和债权债务关系的材料。持票人可以通过票据经纪机构进行票据贴现询价和成交，贴现撮合交易应当通过人民银行认可的票据市场基础设施开展。

《中国人民银行、中国银行业监督管理委员会关于加强票据业务监管促进票据市场健康发展的通知》（银发〔2016〕126 号），以下简称《通知》）第 3 条规定，坚持贸易背景真实性要求，严禁资金空转。《通知》要求，银行应加强对相关交易合同、增值税发票或普通发票的真实性审查，并可增验运输单据、出入库单据等，确保相关票据反映的交易内容与企业经营范围、真实经营状况以及相关单据内容的一致性。通过对已承兑、贴现商业汇票所附发票、单据等凭证原件正面加注的方式，防范虚假交易或相关资料的重复使用。严禁为票据业务量与其实际经营情况明显不符的企业办理承兑和贴现业务。

根据《支付结算办法》（银发〔1997〕393 号）第 37 条，票据持有人通过委托收款银行或者通过票据交换系统向付款人或代理付款人提示付款的，视同持票人提示付款；其提示付款日期以持票人向开户银行提交票据日为准。付款人或代理付款人应于见票当日足额付款。

本案中，芜湖某公司以背书转让的方式将案涉二张汇票贴现给工商银行某支行后，工商银行某支行又将该二张汇票转贴现给某银行，该行为符合票据贴现的相关法律规定。某银行可以持有票据要求承兑人予以承兑，付款人或代理付款人应于见票当日足额付款。工商银行某支行与贴现申请人芜湖某公司之间系基于真实的贴现关系将案涉汇票进行背书转让，工商银行某支行亦支付了合理对价取得汇票，作为持票人应当被认定为合法持票人。至于芜湖某公司与其前手之间是否存在真实交易关系，以及工商银行某支行在接受芜湖某公司进行贴现时是否审查了该公司与其前手之间存在真实交易关系的书面材料，均不影响工商银行某支行的票据权利的行使。在汇票到期被拒绝付款时，工商银行某支行被某银行追索，该支行垫付汇票金额后，享有向签收追索的权利。

二、票据贴现中的追索权

追索权是持票人在汇票到期不获支付或不获承兑或其他法定原因发生时，向其签收请求偿还票据金额及其损失的权利。《票据法》第 61 条第 1 款规定，汇票到期被拒绝付款的，持票人可以对背书人、出票人以及汇票的其他债务人行使追索权。第 68 条第 2 款、第 3 款规定，持票人可以不按照汇票债务人的先后顺序，对其中任何一人、数人或者全体行使追索权。持票人对汇票债务人中的一人或者数人已经进行追索的，对其他汇票债务人仍可以行使追索权。被追索人清偿债务后，与持票人享有同一权利。第 71 条规定，被追索人清偿后，可以向其他汇票债务人行使再追索权。可见，在清偿债务后，被追索人将与持票人享有同样的追索权利，可以再向其他汇票债务人行使追索权，直至汇票上的债权债务关系因履行或其他法定原因而消灭为止。

本案中，工商银行某支行（甲方）与芜湖某公司（乙方）签订《银行承兑汇票合作协议》约定，甲方托收本协议项下的银行承兑汇票时，如遇承兑行拒绝付款，甲方将按规定向乙方追索。因此，工商银行某支行清偿债务后可以向直接前手芜湖某公司行使追索权，无论追索的方式为线上追索还是书面追索均不影响追索权的行使。在追索过程中，上海某公司、衢州某公司抗辩主张，贴现行工商银行某支行在贴现时未依法审查，贴现行工商银行某支行的工作人员与贴现申请人芜湖某公司涉嫌合谋、伪造贴现申请人与其前手之间具有真实的商品交易关系的合同、增值税专用发票等材料申请贴现，违反了相关法律规定。但是，票据行为具有无因性、独立性，在后票据转让行为的效力独立于在先转让票据行为的效力，并且根据《中国人民银行关于规范和促进电子商业汇票业务发展的通知》（银发〔2016〕224 号），企业申请电票贴现的，无需向金融机构提供合同、发票等资料。因此，工行某支行有权向所有前手行使追索权。

【思考题】

1. 央行要求票据贴现业务中对票据真实交易关系进行审查与票据法中的无因性原则是否冲突？

2. 追索权受阻却的情形有哪些？

第二节　证券市场监管法律制度

证券市场监管法是调整监管机构对证券市场主体、客体及行为进行监督管理过程中所发生经济关系的法律规范的总称。由于证券市场规制的复杂性，证券监管的法律渊源非常多，既有法律法规、部门规章，也有行业的自律规定。我国的证券监管法经历了一个逐步完善的过程。我国的证券市场最初是作为试点率先在上海和深圳开始建设的，因而，早期的证券监管法主要体现为地方性法规，比如《上海市证券交易管理办法》和《深圳市股票发行和交易管理办法》等。随着我国经济的发展，证券市场也逐渐繁荣，我国颁布了《中华人民共和国证券法》（1997 年 7 月 1 日起施行，2019 年12 月 28 日修正，以下简称《证券法》），建立了我国证券监管的基本制度。该法经过多次修订，对于我国证券市场的发展起到了巨大的推动作用。

 案例三　李某与某路桥股份有限公司证券虚假陈述责任纠纷案❶

【基本案情】

原告李某系证券市场合法投资者，被告某路桥股份有限公司系在深圳证券交易所上市的公司。2018 年 4 月 17 日晚，央视财经频道《经济半小时》栏目报道了该公司的环保问题，4 月 18 日，公司发布了《关于央视财经频道〈经济半小时〉栏目报道公司环保问题的提示性公告》。2018 年 6 月 22 日，当地证监局作出《某某股份有限公司信息披露违法违规案件行政处罚决定书》，决定书载明，2014 年至 2017 年，该公司陆续收到当地环境保护局出具的七份《行政处罚决定书》，责令其改正环境污染行为，并处罚金共计 285 万元。但是，该公司在 2014 年至 2017 年的半年报和年报中披露的环境保护相关内容，与其多次受到环保部门行政处罚的事实不符。故当地证监局认定该公司的行为违反了《证券法》，对其作出《行政处罚决定书》，并对公司管理人员作出处罚。

2018 年 11 月 8 日，被告公司名称变更为"某路桥股份有限公司"（以下简称某路桥公司），证券简称变更为"某路桥"。2018 年 4 月至 2018 年 12 月，深证综指下跌

---

❶ 山西省太原市中级人民法院民事判决书（2021）晋 01 民初 253 号。

500 点，深证成指下跌近 4000 点，某路桥公司股价从 6.17 元跌至 4.44 元，跌幅为 28.04%。原告于 2017 年 10 月 23 日至 2018 年 4 月 17 日期间买入该路桥公司的股票，并于 2018 年 4 月 18 日及以后卖出或持有该股票，故主张被告赔偿其因证券虚假陈述造成的损失若干元。

【主要法律问题】

1. 某路桥公司是否存在未披露的"重要信息"？
2. 某路桥公司违规披露、不披露重要信息应承担何种法律责任？

【主要法律依据】

《中华人民共和国证券法》（1999 年 7 月 1 日起施行，2019 年 12 月 28 日修订）

第 85 条　信息披露义务人未按照规定披露信息，或者公告的证券发行文件、定期报告、临时报告及其他信息披露资料存在虚假记载、误导性陈述或者重大遗漏，致使投资者在证券交易中遭受损失的，信息披露义务人应当承担赔偿责任；发行人的控股股东、实际控制人、董事、监事、高级管理人员和其他直接责任人员以及保荐人、承销的证券公司及其直接责任人员，应当与发行人承担连带赔偿责任，但是能够证明自己没有过错的除外。

【理论分析】

该案主要涉及证券交易中的信息披露问题。信息披露是指发行人及其他信息披露义务人以招股说明书、定期报告及临时报告等形式，依照法律法规规定将公司及与公司相关的经营情况、财务情况等重要信息向投资者公开披露的行为，它包括证券发行时首次信息披露和证券发行后的信息持续披露。在证券发行实施注册制的背景下，我国证券监管机构只对证券发行人的申请材料进行形式审查，证券本身的投资价值需要由投资者自行评价和选择。因而，信息披露是上市公司与投资者进行信息沟通的桥梁，上市公司只有依法披露相关信息，投资者才能通过阅读、分析、研判这些信息作出投资决策，才能构成良好的证券市场竞争和秩序。本案需要从披露主体、披露内容、披露标准以及披露的法律责任等方面进行分析。

一、信息披露主体

信息披露主体主要是指信息披露义务人。《证券法》第 78 条规定，信息披露义务人包括发行人及法律、行政法规和国务院证券监督管理机构规定的其他信息披露义务人。在该条基础上，通过梳理证监会、上海证券交易所和深圳证券交易所颁布的规定可以发现，信息披露义务人除了上市公司、发行人、收购人、控股股东、实际控制人、上市公司董事、监事和高级管理人员，以及中介机构之外，还包括股票在国务院批准的其他全国性证券交易场所交易的公司等主体。这种规定不仅从形式上扩大了信息披露义务人的范围，而且在实质上提高了信息披露的要求，它要求所有与证券信息相关的主体都承担披露义务，提高了证券信息的透明度。从上述规定可以看出，本案中的某路桥公司属于信息披露义务人，应当依法进行信息披露。

二、信息披露的义务与内容

根据法律规定，上市公司应当将其财务变化、经营状况等信息和资料向证券管理部门、证券交易所以及社会公开或公告，上市公司信息披露的内容主要包括招股说明书、上市公告书、定期报告和临时报告等。上述案例中的信息披露主要涉及定期报告和临时报告问题。

上市公司需要披露的定期报告包括年度报告、中期报告和季度报告。根据《证券法》第79条，年度报告应在每一会计年度结束之日起四个月内，报送并公告，其中的年度财务会计报告应当经符合本法规定的会计师事务所审计；中期报告应在每一会计年度的上半年结束之日起两个月内，报送并公告。定期报告应当按照国务院证券监督管理机构和证券交易场所规定的内容和格式编制，能够反映公司的经营状况。上述案件中，原告向被告提出诉讼请求的根据正是被告的定期报告没能反映法律规定的内容，没能如实披露公司在环境方面的问题。

临时报告主要是对股票交易价格能够产生较大影响的重大事件，在发生这种事件时，信息披露义务人应当立即向监管机构和交易所报送临时报告并予以公告。《证券法》在第80条和第81条对临时报告制度作出基本规定，从制度上完善了临时报告的架构，扩大和调整了"重大事件"的范围。同时，《证券法》第80条第2款还新增了控股股东、实际控制人协助披露义务；明确控股股东或者实际控制人对重大事件的发生、进展产生较大影响的，应当及时将其知悉的有关情况书面告知公司，并配合公司履行信息披露义务。因而，本案所涉披露信息如果属于"重大事件"，被告就应履行信息披露义务。

三、信息披露的标准和要求

信息披露是解决信息不对称、保护投资者的重要途径，信息披露义务人只有真实、准确、完整地披露信息才能达到保护投资者合法权益的目的。为此，《证券法》对信息披露的原则和标准作出了规定，要求"证券的发行、交易活动，必须遵循公开、公平、公正"，并在第78条明确规定，信息披露义务人披露的信息，应当真实、准确、完整，简明清晰，通俗易懂，不得有虚假记载、误导性陈述或者重大遗漏。根据这一规定，上述案例中环境保护局出具的7份《行政处罚决定书》，责令公司改正环境污染行为等事实，属于应当依法披露之重大事件，但信息披露人在2014年至2017年的定期报告中均未披露，违背了信息披露必须真实、准确、完整的原则，存在重大遗漏，在内容上不能满足法律规定的披露标准。

对于信息披露的形式要求，根据《证券法》规定，年度报告应经符合规定的会计师事务所审计的规定。财务会计文件"应经审计"成为信息披露的基本要求，会计师事务所的责任大大加重。同时，《证券法》还新增了监事会签署书面确认意见的规定，统一了对董监高（董事、监事、高级管理人员）的要求；明确规定了董监高除需对定期报告签署书面确认意见之外，增加了对证券发行文件签署书面确认意见的规定。基于此，《证券法》赋予了董监高对证券发行文件和定期报告提出异议并公开的权利。如董监高依据《证券法》第 82 条提出书面异议并予以公开，将成为证券虚假陈述纠纷中，董监高抗辩已勤勉尽责、不承担相关责任的重要证据。本案所涉信息披露未能满足信息披露的基本要求，且不存在免除责任的情形。

四、信息披露的法律责任

根据《证券法》，信息披露义务人未按照规定披露信息，或者公告的证券发行文件、定期报告、临时报告及其他信息披露资料存在虚假记载、误导性陈述或者重大遗漏，致使投资者在证券交易中遭受损失的，信息披露义务人应当承担赔偿责任；发行人的控股股东、实际控制人、董事、监事、高级管理人员和其他直接责任人员以及保荐人、承销的证券公司及其直接责任人员，应当与发行人承担连带赔偿责任，但是能够证明自己没有过错的除外。

本案中，原告在虚假陈述实施日至揭露日期间买入股票，直到虚假陈述揭露日以后才卖出股票，发生了投资亏损，信息披露人应当承担相应的法律责任。据此，法院判定，被告某路桥股份有限公司应于判决生效之日起十日内赔偿原告李某投资损失人民币 804 元。

【思考题】

1. 对路桥公司的处罚体现了证券法的何种理念？
2. 信息披露行为与投资者保护的关系？
3. 证券内幕交易行为应如何规制？

 案例四　王某、王某玉等人内幕交易、泄露内幕信息案[1]

【基本案情】

2014 年间，某基金公司总经理王某向某上市公司推荐华某公司的超声波制浆技术，并具体参与了上市公司收购该超声波制浆技术及非公开发行股票的全过程。2014 年 8 月 6 日至 7 日，王某参与了项目的考察洽谈活动，并于同月 28 日与上市公司、华某公司签订了《三方合作框架协议书》，约定了某基金公司、某上市公司、华某公司的合作内容。2014 年 10 月 14 日，该上市公司公告停牌筹划重大事项。2015 年 1 月 29 日，该上市公司发布签订收购超声波制浆专利技术框架协议的公告。2015 年 2 月 12 日，该上

---

[1] 北京市第一中级人民法院行政裁定书（2017）京 01 行初 492 号、北京市高级人民法院行政裁定书（2017）京行终 4080 号。

市公司复牌并公告非公开发行股票预案。

在内幕信息敏感期内，被告人王某分别与其朋友尚某、妹妹王某玉、妹夫陈某、战友王某仪联络、接触。上述人员及王某仪的妻子王某红在该上市公司内幕信息敏感期内大量买入该公司股票共计1019万余股，成交金额2936万余元，并分别于上市公司因重大事项停牌前、发布收购超声波制浆技术及非公开发行股票信息公告复牌后将所持有的该公司股票全部卖出，非法获利共计1229万余元。当地公安局以王某涉嫌泄露内幕信息罪，王某玉、尚某、陈某、王某仪、王某红五人涉嫌内幕交易罪向人民检察院移送起诉。

【主要法律问题】

1. 本案中哪些事项可以被认定为内幕信息？
2. 如何认定王某、王某玉等人的内幕交易、泄露内幕信息行为？

【主要法律依据】

《中华人民共和国证券法》（1999年7月1日起施行，2019年12月28日修订）

第52条　证券交易活动中，涉及发行人的经营、财务或者对该发行人证券的市场价格有重大影响的尚未公开的信息，为内幕信息。

本法第八十条第二款、第八十一条第二款所列重大事件属于内幕信息。

【理论分析】

王某等人的行为主要涉嫌实施了利用内幕信息进行交易和获利的行为，即内幕交易行为。在构成上，内幕交易行为要求行为主体属于内幕知情人员，并且实施了利用内幕信息通过证券交易而获利的行为。

一、本案中的内幕交易主体

根据《证券法》第51条，内幕交易的主体包括内幕信息知情人和非法获得内幕信息的人。证券交易内幕信息的知情人包括：（1）发行人及其董事、监事、高级管理人员；（2）持有公司百分之五以上股份的股东及其董事、监事、高级管理人员，公司的实际控制人及其董事、监事、高级管理人员；（3）发行人控股或者实际控制的公司及其董事、监事、高级管理人员；（4）由于所任公司职务或者因与公司业务往来可以获取公司有关内幕信息的人员；（5）上市公司收购人或者重大资产交易方及其控股股东、实际控制人、董事、监事和高级管理人员；（6）因职务、工作可以获取内幕信息的证券交易场所、证券公司、证券登记结算机构、证券服务机构的有关人员；（7）因职责、工作可以获取内幕信息的证券监督管理机构工作人员；（8）因法定职责对证券的发行、交易或者对上市公司及其收购、重大资产交易进行管理可以获取内幕信息的有关主管部门、监管机构的工作人员；以及（9）国务院证券监督管理机构规定的可以获取内幕信息的其他人员。

上述案例中，王某属于内幕信息知情人，王某的朋友尚某、妹妹王某玉等人属于非法获取内幕信息的人。《证券法》第50条禁止证券交易内幕信息的知情人和非法获取内幕信息的人利用内幕信息从事证券交易活动，因此，王某及其朋友妹妹王某玉等人均可构成内幕交易行为的主体。

二、本案中的内幕信息及其利用

内幕信息是内幕交易的基础，识别是否存在内幕信息，是认定内幕交易案件的基础。根据《证券法》第52条，证券交易活动中，涉及发行人的经营、财务或者对该发行人证券的市场价格有重大影响的尚未公开的信息，为内幕信息。同时，该条第2款明确指出，《证券法》第80条第2款、第81条第2款所列重大事件也属于内幕信息，这扩大了内幕信息的范围，将"可能对上市公司、股票在国务院批准的其他全国性证券交易场所交易的公司的股票交易价格产生较大影响的事件"，以及"可能对上市交易公司债券的交易价格产生较大影响的重大事件"均视为内幕信息。

内幕交易以内幕主体知悉或获取内幕信息为前提条件，以最终利用这些信息从事交易为成就标准。本案中，王某分别与其朋友尚某、妹妹王某玉、妹夫陈某、战友王某仪联络、接触，而上述人员凭借非法获取的内幕信息，在内幕信息敏感期内大量买入和卖出某公司股票，都构成了对内幕信息的非法利用，属于《证券法》所禁止的内幕交易行为。

【思考题】

内幕交易罪如何认定？

第三节　保险市场监管法律制度

保险市场监管制度，是指国家有权机构对保险主体和保险经营活动进行监督管理的制度。保险当事人之间进行保险交易以及保险人相互之间进行再保险交易会形成相应的保险市场。保险市场是现代金融市场的重要组成部分，保险资金的运用不仅局限于保险市场本身，而且关系到整个金融体系稳健运行。保险市场的这种特点，决定着保险市场的规制不仅是对保险当事人利益的平衡、对保险市场经营行为的规制，而且要对保险偿付能力进行评价，对保险市场给金融市场和社会经济带来的影响进行评估。为此，当前我国的保险市场规制主要包括市场主体监管、保险经营监管、保险违法行为监管等内容，但同时又引入了从整个金融市场来评价相关行为的制度和理念。保险监管机构可以对公司治理和内控制度建设是否符合中国保监会的规定、偿付能力是否充足、资金运用是否合法、业务经营和财务情况是否合法，以及报告、报表、文件、资料是否及时、完整、真实等涉及内部治理的事项，进行重点监管。

案例五 某人寿保险股份有限公司违规运用保险资金案❶

【基本案情】

2017 年 5 月至 9 月,某人寿保险股份有限公司(以下简称某人寿保险公司)向某商业地产股份有限公司收购其房地产开发有限公司、广场投资有限公司、广场置业有限公司,以及广场投资有限公司四个项目子公司 100% 的股权,并约定由某人寿保险公司向项目子公司提供股东借款。四个项目预计投资总额分别为 7.84 亿元、8.59 亿元、7.01 亿元和 8.82 亿元,截至 2019 年 6 月 30 日项目实际融资借款金额合计分别为 4.32 亿元、4.48 亿元、3.96 亿元和 4.27 亿元,融资规模占项目投资总额的比例分别为 55.15%、52.16%、56.48% 和 48.37%,违背了融资规模不超过项目投资总额的 40% 的监管规定。时任某人寿保险公司总经理胡某是上述投资项目的行政责任人,时任某人寿保险公司不动产投资部总经理张某是上述投资项目的专业责任人,负责对上述不动产投资项目进行审核。

2019 年 4 月,上述某人寿保险公司向某基金投资 5 亿元,用于开发某投资有限公司的增城新围项目,约定用途为支付土地出让价款及工程建设款。实际过程中,某人寿保险公司投资金额 5 亿元经多次流转,扣除各流转银行账户原有余额后,仍有 3.37 亿元资金流入某投资股份有限公司账户,用作某村经济联合社项目竞拍保证金。某人寿保险公司进行上述投资过程中,未详细核查资金用途,未能有效防范和纠正资金用途与约定用途不一致情况。时任某人寿保险公司总经理胡某是上述投资项目的行政责任人,时任某人寿保险公司不动产投资部总经理张某负责对上述不动产投资项目的审核和后期运营情况的监督。

截至 2019 年 6 月 30 日,某人寿保险公司涉及股东关联方的七个项目应收利息共计 90 笔,金额合计 9.44 亿元,其中十笔应收利息账龄达一年以上,金额合计 1.13 亿元。截至检查日,该人寿保险公司投资于基金的两笔项目投资资金合计 18 亿元,被股东关联方无偿占用超过两年。某人寿保险公司未针对此类资金占用问题建立相应的制度机制,未就投资本金、利息、罚息、违约金等归还事项与有关各方签订明确协议,也未就推动款项回收采取其他有效措施。黎某时任某人寿保险公司副总经理,分管投资管理中心,未尽到投资项目资金管控的责任;廖某时任某人寿保险公司总经理助理、董事会秘书、财务负责人,负责财务核算与资金管理,未就推动款项回收采取有效措施。

---

❶ 中国银行保险监督管理委员会行政处罚决定书(2021)3 号。

【主要法律问题】

1. 某人寿保险公司违反了《保险法》的哪些规定？
2. 主要负责人张某、胡某、黎某、廖某应当承担何种法律责任？

【主要法律规定】

《中华人民共和国保险法》（1995 年 6 月 30 日起施行，2015 年 4 月 14 日修订，以下简称《保险法》）

第 106 条　保险公司的资金运用必须稳健，遵循安全性原则。保险公司的资金运用限于下列形式：（一）银行存款；（二）买卖债券、股票、证券投资基金份额等有价证券；（三）投资不动产；（四）国务院规定的其他资金运用形式。

【理论分析】

上述某人寿保险公司主要违反了《保险法》中有关保险资金运用的制度和规定，直接涉及项目子公司融资借款是否超过监管比例、保险资金是否能够用于缴纳项目竞拍保证金，以及关联方可否长期占用保险资金等问题。

一、保险资金运用的原则

（一）法定性原则

保险资金是属于保险公司所有或者保险公司具有支配权的财产，保险公司资金运用失败不仅会减少自身的利润，影响公司的经营，更可能会影响到公司的偿付能力，进而可能导致保险市场的混乱。对保险资金的监管，我国法律往往非常慎重，衡量多方利益，并在此基础上设立相应的标准。根据《关于保险资金投资股权和不动产有关问题的通知》（保监发〔2012〕59 号）第 2 项第 4 条，保险公司不得用其投资的不动产提供抵押担保。保险公司以项目公司股权方式投资不动产的，该项目公司可用自身资产抵押担保，通过向其保险公司股东借款等方式融资，融资规模不超过项目投资总额的 40%。案例中的人寿保险公司在资金运用中超出了有关比例的限制，长期占用保险资金，一定程度上违背了法定性原则。

（二）安全性、收益性和流动性原则

安全性原则是保险资金运用的首要原则和基本原则，它要求保险资金的运用必须以安全返还为前提，必须保证保险资金的运用起到保值增值的效果，须到期按时收回投资的本金、利息及利润；收益性原则要求保险资金在具体运用过程中必须取得收益；流动性原则要求保险资金投资的项目必须有足够的变现能力。当然，流动性原则要求的变现能力并不是要求每一个投资项目都能够随时变现，而是指保险投资的大部分项目应该具有较为便利的变现能力，以便在发生不确定性风险时可以方便、及时地足额支付。收益性原则往往与流动性和安全性相矛盾，但由于保险公司的首要功能是经济补偿，因此保险资金的运用必须首先满足安全性与流动性。

二、保险资金运用的方式

我国《保险法》第 106 条规定，保险公司的资金运用必须稳健，遵循安全性原则。保险公司的资金运用形式包括：银行存款；买卖债券、股票、证券投资基金份额等有价证券；投资不动产以及国务院规定的其他资金运用形式。在此基础上，《保险资金运用管理办法》规定了"集中管理、统一配置、专业运作"的基本要求，提出"保险资金的集约化、专业化管理"的运行模式。保险集团（控股）公司、保险公司应当选择符合条件的商业银行等专业机构，实施保险资金运用第三方托管和监督；保险集团（控股）公司、保险公司根据投资管理能力和风险管理能力，可以按照相关监管规定自行投资或者委托符合条件的投资管理人作为受托人进行投资。❶

特别是，在保险资金运用过程中，保险公司还要注意对其偿付能力的影响。《保险法》规定，保险公司应当具有与其业务规模和风险程度相适应的最低偿付能力。保险公司的认可资产减去认可负债的差额不得低于国务院保险监督管理机构规定的数额；低于规定数额的，应当按照国务院保险监督管理机构的要求采取相应措施达到规定的数额。经营财产保险业务的保险公司当年自留保险费，不得超过其实有资本金加公积金总和的四倍。保险公司对每一危险单位，即对一次保险事故可能造成的最大损失范围所承担的责任，不得超过其实有资本金加公积金总和的百分之十；超过的部分应当办理再保险。

本案中，某人寿保险公司子公司融资借款超过监管比例规定的行为，保险资金违规用于缴纳项目竞拍保证金、资金用途与约定用途不一致行为，以及关联方长期占用保险资金的行为，均违反了《保险法》第 106 条关于保险资金运用形式的规定。最终，银保监会对案例中的不同行为作出了分别处理，对子公司融资借款超过监管比例规定的行为，处以某人寿保险公司 30 万元罚款，胡某警告并罚款 10 万元，张某警告并罚款 10 万元的处罚；对保险资金违规用于缴纳项目竞拍保证金、资金用途与约定用途不一致行为，处以某人寿保险公司 30 万元罚款，胡某警告并罚款 7 万元，张某警告并罚款 7 万元；对关联方长期占用保险资金行为，处以某人寿保险公司 30 万元罚款，黎某警告并罚款 7 万元，廖某警告并罚款 7 万元。

【思考题】

1. 违规运用保险资金会构成犯罪吗？
2. 保险公司内部应如何进行监管？

---

❶　参见《保险资金运用管理办法》（保监会令〔2018〕1 号）第 22 条、第 26 条。

 **案例六　某财产保险股份有限公司提供虚假材料及公司治理不规范案❶**

【基本案情】

某财产保险股份有限公司（以下简称某财险公司）2015 年第一届董事会第三次会议和 2016 年股东大会的会议档案缺失。该公司对现有治理档案保存非常散乱，公司股东大会、董事会会议档案使用文件夹散装保存，未按每次会议单独装订成册，未连续编号，档案中未包含会议通知及董事的签收回执，材料中仅有会议记录，未将董事会议案等具体材料一并保存管理。同时，该公司股东大会、董事会签字页管理不规范，仅有三次股东大会和三次董事会签字页标注会议名称，其他董事会、股东大会签字页均只标注"（签字页）"，未标注会议名称及会议时间，股东大会参会人员存在未在相关签字页签署日期等情况，客观上存在材料造假的风险。

2016 年 5 月至 8 月，该财险公司相继向原保监会报送了增资申请材料，分别是公司〔2016〕195 号和 245 号文，申请某文化传播有限公司增资 6000 万元，文件签发人为赵某；〔2016〕303 号和 358 号文，申请某互联科技有限公司增资 1.2 亿元，文件签发人为赵某。经查，某文化传播有限公司和某互联科技有限公司的纳税证明系伪造。某互联科技有限公司与某文化传播有限公司有关联关系，其出具的关联关系声明与实际不符。

2016 年 7 月 8 日，某财险公司实际未召开临时股东大会，但该财险公司在官方网站披露了虚假的股东大会会议情况，某互联科技有限公司增资材料中的《临时股东大会关于增加注册资本金的决议》和《2016 年临时股东大会关于修订〈公司章程〉的决议》也记录该日期召开临时股东大会。截至 2019 年 12 月 9 日，某财险公司在官方网站未披露 2016 年 8 月 16 日召开的 2016 年临时股东大会情况；未披露 2018 年 9 月至 2019 年 3 月召开的共三次股东大会会议出席情况及表决情况；未披露 2019 年 8 月 30 日召开的 2019 年临时股东大会主要决议情况。该财险公司分别于 2018 年 4 月、2019 年 3 月召开监事会，会议召开时间间隔超过六个月。

【主要法律问题】

1. 某财险股份有限公司的行为违反了《保险法》的哪些规定？
2. 保险公司设立的标准是什么？

---

❶ 中国银保监会行政处罚决定书（2020）65 号。

【主要法律规定】

《中华人民共和国保险法》

第86条　保险公司应当按照保险监督管理机构的规定，报送有关报告、报表、文件和资料。

保险公司的偿付能力报告、财务会计报告、精算报告、合规报告及其他有关报告、报表、文件和资料必须如实记录保险业务事项，不得有虚假记载、误导性陈述和重大遗漏。

【理论分析】

保险公司必须具有科学的内部管理机制与合规的档案制度，并按照国务院保险监督管理机构的规定，将财务会计报告、风险管理状况、保险产品经营情况等重大事项，真实、准确、完整地进行披露。

从内部治理角度看，保险公司的各种档案是记录保险业务数据和情况的载体，它不仅可以为公司管理层进行业务分析和制定经营策略提供基础数据，是保险公司完善业务管理的重要环节，同时还是监管部门开展现场检查的重要依据。保险公司应当聘用专业人员，建立精算报告制度和合规报告制度。保险公司应当按照保险监督管理机构的规定，报送有关报告、报表、文件和资料。保险公司的偿付能力报告、财务会计报告、精算报告、合规报告及其他有关报告、报表、文件和资料必须如实记录保险业务事项，不得有虚假记载、误导性陈述和重大遗漏。保险公司应当按照国务院保险监督管理机构的规定妥善保管业务经营活动的完整账簿、原始凭证和有关资料。保险公司账簿、原始凭证和有关资料的保管期限，自保险合同终止之日起计算，保险期间在一年以下的不得少于五年，保险期间超过一年的不得少于十年。

但是，在现实中保险公司内部治理机制存在诸多问题，出现了虚报、瞒报，公司监管资料与真实的经营情况不符，经营数据与财务数据不一致等情况。从形成性质看，保险公司内部监管资料容易出现两种不法类型，即错误型虚假监管资料和舞弊型虚假监管资料。错误型虚假监管资料是保险公司无意识地对经营情况等进行了虚假的报送，其在主观上并没有歪曲反映企业经营情况的故意，主要由其机构内部缺乏系统精确的管理体系，报送人员专业能力缺失、缺乏责任心等原因造成的；与此不同，舞弊型虚假监管资料是保险公司为了实现其特定的目的，故意不真实反映公司的经营情况，是保险公司为了获得利益故意进行的一种违法行为，主要表现在少增营业成本、虚增营业收入等情况。

上述案中，某财险公司档案中未包含会议通知及董事的签收回执，未将董事会议案等具体材料进行保存管理，并且公司股东大会、董事会材料未标注会议名称及会议时间，股东大会参会人员存在未在相关签字页签署日期等情况。同时，某文化传播有限公司和某互联科技有限公司还伪造纳税证明，出具的关联关系声明与实际不符。这些行为均属于故意的材料造假行为，违反了保险公司内部治理和信息披露的有关规定。

针对保险公司的违法行为，保险监督管理机构可以采取的措施包括：对保险公司、保险代理人、保险经纪人、保险资产管理公司、外国保险机构的代表机构进行现场检查；进入涉嫌违法行为发生场所调查取证；询问当事人及与被调查事件有关的单位和个人，要求其对与被调查事件有关的事项作出说明；查阅、复制与被调查事件有关的财产权登记等资料；查阅、复制保险公司、保险代理人、保险经纪人、保险资产管理公司、外国保险机构的代表机构以及与被调查事件有关的单位和个人的财务会计资料及其他相关文件和资料；对可能被转移、隐匿或者毁损的文件和资料予以封存；查询涉嫌违法经营的保险公司、保险代理人、保险经纪人、保险资产管理公司、外国保险机构的代表机构以及与涉嫌违法事项有关的单位和个人的银行账户；对有证据证明已经或者可能转移、隐匿违法资金等涉案财产或者隐匿、伪造、毁损重要证据的，经保险监督管理机构主要负责人批准，申请人民法院予以冻结或者查封。在本案中，某财险公司治理不规范，保险监督管理机构对财险公司处以 1 万元罚款。针对某财险公司提供虚假资料的行为，保险监督管理机构认为其违反了《保险法》第 86 条的规定，对其处以罚款 50 万元，对赵某予以警告并罚款 10 万元。

【思考题】

1. 保险公司的治理还应遵守哪些规定？
2. 保险公司违反内部治理的规定应承担何种责任？

CHAPTER 11 第十一章

房地产市场监管法律制度

 本章知识要点

（1）了解房地产市场监管的特殊性，掌握房地产市场监管法律制度框架：房地产开发市场监管法律制度、房地产交易市场监管法律制度以及房地产中介服务市场监管法律制度；（2）从实际案例中梳理合法房地产开发项目中需要考虑的主体资质、土地合规以及利益分配问题，切实了解房地产开发合同签订的注意事项；（3）结合房地产交易市场违规预售以及虚假宣传行为案例，警惕房地产交易市场乱象；（4）针对房地产中介服务市场乱收费、价格不透明乱象，积极思索监管对策。

第一节 房地产开发市场监管法律制度

房地产市场，是指房地产开发企业开发经营的，带有房地产特征的房品和服务的市场，包括房地产开发市场和房地产经营市场，是社会主义市场经济体系中的一个相对独立并且具有明显特征的专门化市场❶。房地产市场涉及众多上下游产业，对宏观经济结构和运行具有决定性影响，房地产市场的健康运营直接关系到整个国民经济的平稳运行。基于此我国构建了专门的房地产市场监管法律体系用以调整房地产经济关系，具体可细分为房地产开发市场监管法律制度、房地产交易市场监管法律制度以及房地产中介服务市场监管法律制度❷。

本章所涉的房地产开发为狭义，具体为土地开发和房屋建设，为房地产一级开发市场，广义的房地产开发概念还包括房地产二级市场，如房地产二手交易、租赁、抵押等流转市场，甚至还包括房地产抵押贷款证券化的三级市场。❸ 房地产开发市场准入

---

❶ 张守文. 经济法学（马克思主义理论研究和建设工程重点教材）[M]. 北京：高等教育出版社，2016：433.

❷ 张守文. 经济法学（马克思主义理论研究和建设工程重点教材）[M]. 北京：高等教育出版社，2016：433.

❸ 雏晓燕. 房地产法律制度 [M]. 北京：化学工业出版社，2010：52.

制度、房地产开发土地使用制度以及房地产开发投融资制度构成房地产开发市场监管法律制度框架。其中房地产开发市场准入制度因涉及开发主体进入市场进行经营活动时的资格和条件限制成为该部分的核心制度。

 案例一　A市甲工厂与B省乙公司合作开发房地产合同纠纷案❶

【基本案情】

一、案情事实

2003年9月6日，甲工厂（甲方）与乙公司（乙方）就双方联合建设原甲方厂区内的1#、2#、3#、4#商住楼及其附属公建事宜签订《联合建设协议书》，对于甲乙双方的权利义务进行约定，主要约定：甲工厂以其所属的位于A市天桥区北园街道七一路1号的集体土地使用权作价675万元作为出资，与乙公司进行联合建设；乙公司负责地上物建设，应投入资金约3770万元；建成后甲工厂占20%的分成，乙公司占80%的分成。

2005年2月20日，双方当事人又签订《联合建设补充协议书》，由甲工厂对项目进行全面管理，乙公司对房屋进行销售。合同履行过程中，乙公司实际仅投入了790万元，而甲工厂的实际投资除去以集体土地使用作价的675万元外，又投入了970余万元。涉案项目的房产销售款项由乙公司掌控，至今未与甲工厂进行结算。另外，涉案项目中建设的A、B两座底层公建现由乙公司占用，后甲工厂因利益未能兑现提起诉讼。

二、诉讼经过

2006年3月12日，甲工厂以联合建设合同纠纷将乙公司诉至A市中级人民法院，后申请撤诉。

2017年3月9日甲工厂对乙公司二次起诉，案件由A市天桥区人民法院审理，判决《联合建设协议书》及《联合建设补充协议书》无效，并且驳回原告A市甲工厂的其他诉讼请求。

2019年，甲工厂不服上述判决，向A市中级人民法院提起上诉。A市中级人民法院经审理认定：A市天桥区人民法院认定事实属实并予以确认，并且作出终审判决：一、维持A市天桥区人民法院（2015）天民园初字第94号民事判决第一项及案件受理费负担部分；二、撤销A市天桥区人民法院（2015）天民园初字第94号民事判决第二项。

2019年同年，甲工厂又以涉案联建协议无效，应当就合同无效后双方当事人的责

---

❶ 据裁判文书网，该案所涉诉讼文书编号分别为（2015）天民园初字第94号、（2017）鲁01民终6693号、（2019）鲁01民初1329号、（2020）最高法民申2731号民事裁定书。

任承担及财产返还作出实体审理及甲工厂系基于合同无效情形行使物权请求权为由提起本案诉讼，请求判令乙公司返还销售住宅及门头房所得款项，要求乙公司按照租金标准支付公建部分房屋及土地占有使用费等。A 市中院以重复起诉为由驳回起诉，随后甲工厂上诉，同年 B 省高院作出驳回起诉民事裁定。

2020 年 11 月 4 日，最高法院接受甲工厂再审申请，并作出驳回申请民事裁定书。

【主要法律问题】

1. 双方签订的《联合建设协议书》及其补充协议效力性问题。

2. 因房地产合作开发项目未取得建设工程规划许可证而导致合同无效时双方当事人的利益（销售房屋所得款项、支付房屋及土地占有使用费）纠纷的可诉性问题。

【主要法律依据】

一、《最高人民法院关于审理涉及国有土地使用权合同纠纷案件适用法律问题的解释》（2021 年 1 月 1 日起施行）

第 13 条第 2 款 当事人双方均不具备房地产开发经营资质的，应当认定合同无效。

第 16 条 在下列情形下，合作开发房地产合同的当事人请求分配房地产项目利益的，不予受理；已经受理的，驳回起诉……房地产建设项目未取得建设工程规划许可证……

二、《最高人民法院关于适用〈中华人民共和国民事诉讼法〉的解释》（2022 年 4 月 10 日起施行）

第 247 条 当事人就已经提起诉讼的事项在诉讼过程中或者裁判生效后再次起诉，同时符合下列条件的，构成重复起诉：（一）后诉与前诉的当事人相同；（二）后诉与前诉的诉讼标的相同；（三）后诉与前诉的诉讼请求相同，或者后诉的诉讼请求实质上否定前诉裁判结果。

【理论分析】

该案件前后历经四年并且成功启动再审程序，其中涉及诸多程序法问题，本文立足于房地产开发监管视角对签订房地产开发合同应注意的问题做出说明。房地产合作开发合同由于履行周期长，投资密度高，涉及的风险利益因素又比较多，是一个很容易发生纠纷的过程。

一、房地产联合开发合同中的主体要求以及土地要求分析

（一）主体要求

除当项目经批准系自用性质，非用于向社会发售，对主体则没有开发资质的要求之外，一般的开发主体都有一定的资质要求，因此开发主体的资质问题在签订房地产合作开发合同时为双方重点考察的对象。我国当前法律规定房地产开发双方中至少有一方需要有房地产开发经营资质。如果双方均不具有开发资质，但是在形成诉讼前一方取得开发资质的，或者双方已经成立房地产公司的，合同仍然可以认定有效。本案当事人双方均不具备房地产开发经营资质，其联建协议应认定为无效。目前中华人民共和国住建部发布《房地产开发企业资质管理规定》（2022年3月2日起施行）对于房地产开发企业资质按照注册资本、开发经历以及公司规模等诸多方面将房地产开发主体由高到低划分为一级资质、二级资质、三级资质、四级资质共四级资质类别。

（二）土地性质要求

在一个房地产项目进行销售之前，需要办理一系列的行政审批手续，从选址定点、立项到确定规划设计条件，再到领取用地规划许可证、工程规划许可证和建设施工许可证等，只有符合国家法律、法规和规章规定的项目才能够最终取得土地权属登记和房屋权属登记。因此，在协商签订合作合同时，对合作的项目一定要严格审查，确定该项目是否符合将来办理土地权属登记和房屋权属登记的条件。合法性存疑的项目往往容易导致纠纷的产生❶。

二、联建协议中涉利益分配应以有效协议为前提且明确具体

有的合作开发合同只是简单约定"甲乙双方按照4∶6的比例分配利润"，可以想象这样的条款会给当事人带来多少麻烦。要明确约定是分房还是分钱。如果分房，怎么分？要考虑楼层朝向户型等多种因素，还要与销售合同的主体相协调；如果分钱，是税前还是税后？是全部销售完再分还是达到一定额度就分？此类问题都需要在合同中明确❷。要明确注意的是利益分配是开发合同签订最后需要考虑的问题，在此之前要首先确保土地权属或流转合法以及合同另一方确有经营资质，避免出现该案中本末倒置而导致的房地产开发投入以及利益分配损失。

依据相关规定，以下基于不当房地产开发而要求分配利益的情形不予受理；已经受理的，驳回起诉：（1）依法需经批准的房地产建设项目未经有批准权的人民政府主管部门批准；（2）房地产建设项目未取得建设工程规划许可证；（3）擅自变更建设工程规划。而本案中双方合作建设的房地产项目未经批准，未取得建设工程规划许可证，涉及了土地性质问题以及项目合法性问题，因此其相关的房地产开发协议系属无效，其之后的以利益分配为基础的诉求也属于应当驳回起诉的情形❸。

【思考题】

1. 有效的房地产开发项目应当考虑哪些因素？
2. 我国的土地所有权权属以及合法的土地转让方式有哪些？

---

❶ 黄佳. 房地产合作开发中的法律风险与规避 [D]. 重庆：重庆大学，2017.

❷ 李嘉. 探讨房地产开发企业施工合同签订的重点注意事项 [J]. 建材与装饰，2012（03）：145.

❸ 张国印建设工程号. 最高法院2020年度房地产纠纷典型案件裁判观点 [EB/OL]. [2021-04-20]. https://mp.weixin.qq.com/s/or4SCvAr4nznfpMcS62liQ.

第二节 房地产交易市场监管法律制度

房地产交易是指当事人之间进行房地产转让、房地产抵押和房屋租赁的活动❶。

商品房实行许可备案制度。为了保障购房者的利益，禁止房地产交易中的欺诈行为，预售人应按照国家有关规定将预售合同报县级以上人民政府房产管理部门办理预售登记，取得商品房预售许可证明，并且在商品房和土地管理部门登记备案。

 案例二 A市某房地产开发公司违规销售商品房案❷

【基本案情】

2021年6月11日，A市某房地产开发有限公司组织对开发项目6#、7#、10#楼共89套商品住房，按前期已经摇号确定的购房资格人选房顺序号进行选房销售，委托A市某公证处进行现场公证。在选房即将结束时，公证人员发现选房现场存在疑似销售人员违规操作，随后，其先向市司法局报告，后向市住房保障和房产管理局反映。

经联合调查组调查，该公司工程部员工黄某具有选房资格，但顺序号为62号，排序较为靠后，担心选不到好房。在选房前，黄某让同事（现场销售人员）潘某、裴某等帮忙操作，裴某安排同事周某在销售过程中对未售房源贴上"已售"标签，为黄某预留房源。

登记购房人胡某系现场销售经理潘某妻弟的岳父，选房顺序号为递补4号。虽在前面选房时，有选房人自愿放弃选房，胡某可以选到房源，但很难选到好房。潘某为了让胡某选到好房，便让同事王某将销控表中未售的7#401室贴上"已售"标签，后胡某选房时选择该套房屋。同时查明，胡某在资格审查时提供了部分虚假的资金证明材料。

【主要法律问题】

1. 该案中的选房结果的效力性问题。
2. A市房地产公司行为的法律评价。
3. 在上述案件中违规销售人员与买房人的担责问题。

---

❶ 雏晓燕. 房地产法律制度［M］. 北京：化学工业出版社，2010：52.

❷ 该案源自合肥市市场监督管理局官网：合肥葛洲坝某房地产开发有限公司侵害消费者合法权益案。

【主要法律依据】

一、选房结果效力性法律依据

1.《中华人民共和国民法典》（2021 年 1 月 1 日起施行）

第 154 条　行为人与相对人恶意串通，损害他人合法权益的民事法律行为无效。

2.《关于新建商品住房公证摇号公开销售有关事项的通知》（合房〔2021〕17 号，2021 年 4 月 14 日生效）

附件 1　商品住房公开销售摇号资格、选房排序现场监督公证规则（试行）

十、公证员发现摇号排序活动违反《公证程序规则》相关规定或者有下列情形之一的，应当不予办理公证，并向市司法局、市住房保障和房产管理局通报或根据情况向公安部门报案。（一）与已公示的《摇号方案》不一致的；（二）《登记摇号名册》电子数据与公示的《登记摇号名册》不一致的；（三）当事人或相关人员弄虚作假、徇私舞弊的。

二、A 市房地产开发有限公司承担责任的法律依据

1.《中华人民共和国消费者权益保护法》（修改决定自 2014 年 3 月 15 日起施行）

第 56 条　经营者有下列情形之一，除承担相应的民事责任外，其他有关法律、法规对处罚机关和处罚方式有规定的，依照法律、法规的规定执行；法律、法规未作规定的，由工商行政管理部门或者其他有关行政部门责令改正，可以根据情节单处或者并处警告、没收违法所得、处以违法所得一倍以上十倍以下的罚款，没有违法所得的，处以五十万元以下的罚款；情节严重的，责令停业整顿、吊销营业执照；……（六）对商品或者服务作虚假或者引人误解的宣传的；……经营者有前款规定情形的，除依照法律、法规规定予以处罚外，处罚机关应当记入信用档案，向社会公布。

2.《关于进一步促进我市房地产市场平稳健康发展的通知》（合房联〔2021〕1 号，2021 年 4 月 6 日起施行）

八、严厉打击各种房地产市场乱象。严禁房地产销售中任何形式的价外加价行为。房地产开发企业不得收取或者委托第三方收取房价款以外的团购费、咨询服务费、信息费等任何费用，不得以捆绑搭售车位、储藏间、委托装修等任何形式加价或变相加价销售；房地产经纪机构代理销售新建商品房的，除向房地产开发企业收取合理佣金外，禁止向购房人或通过第三方向购房人收取购房价款之外的任何费用。严禁通过网络、自媒体等煽动房价上涨、渲染市场恐慌情绪、哄抬房价、恶意炒作市场等行为。

三、违规销售人员以及买房人承担责任的法律依据

1.《中华人民共和国治安管理处罚法》（2013 年 1 月 1 日起施行）

第 23 条第 1 款　有下列行为之一的，处警告或者二百元以下罚款；情节较重的，处五日以上十日以下拘留，可以并处五百元以下罚款：（一）扰乱机关、团体、企业、事业单位秩序，致使工作、生产、营业、医疗、教学、科研不能正常进行，尚未造成严重损失的；

2.《关于新建商品住房公证摇号公开销售有关事项的通知》（合房〔2021〕17号，2021年4月14日生效）

十二、登记购房人应如实登记家庭房产信息，并对所提供信息资料的真实性作出书面承诺。对提供虚假资料骗取购房资格或优先摇号资格的，3年内取消其摇号购房登记资格。登记购房人通过公证摇号选到房后累计放弃购房2次的，自最后一次选房结束时起，暂停其在本市摇号选房资格6个月。

【理论分析】

由于摇号政策的积极效果显著，该政策在我国各地被广泛推行，尤其是在房屋供求关系紧张的城市，A市则为其中之一。上述案件与摇号政策密切相关，因新房摇号销售环节的不规范行为，A市住房保障和房产管理局（以下简称"A市房管局"）暂停开发项目选房。这是自A市出台摇号购房政策以来，首个被暂停选房的项目，该案件不同于开发商未取得商品房预售许可证即进行房屋销售的行为，而是房地产大热政策具体执行所暴露的问题，其相关处罚波及面也十分广泛，涵盖开发商、销售人员以及买房人员，由于买房人员与销售人员的恶意串通以及徇私舞弊行为不仅会损伤自身利益，同时也对于房地产市场的公平交易秩序进行了一定程度的冲击，因此各地房建局以及市场监督管理局都对违规销售行为打击力度较大。但目前我国尚未对于摇号买房中的房地产乱象出台法律性质的规定，各地往往结合当地情形出台地方文件，在本案中A市当地的房地产市场发展意见以及摇号规则性文件在应对该类问题时提供了重要的理论支撑。

一、选房结果应认定为无效

在本案中周某、裴某与黄某串通，恶意保留优质房源，其行为损害了其余购房人的切身购房利益，属于民法典规定的恶意串通损害第三人利益行为，应当认定为无效，同时该徇私舞弊行为也阻碍了公证程序的有序进行。案件反映出当地的摇号政策具体落实时仍有一定的可操作空间，对此在相关文件规定中可进一步优化，如可进一步明确摇号条件，从申请人的家庭的资产状况进行衡量，通过列明存款、股票、公积金、住房补贴等因素细分购房群体。在购房者中设置不同优先级别购房群体，适当提高刚需购房者的中签概率，将政策向无房家庭倾斜；同时降低验资金额，保证房源最终能满足那些最需要住房的群体，通过上述条件设置，进一步压缩徇私舞弊的空间。

二、房地产商"已售"标签涉嫌虚假宣传

虚假宣传，是指经营者利用广告或者其他方法，对其商品或者服务的质量、制作成分、用途、性能、有效期等，采取夸大其词甚至无中生有引人误解的违背客观真实的宣传。构成虚假宣传的行为须具备三个条件：（1）宣传足以引起他人的误解。即使消费者产生错误的联想和认识，以致作出错误市场判断。（2）宣传方式以广告或其方法。广告是最主要的宣传方式，其他方式包括以报刊、新闻发布会、印发宣传品等各种向公众宣传的媒介。（3）宣传的内容是关于自己的商品、服务的质量、制作成分、用途、性能等。当员工从事劳动行为时，其行为可代表公司行为，本案中销售人员之间的徇私舞弊、违规操作行为，使未售房屋变成已售房屋，引导前来购买房屋的其余消费者被迫转向其余房屋选择，相关工作人员以贴虚假"已售"标签的方式，对销售房源状况进行虚假公示的违法行为，符合虚假宣传的构成要件。

三、5名违法行为人面临行政处罚

裴某、潘某干扰了正常的摇号选房秩序，以扰乱单位秩序处以行政拘留5日的处罚，同时对黄某等5名违法行为人处以行政警告的处罚，胡某因提供虚假信息违规获得购房资格，依据当地房地产市场监管规章取消购房资格3年。政府可加大惩罚力度，对那些提交虚假信息及资料的个人及企业购房者进行严厉的处罚，例如取消他们的购房资格等，在本案中胡某因提供虚假材料而被取消购房资格3年，若有必要可延长年限。此外对相应管理部门的寻租与暗箱操作加大处罚力度，提高违法违规操作的代价，尽可能地杜绝此类现象的发生，尽力保证该项政策落实中的公平公正是当务之急❶。

【思考题】

1. "摇号购房"政策是解决房地产市场供需不足问题的有效举措吗？
2. 如何解决摇号购房中的程序公正问题？

 案例三　A市甲房地产开发有限公司虚假宣传案❷

【基本案情】

A市甲房地产开发有限公司（以下简称甲公司）预售"泰禾红御"D2户型时，通过印刷品对折页、海报、样板房展示等方式对外宣传该户型为"两室两厅两卫"。而当事人在报批时，核准的D2户型是"两室两厅一卫"，增加的"一卫"是通过违规改造搭建公用面积而得。该公司将违规搭建的卫生间作为房型内容对外虚假宣传，误导购房人。

【主要法律问题】

1. 试分析该案中甲公司的违规搭建行为所产生的法律后果。
2. 试对该案所涉房屋销售行为作出法律评价。

---

❶ 陈志强. 实名登记　公证摇号　购房行为渐趋规范［J］. 中国房地产, 2018（16）：79.
❷ 该案摘自上海市市场监督管理局：上海泰维房地产开发有限公司虚假宣传案。

【主要法律依据】

一、房屋销售虚假宣传行为规制的法律依据

1.《中华人民共和国反不正当竞争法》（2019 年 4 月 23 日修正）

第 8 条第 1 款　经营者不得对其商品的性能、功能、质量、销售状况、用户评价、曾获荣誉等作虚假或者引人误解的商业宣传，欺骗、误导消费者。

2.《中华人民共和国广告法》（2021 年 4 月 29 日起施行）

第 55 条　违反本法规定，发布虚假广告的，由市场监督管理部门责令停止发布广告，责令广告主在相应范围内消除影响，处广告费用三倍以上五倍以下的罚款。

二、甲公司违规搭建规制的法律依据

《中华人民共和国城乡规划法》（2007 年 10 月 28 日颁布，2019 年 4 月 23 日第二次修正，下称《城乡规划法》）

第 64 条　未取得建设工程规划许可证或者未按照建设工程规划许可证的规定进行建设的，由县级以上地方人民政府城乡规划主管部门责令停止建设；尚可采取改正措施消除对规划实施的影响的，限期改正，处建设工程造价百分之五以上百分之十以下的罚款；无法采取改正措施消除影响的，限期拆除，不能拆除的，没收实物或者违法收入，可以并处建设工程造价百分之十以下的罚款。

【理论分析】

一、"一卫"因违章搭建面临拆除

从实体法看，目前各级地方政府部门界定违章建筑的主要法律依据是《城乡规划法》和《土地管理法》。从属性上看，建筑物必须以土地为依托，离开了土地，建筑物不可能存在，依靠土地管理法加强土地用途的管制可以有效地限制违章建筑；从违章问题严重程度看，城市的违章建筑问题确实要比其他地方违章建筑问题突出，依照《城乡规划法》可以处理大部分违章建筑。但仅仅依据《城乡规划法》和《土地管理法》两部法律所界定的违章建筑，适用范围较窄，事实上，我国法律对违章建筑的限制很多，范围也很广。因此违章搭建的广义通俗理解即为未经政府规划部门的批准与认可，在规划审定的图纸之外的建筑物、构筑物、自行搭建的地下室、车库、阳光屋、游泳池、加层及自建的有顶走廊，这些自行搭建的房屋、阳光棚等除了影响房屋外观、破坏邻里间的和谐之外，更为严重的是违章搭建人对法律的践踏。我国法律对于违章建筑一律持否定态度，不因其长时间存续而合法，因此甲公司违规改造搭建公用面积而得的卫生间也应认定为违章建筑，可以随时拆除。

二、甲公司虚假广告行为的分析认定

相较违章建筑的法律评价，违章建筑所指向的目的即虚假广告更值得关注。虚假广告在实践中常有四种表现形式。其一是夸大失实的广告，一般是经营者对自己生产、销售的产品的质量制作成分、性能、用途、生产者、有效期限、产地来源等情况，或对所提供的劳务、技术服务的质量规模、技术标准、价格等资料进行夸大，无中生有的与事实情况不符的宣传。其二是语言模糊、令人误解的广告，此类广告内容也许是真的或者大部分是真实的，但是经营者措词的技巧明示或者暗示、省略或含糊使得消费者对真实情况产生误解，并影响其购买决策和其他经济行为。其三是不公正的广告，是指通过诽谤、诋毁竞争对手的产品来宣传自己产品的广告，此类广告的经营者不但违反了广告法，而且还违反了《反不正当竞争法》；其四是消息虚假的广告，即所宣传的商品或者服务根本不存在。

在本案中甲公司的广告宣传则属于第二种类型，虽然"两卫"是真实存在的，但是甲公司在宣传时隐瞒了违章建筑的重要细节补充，导致消费者购买房屋时产生重大误解并据此达成交易，既有虚伪不实的前因、也形成引人误解的后果，符合虚伪广告的基本判断。本案中买房人可根据《最高人民法院关于审理商品房买卖合同纠纷案件适用法律若干问题的解释》（2021年1月1日起施行）的规定来进行权益维护，若买房人因为开发商宣传房屋及相关设施的说明和允诺具体确定，而最终实际并未实现的，买房人可以因此要求继续履行、更换或赔偿损失，若情形严重无法达到合同目的，可以要求解除合同，目前此类案例已经有不少法院判决支持❶。

【思考题】

1. 作为消费者如何考虑购房中宣传资料的法律意义？
2. 如何辨别虚假宣传与夸张宣传？

第三节　房地产中介服务市场监管法律制度

房地产中介包括房地产估价、房地产经纪、房地产咨询服务等活动。在市场经济条件下，房地产中介服务的社会化促成了房地产中介服务市场的形成、中介服务市场的有序运行，对于消费者的利益保护同样具有十分重要的意义。根据我国规定，只有符合法律规定的条件，经登记取得营业执照之后，才能从事房地产中介业务服务。同时，国家实行房地产价格评估人员资格认证制度，获得房地产评估资格必须参加并通过国家统一举办的房地产评估员资格考试。

---

❶ 搜狐网. 上海公布侵害消费者权益典型案例-房地产企业虚假宣传上榜 [EB/OL]. （2019-03-15）［2022-02-09］. https://www.sohu.com/a/301388888_120056639.

案例四　2021 年 A 市三起房地产中介典型违法案❶

【基本案情】

一、A 市甲数据服务有限公司擅自发布房源案：A 市甲数据服务有限公司提供租赁中介服务过程中，在无权利人书面委托、未提供房屋权属证书的情况下擅自对外发布房源信息。

二、A 市乙房地产经纪有限公司合同违法案：乙房地产经纪有限公司虚构合同主体，用已经注销营业执照的丙房地产经纪事务所（以下简称丙公司）名义，为当事人提供居间服务，签订房屋买卖合同。

三、A 市丁房地产经纪有限公司协助当事人签订"阴阳合同"骗取银行贷款案：A 市丁房地产经纪有限公司在提供经纪服务过程中，帮助当事人签订不同交易价款的合同，做高房屋交易价格套取银行贷款。

【主要法律问题】

1. 第一案中房地产中介未经房屋所有者允许擅自发布房源行为的法律判断。
2. 第二案中房屋经纪公司虚构主体身份进行房屋买卖交易的行为的法律评价。
3. 如何看待第三案中房屋中介公司伙同当事人签订"阴阳合同"的效力性？

【主要法律依据】

一、《房地产经纪管理办法》（2016 年 4 月 1 日起施行，以下简称《管理办法》）

第 22 条第 1 款　房地产经纪机构与委托人签订房屋出售、出租经纪服务合同，应当查看委托出售、出租的房屋及房屋权属证书，委托人的身份证明等有关资料，并应当编制房屋状况说明书。经委托人书面同意后，方可以对外发布相应的房源信息。

第 25 条第 5 款　为交易当事人规避房屋交易税费等非法目的，就同一房屋签订不同交易价款的合同提供便利。

第 35 条　违反本办法第二十二条，房地产经纪机构擅自对外发布房源信息的，由县级以上地方人民政府建设（房地产）主管部门责令限期改正，记入信用档案，取消网上签约资格，并处以 1 万元以上 3 万元以下罚款。据此取消该公司网上签约资格，记入信用档案，并处罚款。

第 37 条　违反本办法第二十五条第（三）项、第（四）项、第（五）项、第

---

❶　上海市房管局、市市场监管局、市城管执法局等多部门通报 6 起房地产市场整治违法违规典型案例。所选 3 个为上海云房数据服务有限公司擅自发布房源案、上海尊正房地产经纪有限公司合同违法案、上海齐星房地产经纪有限公司协助当事人签订"阴阳合同"，骗取银行贷款案。

（六）项、第（七）项、第（八）项、第（九）项、第（十）项的，由县级以上地方人民政府建设（房地产）主管部门责令限期改正，记入信用档案；对房地产经纪人员处以1万元罚款；对房地产经纪机构，取消网上签约资格，处以3万元罚款。

二、《合同违法行为监督处理办法》（2021年1月1日起施行，以下简称《处理办法》）

第6条第1款第2项 虚构合同主体资格或者盗用、冒用他人名义订立合同。

第12条 当事人违反本办法第六条、第七条、第八条、第九条、第十条、第十一条规定，法律法规已有规定的，从其规定；法律法规没有规定的，市场监督管理部门视其情节轻重，分别给予警告，处以违法所得额三倍以下，但最高不超过三万元的罚款，没有违法所得的，处以一万元以下的罚款。据此责令该公司改正违法行为，并处罚款。

【理论分析】

一、房屋中介机构擅自发布房源信息涉嫌无权代理且易造成信息泄露

第一案中所涉房屋中介公司擅自发布房源案件在近几年频发，房地产作为特殊的商品，在交易过程中有明确且详细的交易方式，房地产中介机构作为专业的房地产交易机构，专业性要求较一般商品交易更高，也是因为这一原因，通常在中介机构发布的房源信息均应当为真实信息。但是目前有一些房地产中介为了吸引客户，会在一些房产网站上发布一些尚未取得预售证的楼盘的房源销售信息，即便对于取得预售许可证的房产，也需经房屋权利人书面同意才可发布。未取得预售许可以及取得预售许可但未经房屋权利人同意均可定义为虚假房源，本案即属于未取得房屋权利人同意的擅自发布房源类型。擅自发布房源信息的违法性不仅在于侵犯了房屋权利人的权利，形成无权代理，还容易造成个人信息泄露，此外还会影响二手房市场房价。对此房屋权利人如果发现自己房源信息被擅自发布，可以向住建部门进行投诉举报。倘若基于此形成房屋买卖，房主应该尽快通过诉讼主张撤销该买卖行为。

二、虚构合同主体资格达成交易行为构成无权代理

第二案中乙房地产经纪有限公司冒用丙公司名义签订合同为未经他人授权而以他人名义订立合同，属于无权代理的行为。此时行为人没有代理权、超越代理权或者代理权终止后以被代理人名义订立的合同，未经被代理人追认，对被代理人不发生效力，由行为人承担责任。但丙公司已经注销，因此事实上再无追认可能，乙房地产经纪有限公司应独自承担合同或因无法履行的违约责任。为应对房屋中介机构的以假乱真，珠海租房中介机构开始推广"三码"模式，即在门店招牌、门店橱窗、从业人员工作牌附上相匹配的二维码，市民通过扫描，可以对应查阅企业的基本注册信息和信用等级、房源的基本情况和真实性与从业人员资质，同时可对中介服务进行反馈和评价，上述经验可以为中介机构真实性以及专业性提供有效保障，具有推广的普适性以及新颖性。

三、"阴合同"有效"阳合同"无效

第三案中所涉及的阴阳合同同样为违法行为，阴阳合同在二手房交易中常出现的形式有两种：一种是将虚高的房价合同交给银行，以申请更多按揭贷款；另一种是将填低房价的合同交给房地产交易中心过户，以便少交税。本案则为第一种情形，阳合同为高价房屋买卖合同，阴合同则为低价房屋买卖合同，一份是用来办理登记备案、过户的合同，而另一份才是当事人之前真正约定的合同。"阳合同"因不体现当事人的真实意思而不发生效力，而"阴合同"是当事人的真实意思表示而产生效力。阴阳合同的订立是为了逃避国家税收或者骗取银行贷款，其存在违反了法律的禁止性规定，损害了国家利益，是无效的合同，其签订阴阳合同的行为依法应当承担法律责任。实践中阴阳合同因其隐蔽性较强而难以被发现，买卖双方签订"阴阳合同"后，虽然也可能有一部分人侥幸蒙混过关，但由于这类合同大多都存在未经登记、约定不明甚至只是口头约定等情况，履行过程中很容易出现矛盾，自身所蕴藏的法律风险极高。

【思考题】

1. 作为房屋租赁者以及房屋所有权人应当如何维护自身权益？
2. 你认为还有哪些举措可以优化房地产中介服务市场监管？

第三编　宏观调控法

CHAPTER 12　第十二章

财政调控法律制度

　本章知识要点

（1）财政的概念、特征和功能，财政法的概念、调整对象和财政法体系；
（2）预算法律制度；（3）国债法律制度；（4）政府采购法律制度；（5）转移支
付法律制度。

第一节　预算法律制度

预算法律制度由预算实体制度和预算程序制度组成，其中预算实体制度主要包括
预算体制制度、预算权配置制度和预算责任制度等；预算程序制度主要包括预算编制
制度、预算审批制度、预算执行制度、预算调整制度、决算制度和预算监督制度等。

　预算法律制度相关示例

**【一、关于 2020 年中央和地方预算执行情况与 2021 年中央和地方预算草案
的报告（目录）】**

一、2020 年中央和地方预算执行情况

（一）2020 年一般公共预算收支情况

1．全国一般公共预算

2．中央一般公共预算

3．地方一般公共预算

（二）2020 年政府性基金预算收支情况

（三）2020 年国有资本经营预算收支情况

（四）2020 年社会保险基金预算收支情况

（五）2020 年主要财税政策落实和重点财政工作情况

二、2021 年中央和地方预算草案

（一）2021 年财政收支形势分析

（二）2021 年预算编制和财政工作的总体要求

（三）2021 年财政政策

1. 推动创新发展和产业升级

2. 支持实施扩大内需战略

3. 支持推进区域协调发展和新型城镇化

4. 支持全面实施乡村振兴战略

5. 支持加强污染防治和生态建设

6. 加强基本民生保障

7. 支持国防、外交和政法工作

（四）2021 年一般公共预算收入预计和支出安排

1. 中央一般公共预算

2. 地方一般公共预算

3. 全国一般公共预算

（五）2021 年政府性基金预算收入预计和支出安排

（六）2021 年国有资本经营预算收入预计和支出安排

（七）2021 年社会保险基金预算收入预计和支出安排

三、扎实做好 2021 年财政改革发展工作

（一）全面贯彻实施预算法及其实施条例

（二）进一步落实落细减税降费政策

（三）常态化实施财政资金直达机制

（四）进一步增强民生政策可持续性

（五）兜牢兜实基层"三保"底线

（六）抓实化解地方政府隐性债务风险工作

（七）加快建立现代财税体制

【二、全国人民代表大会常务委员会关于批准 2020 年中央决算的决议】

第十三届全国人民代表大会常务委员会第二十九次会议听取了财政部部长刘昆受国务院委托作的《国务院关于 2020 年中央决算的报告》和审计署审计长侯凯受国务院委托作的《国务院关于 2020 年度中央预算执行和其他财政收支的审计工作报告》。会议结合审议审计工作报告，对 2020 年中央决算（草案）和中央决算报告进行了审查。会议同意全国人民代表大会财政经济委员会提出的审查结果报告，决定批准 2020 年中央决算。

【主要法律问题】

1. 财政的概念、特征和功能。
2. 财政法的概念、调整对象和财政法体系。
3. 预算法律制度的主要内容。

【主要法律依据】

1. 中华人民共和国预算法（1995 年 1 月 1 日起施行，2018 年 12 月 29 日修正）
2. 中华人民共和国预算法实施条例（1995 年 11 月 22 日发布，2020 年 8 月 3 日修订）

【理论分析】

一、财政与财政法的基本理论

（一）财政的概念

财政是国家治理的基础和重要支柱，"财"涉及经济，"政"涉及政治，财政实际上就是政治经济结合的重要关节点。财政，一般意义上是指国家为了实现其职能而凭借政治力量，通过收支行为参与部分社会产品和国民收入的分配和再分配所形成的以国家为主体的分配活动。但在现代市场经济条件下，财政的性质属于公共财政。公共财政，是以弥补市场失灵、满足整个社会公共需要为基点，由国家或政府为市场提供公共品而构建的政府收入、支出和管理资财的经济活动的总称。

（二）财政的特征

公共财政是与市场经济相适应的一种国家财政类型或财政模式，它不同于计划经济体制下只为"国家"自我服务的"国家财政"类型和自然经济下的只为君主自我服务的"家计财政"，其具有独特的特征。

1. 弥补性

即公共财政是弥补市场失灵的财政。尽管市场是配置资源的最佳机制，但却不是万能的，客观上存在着市场不能充分发挥作用的领域，即市场失灵或市场缺陷，如外部性、公共物品、信息不对称、垄断（包括自然垄断）、不完全市场、收入分配不公、失业和通货膨胀、宏观经济不稳等，因而需要非市场性的政府及其公共财政的介入，以克服市场失灵状态。因此，公共财政以弥补市场失灵但又不超越市场为主要原则。

2. 公共性

即公共财政不仅是以满足整个社会公共需要（而不是某一阶层或某一个集团的需要）为出发点和归宿的财政，而且也是对所有市场主体提供一视同仁的公共物品的财政。公共财政不是那种事无巨细、包揽一切的"生产建设型财政"，而是以满足社会公共需要为基点界定财政职能范围和构建政府的财政收支体系的。社会公共需要的实质，就是不能通过市场得以满足或者通过市场解决得不能令人满意的需要，而公共品是典型的用于满足社会公共需要的物品或服务。

公共品（纯粹的），是指任何一个个人对它的消费不减少别人对它消费的物品或服务。因其具有消费上的非竞争性和所有权上的非排他性两大特征，决定了市场价格机制在公共品供应上的失灵和低效问题，只能或者最好由政府通过财政手段配置公共品以满足社会公共需要。因此，市场经济条件下的财政，就天然地具有服务于社会公共需要的"公共性"。在市场经济条件下能否向社会提供有效的公共品以满足社会公共需求，是衡量政府（财政）最基本职责履行好坏和政府（财政）缺位与否的主要标准。

3. 非营利性

公共财政的活动范围只限于市场机制失效的领域内，不能越位干预、扭曲市场机制作用的发挥。凡是市场能解决的，财政就应退出；凡是市场不能解决的，财政才应该或者可以介入。公共财政不能直接进入市场去追逐利润，而只能以向社会提供公共品，满足社会公共需求、增进社会福利为活动目的，只能从事非营利性活动，从而具有非营利性。目前理论界已形成共识，我国公共财政只应介入下列领域：（1）市场完全失灵的领域，如社会治安、行政管理和国防、义务教育、基础科研等，这是财政发挥作用的最基本领域；（2）通过市场能够解决但解决得不好的事项，这通常是指那些提供"准公共品"的领域，财政和市场均可介入，究竟谁介入，要以成本、效率衡量为标准；（3）市场能够解决但解决得慢、不利于实现发展中国家赶超战略的事项，如高新技术、高风险产业等。

4. 法治性（规范性）

公共财政必须建立在法治基础上，其作为政府的经济活动必须受到相应的法律约束和规范。

（三）财政的功能

公共财政的功能是指公共财政本身固有的价值和作用，解决公共财政能干什么的问题。通过前述分析，可以得知市场机制失灵或低效的领域恰是公共财政发挥作用的领域，因此，在市场经济条件下，公共财政主要有三大功能，即收入分配功能、资源配置功能和稳定经济功能，这些具体功能共同体现出了财政的宏观调控功能。

1. 收入分配功能

收入分配功能是公共财政最基本、最原始的功能。它指的是通过财政收入、支出的管理活动，即集中部分社会财富而后进行再分配，来缩小社会成员的收入差距，实现收入在全社会范围内的公平分配目标。对于社会所公认的处境悲惨或不利的弱势群体由政府施以援助，使这些群体的福利状况得到改善会使整个社会的收入状况更加公平，可以增加社会总福利。

市场机制也具有收入分配的功能，但市场经济不是伦理经济，更不是平均经济。市场经济对资源配置的有效性远远掩饰不了它的无情和残酷性，相反它为制造贫困、拉大收入差距、催生收入分配不公创造了条件，市场经济本身是排斥公平法则的。正因如此，西方经济学有一句名言：“效率经由市场，公平通过政府”，充分说明了政府在矫正社会分配不公方面所起的作用，说明了通过税收、公共预算支出、转移支付等财政手段来实现收入公平分配的必要性。

2. 资源配置功能

资源配置，即把资源放到哪里最有效率的问题，它源自资源的稀缺与人类欲望无穷的永恒矛盾。其配置手段迄今有两种，即“看得见的手”——政府采用的计划、产业政策、财政税收、金融等手段和“看不见的手”——市场。财政的资源配置功能可通过财政收支的管理活动和对财政资金这一巨额资源的分配，引导人力和物力的流向，以形成一定的资产结构和产业结构，实现资源的有效配置。其中税收、预算支出、政府采购、国债、转移支付、财政补贴等是资源配置的有效手段，将社会资源在政府部门与企业和公民之间进行合理分配，根据形势和政策的需要调节积累和消费等各种比例关系。

3. 稳定经济的功能

即指公共财政作为市场上的一种经济力量，由政府运用自动稳定政策和相机抉择政策两种财政政策来调控经济，维持总供求基本平衡，促进经济结构优化，推动国民经济的持续健康稳定增长。

（四）财政法的概念

财政法，是调整在国家或政府为了满足社会公共需求而取得、使用和管理资财的活动中发生的社会关系的法律规范的总称。财政法是经济法的重要子部门法，在筹集财政资金、保障收入的公平分配、调控经济运行、保障经济社会可持续健康发展方面具有重要的作用。

（五）财政法的调整对象

财政法的调整对象，是指在国家或政府取得、使用和管理资财的过程中发生的社会关系，也即在财政收入、财政支出和财政管理过程中发生的社会关系，简称为财政关系，包括：（1）财政管理体制关系，即在相关国家机关之间进行财政管理权限的横向和纵向划分的过程中所发生的社会关系，包括财政立法权限关系、财政收支权限关系和财政管理权限关系等方面。它是其他财政关系存在的前提。（2）财政收支管理关系，即在财政活动中形成的最主要、最广泛的社会关系，包括财政收入关系、财政支出关系以及财政管理关系。（3）财政活动程序关系，即在依法定程序进行财政活动的过程中形成的社会关系。

（六）财政法的体系

财政法体系是指财政法的各类法律规范所组成的有机联系、协调统一的整体。财政法体系的具体结构及构成主要取决于其调整对象。因此在理论上，对应前述财政关系的分类，财政法体系主要包括：（1）财政管理体制法。在我国目前体现为分税制管理体制法。（2）预算法。预算法对预算关系的调整，是从总体上对财政收支活动进行规范的法，可以说是财政法的核心法。（3）财政收入法。包括税法（一般单列）和国债法。（4）财政支出法。包括政府采购法和转移支付法。（5）财政程序法。在实际的财政立法过程中，多将实体法和程序法融为一体，如在预算法中实体法和程序法就融为一体，一般无须单列。

二、预算实体法律制度

预算（Budget），是指按法定程序编制审批的国家基本财政收支计划，具有法律强制力和约束力。预算法，是指调整国家或政府在进行预算资金的筹集、分配、管理和监督等过程中所发生的社会关系的法律规范的总称。预算法的调整对象是预算关系，它包括预算管理体制关系和预算关系。预算实体法律制度主要包括如下内容。

（一）预算体制制度

预算体制，即预算管理体制，是指通过确定中央和地方政府之间预算管理职权、划分预算收支范围的方式，处理国家财政分配关系的一项基本财政法律制度。预算体制制度主要包括以下内容：（1）确定预算管理的主体和层次；（2）划分预算管理权限；（3）规定预算收支的划分原则和方法；（4）确立各级预算之间的分配办法。

《中华人民共和国预算法》（1995年1月1日起施行，以下简称《预算法》）第3条规定，国家实行一级政府一级预算，设立中央，省、自治区、直辖市，设区的市、自治州，县、自治县、不设区的市、市辖区，乡、民族乡、镇五级预算。全国预算由中央预算和地方预算组成。地方预算由各省、自治区、直辖市总预算组成。地方各级总预算由本级预算和汇总的下一级总预算组成；下一级只有本级预算的，下一级总预算即指下一级的本级预算。没有下一级预算的，总预算即指本级预算。

《预算法》第4条规定，预算由预算收入和预算支出组成。政府的全部收入和支出都应当纳入预算。第5条第1款规定，预算包括一般公共预算、政府性基金预算、国有资本经营预算和社会保险基金预算。第6条第1款规定，一般公共预算是对以税收为主体的财政收入，安排用于保障和改善民生、推动经济社会发展、维护国家安全、维持国家机构正常运转等方面的收支预算；第9条第1款规定，政府性基金预算是对依照法律、行政法规规定在一定期限内向特定对象征收、收取或者以其他方式筹集资金，专项用于特定公共事业发展的收支预算；第10条第1款规定，国有资本经营预算❶是对国有资本收益做出支出安排的收支预算；第11条第1款规定，社会保险基金预算是对社会保险缴款、一般公共预算安排和其他方式筹集的资金，专项用于社会保险的收支预算。

---

❶ 国有资本经营预算的收入主要包括：国有独资企业（公司）按规定上交国家的利润，国有控股、参股企业（公司）国有股权获得的股利、股息，企业国有产权转让收入，从国家出资企业取得的清算收入等。国有资本经营预算支出主要包括资本性支出、费用性支出等。依据2013年11月党的十八届三中全会《关于全面深化改革若干重大问题的决定》，"划转部分国有资本充实社会保障基金。完善国有资本经营预算制度，提高国有资本收益上缴公共财政比例，2020年提到30%，更多用于保障和改善民生"。

（二）预算权配置制度

预算权，即预算管理职权，其权力主体包括各级权力机关和以财政部门为主体的各级相关行政机关。

1. 各级权力机关的预算权

（1）全国人大及其常委会的预算权。全国人大作为我国最高国家权力机关，实施预算管理，代表人民依法规范约束政府的"钱袋子"是其一项基本职权。全国人大的预算权主要有：①审查权。审查中央和地方预算草案及中央和地方预算执行情况的报告。②批准权。批准中央预算和中央预算执行情况的报告。③变更撤销权。改变或者撤销全国人大常委会关于预算、决算的不适当的决议。

全国人大常委会的预算管理职权主要有：①监督权。监督中央和地方预算的执行。②审批权。审查和批准中央预算的调整方案和中央决算。③撤销权。撤销国务院制定的同宪法、法律相抵触的关于预算、决算的行政法规、决定和命令，以及省级人大及其常委会制定的同宪法、法律和行政法规相抵触的关于预算、决算的地方性法规和决议。

（2）地方各级人大及其常委会的预算管理职权与上述类似，不再展开。

（3）各级人大财政经济委员会或专门委员会对中央和地方预算草案初步方案及上一年预算执行情况、预算调整初步方案和决算草案进行初步审查，提出初步审查意见。

2. 各级人民政府的预算权

（1）国务院的预算权主要有：①编制中央预算、决算草案、编制中央预算调整方案；②向全国人大作关于中央和地方预算草案的报告，将省、自治区、直辖市政府报送备案的预算汇总后报全国人大常委会备案，向全国人大、全国人大常委会报告中央和地方预算的执行情况；③组织中央和地方预算的执行；④决定中央预算预备费的动用；⑤监督中央各部门和地方政府的预算执行；⑥改变或撤销中央各部门和地方政府关于预算、决算不适当的决定和命令。

（2）县级以上地方各级政府的预算管理职权与上述类似，不再展开。

3. 各级财政部门的预算权

各级财政部门是各级政府机关具体负责预算管理的职能部门，直接担负着各级预算的组织实施工作。其预算管理职权实际上是上述各级政府相关职权的进一步具体化，主要有：①编制权。具体编制本级预算、决算草案和本级预算的调整方案。②执行权。具体组织本级总预算的执行。③提案权。提出本级预算预备费动用方案。④报告权。定期向本级政府和上一级政府财政部门报告本级总预算的执行情况。

4. 各部门、各单位的预算权

各部门、各单位是预算的具体执行单位。各部门负责编制本部门预算、决算草案，组织和监督本部门预算的执行，定期向本级政府财政部门报告预算的执行情况。各单位编制本单位预算、决算草案；按照国家规定上缴预算收入，安排预算支出，并接受国家有关部门的监督。

（三）预算责任制度

预算法律责任，是指预算法主体违反预算法规定的义务所应承担的法律后果。修订后的《预算法》明确具体地扩充了预算违法行为的客观行为外在表现，细化了责任主体和责任追究方式，而且改变了原来只规定了行政责任这一单一预算法律责任形式，将刑事责任也纳入了预算法律责任体系，增强了预算法律责任的可操作性、严肃性和威慑性。

三、预算程序制度

依据预算编制、审批、执行、调整、决算和监督的环节与程序，预算程序制度主要包括预算编制、预算审批、预算执行、预算调整、预算决算和预算监督制度。

（一）预算编制

预算编制，就是制定预算收入和预算支出的年度计划的活动。它是预算管理的基础性程序和初始工作环节。

1. 预算编制依据和原则性规定

编制各级预算时，应当根据年度经济社会发展目标、国家宏观调控总体要求和跨年度预算平衡的需要，参考上一年预算执行情况、有关支出绩效评价结果和本年度收支预测，按照规定程序征求各方面意见。各级政府依据法定权限作出决定或者制定行政措施，凡涉及增加或者减少财政收入或者支出的，应当在预算批准前提出并在预算草案中作出相应安排。各部门、各单位应当按照国务院财政部门制定的政府收支分类科目、预算支出标准和要求，以及绩效目标管理等预算编制规定，根据其依法履行职能和事业发展的需要以及存量资产情况，编制本部门、本单位预算草案。各级预算收入的编制，应当与经济社会发展水平相适应，与财政政策相衔接。各级政府、各部门、各单位应当依法将所有政府收入全部列入预算，不得隐瞒、少列。各级预算支出的编制，应当贯彻勤俭节约的原则，严格控制各部门、各单位的机关运行经费和楼堂馆所等基本建设支出。各级一般公共预算支出的编制，应当统筹兼顾，在保证基本公共服务合理需要的前提下，优先安排国家确定的重点支出。一般性转移支付应当按照国务院规定的基本标准和计算方法编制。专项转移支付应当分地区、分项目编制。县级以上各级政府应当将对下级政府的转移支付预计数提前下达下级政府。地方各级政府应当将上级政府提前下达的转移支付预计数编入本级预算。

2. 国债和地方债管理规定

中央一般公共预算中必需的部分资金，可以通过举借国内和国外债务等方式筹措，举借债务应当控制适当的规模，保持合理的结构。对中央一般公共预算中举借的债务实行余额管理，余额的规模不得超过全国人民代表大会批准的限额。国务院财政部门具体负责对中央政府债务的统一管理。

地方各级预算按照量入为出、收支平衡的原则编制，除本法另有规定外，不列赤字。经国务院批准的省、自治区、直辖市的预算中必需的建设投资的部分资金，可以在国务院确定的限额内，通过发行地方政府债券举借债务的方式筹措。举借债务的规模，由国务院报全国人民代表大会或者全国人民代表大会常务委员会批准。省、自治区、直辖市依照国务院下达的限额举借的债务，列入本级预算调整方案，报本级人民代表大会常务委员会批准。举借的债务应当有偿还计划和稳定的偿还资金来源，只能用于公益性资本支出，不得用于经常性支出。除前款规定外，地方政府及其所属部门不得以任何方式举借债务。除法律另有规定外，地方政府及其所属部门不得为任何单位和个人的债务以任何方式提供担保。国务院建立地方政府债务风险评估和预警机制、应急处置机制以及责任追究制度。国务院财政部门对地方政府债务实施监督。

3. 预算收支编制的调节机制

（1）中央预算和有关地方预算中应当安排必要的资金，用于扶助革命老区、民族地区、边疆地区、贫困地区发展经济社会建设事业。（2）各级一般公共预算应当按照本级一般公共预算支出额的 1% ~ 3% 设置预备费，用于当年预算执行中的自然灾害等突发事件处理增加的支出及其他难以预见的开支。（3）各级一般公共预算按照国务院的规定可以设置预算周转金，用于本级政府调剂预算年度内季节性收支差额。（4）各级一般公共预算按照国务院的规定可以设置预算稳定调节基金，用于弥补以后年度预算资金的不足。各级政府上一年预算的结转资金，应当在下一年用于结转项目的支出；连续两年未用完的结转资金，应当作为结余资金管理。

（二）预算审批

《预算法》把县级以上各级人大的预算审批分为大会之前的预算初步审查与大会期间的预算审查两个阶段。预算初步审查，是人大审查预算的前置环节，主要发挥基础性作用，弥补大会审查时间短、代表专业知识不足等缺陷，为大会期间的预算审查批准工作提供参考。

国务院财政部门应当在每年全国人民代表大会会议举行的 45 日前，将中央预算草案的初步方案提交全国人民代表大会财政经济委员会进行初步审查。

省级以下各级政府财政部门应当在本级人民代表大会会议举行的 30 日前，将本级预算草案的初步方案提交本级人民代表大会有关专门委员会或人大常委会进行初步审查。县乡基层人大举行会议审查预算草案前，应当采用多种形式，组织本级人大代表，听取选民和社会各界的意见。

国务院在全国人民代表大会举行会议时，向大会作关于中央和地方预算草案以及中央和地方预算执行情况的报告。地方各级政府在本级人民代表大会举行会议时，向大会作关于总预算草案和总预算执行情况的报告。

全国人民代表大会和地方各级人民代表大会对预算草案及其报告、预算执行情况的报告按规定进行相关内容的重点审查。全国人民代表大会财政经济委员会向全国人民代表大会主席团提出关于中央和地方预算草案及中央和地方预算执行情况的审查结果报告。

预算草案经审批后应进行备案。预算备案是人大批准预算之后，各级政府的一项法定义务。各级政府预算经本级人民代表大会批准之后，应当自下而上逐级向上备案。根据备案的主体不同，预算备案可划分为两个层面，一是将本级预算和下一级政府报送备案的预算汇总向上一级政府备案；二是将下一级政府报送备案的预算汇总后向本级人民代表大会常务委员会备案。

批复预算是在预算经批准后财政部门对部门预算的确认，也包括各部门对所属各单位预算的确认。为了增强财政部门及相关部门公开人大批复预算的及时性，提高预算执行效率，《预算法》规定各级预算经批准后进入批复、下达与抄送流程，而且对批复预算的时限、转移支付的下达时限和抄送本级人大相关机构做了较为详细的规定。

（三）预算执行

预算经本级人大批准后，就进入了将预算付诸实施的执行阶段。

1. 预算执行主体

《预算法》第 53 条规定，各级预算由本级政府组织执行，具体工作由本级政府财政部门负责。各部门、各单位是本部门、本单位的预算执行主体，负责本部门、本单位的预算执行，并对执行结果负责。这表明是把预算执行主体分为预算执行组织主体和具体预算执行主体，并以责任制的形式规定预算执行单位对本部门、本单位的预算执行结果负责，体现了责权利相统一原则。

2. 预算征收的原则规定

为严格预算征收的法律依据和禁止在"政绩观"指引下的预算超收异化现象，《预算法》第 55 条规定，预算收入征收部门和单位，必须依照法律、行政法规的规定，及时、足额征收应征的预算收入。不得违反法律、行政法规规定，多征、提前征收或者减征、免征、缓征应征的预算收入，不得截留、占用或者挪用预算收入。各级政府不得向预算收入征收部门和单位下达收入指标。

3. 国库集中收付制度和财政专户制度

国库，即国家金库，是依据国家有关规定负责及时准确办理预算收入的收纳、划分、留解、退付和预算支出拨付的专门机构。中央国库业务由中国人民银行经理，地方国库业务依照国务院的有关规定办理。县级以上各级预算必须设立国库。各级国库库款的支配权属于本级政府财政部门。除法律、行政法规另有规定外，未经本级政府财政部门同意，任何部门、单位和个人都无权冻结、动用国库库款或者以其他方式支配已入国库的库款。

国库集中收缴和集中支付制度，是针对传统分散型国库收付制度进行的改革。即财政对政府全部收入和支出实行国库集中收付管理。集中收缴意味着政府所有收入都必须进入国库，不允许预算执收单位设立过渡账户。集中支付意味着政府所有开支都经由国库拨付，不允许预算单位自收自支。而要做到集中收缴和支付，必须建立国库单一账户制度，让每一个预算单位在国库中开设账户，且只能开设一个账户，便于政府加强内部管理，也便于外部力量实施监督。国库集中收付制度的意义在于加强财政资金的统筹管理和全口径管理，克服资金分散（小金库、过渡账户）、财政透支、运行不透明、挪用侵占、效率低下等弊病，保障财政资金的安全，提高财政资金的使用效率。

财政专户是财政部门为管理特定财政资金而在银行开设的专用结算账户，它是国库单一账户体系的构成账户，但不同于财政部门在中央银行开设的国库单一账户。长期以来，由于财政专户用于预算外收入的收付，而预算外收入的设立依据和名目繁多，"一种资金一个账户"现象非常普遍，专户俨然成为地方财政"第二国库"。所以《预算法》规定：政府的全部收入应当上缴国家金库，任何部门、单位和个人不得截留、占用、挪用或者拖欠。对于法律有明确规定或者经国务院批准的特定专用资金，可以依照国务院的规定设立财政专户。这表明目前允许财政专户的设立，严肃了财政专户的设立依据，以防各种"小金库"扰乱财政与金融管理秩序。未来要全面清理整顿和逐步取消这种财政专户过渡形态，最终实现国库单一账户。

4. 收付实现制与权责发生制

收付实现制是以现金收到或付出为标准，记录收入的实现和费用的发生。现金收支行为在其发生的期间全部记作收入和费用，而不考虑与相关经济业务是否发生在本期。权责发生制是以应收应付作为确定本期收入和费用的标准，只要权利已经形成或义务（责任）已经发生，就确认收入和费用，不问是否在本期收到或付出现金。《预算法》第58条规定：各级预算的收入和支出实行收付实现制。特定事项按照国务院的规定实行权责发生制的有关情况，应当向本级人大报告。这表明：《预算法》确认财政收支实行收付实现制，意味着尚未入库的资金不计入预算收入，尚未拨付的资金不计入预算支出，不管其在法律上是否应该入库或拨付。同时，权责发生制在我国预算体系中并非绝对不可行，只不过需要按照国务院规定特事特办。

5. 超收、结余、短收处理

《预算法》第66条规定：各级一般公共预算年度执行中有超收收入的，只能用于冲减赤字或者补充预算稳定调节基金。各级一般公共预算的结余资金，应当补充预算稳定调节基金。省、自治区、直辖市一般公共预算年度执行中出现短收，通过调入预算稳定调节基金、减少支出等方式仍不能实现收支平衡的，省、自治区、直辖市政府报本级人大或者其常务委员会批准，可以增列赤字，报国务院财政部门备案，并应当在下一年度预算中予以弥补。

（四）预算调整

预算调整是指经权力机关审批后的法定预算案非经法定程序，不得调整，但如在执行中因为特殊情况而需要做出变动，从而打破已经批准的收支平衡状态，或者增加原有的举债数额和调减预算安排的重点支出项目，就需要制定调整方案报经预算审批机关批准。经全国人大批准的中央预算和经地方各级人大批准的地方各级预算，在执行中需要增加或者减少预算总支出、调入预算稳定调节基金、调减预算安排的重点支出数额与增加举借债务数额等情形时，应依法进行预算调整。在预算执行过程中，各级政府一般不制定新的增加财政收入或者支出的政策和措施，也不制定减少财政收入的政策和措施。

（五）预算决算

决算，是将预算收支的年度执行结果，由预算执行主体在每一预算年度终了后按照国务院规定的时间编制，并由权力机关审查批准的法律制度。在形式上一般包括决算报表和文字说明两个部分，是对年度预算收支执行结果的会计报告；在实质上是对年度预算收支执行情况的总结、核查和定论，也是一年内国民经济和社会发展计划执行结果在财政上的集中反映。决算制度具体包括决算草案的编制、审批及决算的批复、备案与撤销制度。

决算草案应当与预算相对应，按预算数、调整预算数、决算数分别列出。各级决算经批准后，财政部门应当在 20 日内向本级各部门批复决算。各部门应当在接到本级政府财政部门批复的本部门决算后 15 日内向所属单位批复决算。

（六）预算监督制度

预算监督，有广狭义之分。狭义的预算监督是指权力机关对预决算进行的监督。广义的预算监督是指包括权力机关、各级政府及其财政部门、审计部门以及社会中介机构、社会新闻媒介在内的各监督主体对各级政府预算的编制、执行、调整乃至决算等活动的合法性和有效性进行的监督。其中至关重要的是权力机关和审计机关对其进行的外部监督，这二者结合起来的监督效果更好。

权力机关监督方面，根据《预算法》《各级人民代表大会常务委员会监督法》的规定，各级立法机关的对预算、决算的监督职权主要是立法机关及其相关职能部门的初步审查权、重大事项、特定问题的组织调查权、询问权、质询权、要求备案权、要求政府部门提供落实有关预算决议情况权、对审计工作报告做出决议权等。

行政监督方面，各级政府监督下级政府的预算执行；下级政府应当定期向上一级政府报告预算执行情况。各级政府财政部门负责监督检查本级各部门及其所属各单位预算的编制、执行，并向本级政府和上一级政府财政部门报告预算执行情况。县级以上政府审计部门依法对预算执行、决算实行审计监督。对预算执行和其他财政收支的审计工作报告应当向社会公开。政府各部门负责监督检查所属各单位的预算执行，及时向本级政府财政部门反映本部门预算执行情况，依法纠正违反预算的行为。

社会监督方面，公民、法人或者其他组织发现有违反预算法的行为，可以依法向有关国家机关进行检举、控告。

【思考题】

1. 简论公共财政的概念和特征。

2. 简论我国的政府预算体系。

3. 简论我国《预算法》两次修订的主要内容。

第二节　国债法律制度

国债法律制度主要包括国债发行制度、国债使用制度、国债偿还制度和国债管理制度等。

 国债法律制度相关示例

【一、全国人大常委会关于批准国务院增发长期建设国债和 2000 年中央财政预算调整方案的决议】

第九届全国人民代表大会常务委员会第十七次会议，听取了财政部部长项怀诚代表国务院对《国务院关于提请审议财政部增发长期建设国债用于增加固定资产投入和 2000 年中央财政预算调整方案（草案）的议案》所作的说明，审议了国务院提请审议的增发长期建设国债和调整中央财政预算的议案。会议同意国务院提请审议的议案，决定：批准增发长期建设国债 500 亿元和 2000 年中央财政预算调整方案。

【二、全国人民代表大会常务委员会关于批准国务院提出的由财政部发行特别国债补充国有独资商业银行资本金的决议】

第八届全国人民代表大会常务委员会第三十次会议审议了《国务院关于提请审议财政部发行特别国债补充国有独资商业银行资本金的议案》。

会议认为，国务院提出的由财政部发行特别国债补充国有独资商业银行资本金的议案，对于提高我国国有独资商业银行的资信度和在国际金融市场上的竞争能力，增强人民群众对国有独资商业银行的信心，防范金融风险，是十分必要的。会议决定，批准国务院提出的这个方案。

【主要法律问题】

1. 简述国债的概念、特征、功能、分类和国债法。
2. 简述国债发行制度、使用制度、偿还制度和管理制度。

【主要法律依据】

1. 中华人民共和国国库券条例（1992 年 3 月 18 日起施行，2011 年 1 月 8 日修订）；
2. 凭证式国债质押贷款办法（1999 年 7 月 9 日起施行）；
3. 中华人民共和国国债托管管理暂行办法（1997 年 4 月 10 日起施行）。

【理论分析】

一、国债基本理论

国债，即国家公债，是国家为实现其职能而以国家信用为基础所举借的债务。它是国家筹集财政收入、弥补财政赤字和进行宏观调控的重要手段。在现代市场经济中，国债享有"金边债券"的美誉，是连接财政政策和货币政策的桥梁。一方面，国家通过央行公开市场操作，调控基础货币供应量，贯彻实施货币政策；另一方面，通过发行国债可以有效调动社会闲散资金，弥补财政赤字，筹集基础设施建设资金，促进经济社会发展。

国债具有如下特征：（1）国债作为一种国家债务，其举借具有自愿性和偿还性，需遵守一般的合同法原则，与税收、罚没收入等不同，同时由于其公共目的性，又与一般私人债务相异；（2）国债作为国家信用的最典型表现形式，与商业信用、银行信用等不同，它反映的是以国家或政府为债务人与债权人的借贷关系，以政府信誉作担保；（3）国债同金融债、企业债相比，其信用度最高，流动性更好，变现力和担保力更强。

国债具有如下基本功能：（1）弥补财政赤字。发行国债来弥补财政赤字，比采用增加税收、增发货币或财政透支等方式更好，因此该功能是发行国债的最初动因。（2）进行宏观调控。国债是财政分配的组成部分，国债收入的取得、使用、偿还等在客观上均具有经济调节的功能，因而运用国债手段可以进行宏观调控，特别是可以调节生产、消费和投资方向，促进经济结构的合理化和经济总量平衡。

国债依据不同的标准可以有不同的分类。（1）根据偿还期限的不同，可以分为定期国债和不定期国债；（2）根据发行地域的不同，可以分为国内债务和国外债务，简称内债和外债；（3）根据使用途径的不同，可以分为赤字国债、建设国债和特种国债；（4）根据流通性能的不同，可以分为上市国债和不上市国债；（5）根据推销方式的不同，可以分为强制国债和任意国债；（6）根据偿付方式的不同，可以分为普通国债和有奖国债等。这些国债类型对于有效实施宏观调控都十分重要。

国债法是调整国债的发行、使用、偿还和管理过程中发生的经济关系的法律规范的总称。其调整对象为国债关系，具体包括国债发行关系、国债使用关系、国债偿还关系和国债管理关系。

二、国债发行制度

国债发行是国债运行的起点环节，指国债售出或被认购的过程。国债发行制度主要包括国债发行对象、决策主体和发行方式。国债的债权人称为投资主体，主要包括个人投资者和机构投资者两类，后者主要包括商业银行、保险公司、养老保险基金、投资基金、信托投资基金等机构。与一般金融市场相比，金融市场中的国债市场越发达，参与市场的机构投资者就越多，通过国债发行吸纳资金以解决公共财政问题和落实宏观调控目标的功能就越强大。

三、国债使用制度

国债使用包括政府对国债资金的使用以及国债债权人对其债券权利的行使两个方面。政府对国债资金的使用主要是弥补财政赤字，进行经济建设和用于特定用途；国债债权人对其债券权利的行使主要体现在证券的转让、抵押等方面。随着国债交易市场的日益开放，国债交易愈加活跃，交易的方式也更加多样化。

四、国债偿还制度

国债偿还是指国家依法定或约定，对到期国债还本付息的过程。偿还国债的资金来源可以是预算盈余，或者是专门的偿债基金、预算拨款，也可以是借新债还旧债。在偿还方法方面，可以是直接由政府或其委托的金融机构进行偿还，也可以通过市场收购来进行偿还，还可以通过抽签等方法来进行偿还。

五、国债管理制度

国债管理是指为调控国债的规模、结构、利率等所采取的各种措施。其主要内容包括：（1）规模管理。衡量国债规模的相对指标主要是国债依存度（国债发行额与国家财政支出之比）、国债负担率（国债余额与 GDP 之比）、国债偿债率（国债还本付息额与 GDP 之比）。（2）结构管理。主要包括期限结构、利率结构、投资者结构等方面的管理。此外为了加强对外债的统计监测，我国还实行外债登记管理。

【思考题】

1. 如何更好地理解和把握国债制度的宏观调控功能？
2. 谈谈国债与地方公债的区别与联系。
3. 思考我国制定《国债法》的必要性与可行性。

第三节　财政支出法律制度

财政支出法律制度主要包括政府采购法律制度和转移支付法律制度。其中政府采购法律制度包括政府采购主体制度、政府采购方式制度、政府采购合同制度、政府采购监管制度和政府采购程序制度等；转移支付法律制度包括转移支付主体制度、转移支付方式制度、转移支付监管制度和转移支付程序制度等。

 财政支出法律制度相关示例

【一、成都某广告传播有限公司行政处罚案】

经成都市财政局（下称财政局）立案调查，在成都市食品药品监督管理局创建国家食品安全城市公益广告项目（下称某项目）采购活动中，成都某广告传播有限公司（下称某公司）资格性投标文件中提供的《承诺函》系虚假材料，该行为构成提供虚假材料谋取中标。以上事实有某项目招标文件、《资格审查表》、某公司资格性投标文件、《成都市财政局关于对政府采购项目有关事项作出说明的函》（成财采函〔2020〕6号）、某公司《情况说明》《成都市财政局关于请求协助核实社保相关事项的函》（成财采函〔2020〕10号）、《成都市社会保险事业管理局关于成都某公司社保缴纳情况的函》（成社函〔2020〕10号）、企业信用信息公示系统官方网站截图、《调查询问笔录》等相关证据材料为证。

根据《中华人民共和国政府采购法》第77条"供应商有下列情形之一的，处以采购金额千分之五以上千分之十以下的罚款，列入不良行为记录名单，在一至三年内禁止参加政府采购活动，有违法所得的，并处没收违法所得，情节严重的，由工商行政管理机关吊销营业执照；构成犯罪的，依法追究刑事责任：（1）提供虚假材料谋取中标、成交的"之规定，财政局决定对某公司提供虚假材料谋取中标的违法行为作出罚款10000元（大写：壹万元整，按照采购金额200万元的千分之五计算得出），列入不良行为记录名单，一年内禁止参加政府采购活动的行政处罚。某公司应在自收到本决定书及财政局开具的《四川省政府非税收入一般缴款书》之日起15日内，凭《四川省政府非税收入一般缴款书》到指定银行缴纳罚款，缴款后将银行回单交（寄）至财政局。到期不缴纳罚款的，根据《中华人民共和国行政处罚法》第51条之规定，每日按罚款数额的3%加处罚款。

如某公司不服处罚决定，可以在接到决定书之日起60日内，依法向四川省财政厅或成都市人民政府申请行政复议；或者在接到决定书之日起六个月内，依法向有管辖权的人民法院提起行政诉讼。除法律另有规定外，行政复议或行政诉讼期间，行政处罚不停止执行。逾期不履行行政处罚决定的，财政局将依法申请人民法院强制执行。

【二、财政部关于预拨2020年中央对地方重点生态功能区转移支付预算的通知】

西藏自治区、四川省、云南省、甘肃省、青海省财政厅：

为增强地方财政保障能力，统筹做好新冠肺炎疫情防控和生态环境保护等经济社会发展各项工作，现将2020年重点生态功能区转移支付预算预拨你省（自治区）。此项补助列入2020年政府收支分类科目"1100226重点生态功能区转移支付收入"，项目代码Z135110079002。具体内容如表12-1所示。

省级财政部门要合理安排使用转移支付资金，同步加大对属地藏区生态保护和补偿投入力度。基层财政部门要将转移支付资金用于保护生态环境和改善民生，加强资金使用管理，切实提高资金使用效益。

附件：2020 年中央对地方重点生态功能区转移支付预拨情况表

表 12-1　2020 年中央对地方重点生态功能区转移支付预拨情况表　单位：亿元

地区	总额	附：			
		已经提前下达	此次下达藏区生态补偿补助	其中：	
				禁止开发区补助	限制开发区补助
合计	213.48	183.48	30.00	10.00	20.00
四川	44.41	37.13	7.28	1.11	6.17
云南	50.86	49.01	1.85	0.66	1.19
西藏	24.19	15.67	8.52	4.59	3.93
甘肃	57.74	54.33	3.41	1.06	2.35
青海	36.28	27.34	8.94	2.58	6.36

【主要法律问题】

1. 简述政府采购主体制度、政府采购方式制度、政府采购合同制度、政府采购监管制度、政府采购程序制度；

2. 简述转移支付主体制度、转移支付方式制度、转移支付监管制度和转移支付程序制度。

【主要法律依据】

1. 中华人民共和国政府采购法（2003 年 1 月 1 日起施行，2014 年 8 月 31 日修正）；

2. 中华人民共和国政府采购法实施条例（2015 年 3 月 1 日起施行）；

3. 中华人民共和国招标投标法（2000 年 1 月 1 日起施行，2017 年 12 月 27 日修正）；

4. 政府采购货物和服务招标投标管理办法（2017 年修订）；

5. 政府采购非招标采购方式管理办法（2014 年 2 月 1 日起施行）；

6. 国务院关于改革和完善中央对地方转移支付制度的意见（2014 年 12 月 27 日起施行）。

【理论分析】

一、政府采购法律制度

（一）政府采购基本理论

政府采购，是指各级国家机关、事业单位和团体组织，使用财政性资金采购依法制定的集中采购目录以内的或者采购限额标准以上的货物、工程和服务的行为。其中，采购是指以合同方式有偿取得货物、工程和服务的行为，包括购买、租赁、委托、雇用等；货物，是指各种形态和种类的物品，包括原材料、燃料、设备、产品等；工程，是指建设工程，包括建筑物和构筑物的新建、改建、扩建、装修、拆除、修缮等；服务，是指除货物和工程以外的其他政府采购对象。

政府采购的特点：（1）资金来源的公共性。政府采购的资金是财政性资金，主要来源于无偿的税收收入、各种收费和国债收入、官方贷款等。（2）采购的非盈利性。政府采购不以营利为目的，而是为了履行政府职能、满足公共需要的政府支出活动。（3）采购过程的公平性、公开性、规范性。政府采购活动多采用公开招标、邀请招标或竞争性谈判的方式进行，并且通常都在法律制度的严格规范下进行，因此也被称为"阳光下的交易"。（4）采购活动的政策性。政府采购活动一般都围绕着政府一定时期的宏观调控政策目标，譬如它可以很好地配合政府一定时期的产业结构政策、区域经济发展政策和支持高新技术政策等宏观经济政策的实施，因此该特性也被称为"调控性"。（5）采购范围广，规模大。

政府采购的宏观调控功能。政府采购的基本功能是为了满足政府履行职能的需要，但由于采购的数量大和集中度高，对市场会产生巨大的引导作用，从而派生出了宏观调控的功能。它同相关的经济政策和社会政策相配合，能够调节国民经济的运行，影响经济结构的调整和经济总量的平衡；能够通过存货吞吐来弥补市场缺陷，维护企业和消费者的合法权益；能够促进充分就业和环境保护。此外政府采购还能够强化对财政支出的管理，提高财政资金流向的透明度和财政资金的使用效率❶；还能够加强财政监督，促进反腐倡廉。

政府采购法是指调整政府采购活动中所产生的社会关系的法律规范的总称，是财政法的重要部门法。其调整对象为政府采购关系，具体包括：（1）政府采购合同关系，即在政府采购活动中，在采购人、委托采购代理机构和供应商之间产生的合同关系；（2）政府采购监督管理关系，即各级政府的财政部门及其他有关部门对于政府采购活动和集中采购机构的监督检查过程中所产生的监督管理关系。

（二）政府采购主体制度

具体包括两类主体，即从事政府采购活动的主体和监管政府采购活动的主体。（1）从事政府采购活动的主体。即政府采购当事人，是指在政府采购活动中享有权利和承担义务的各类主体，包括采购人、供应商和采购代理机构等。其中采购人是指依法进行政府采购的国家机关、事业单位、团体组织；集中采购机构是指根据采购人的委托办理采购事宜的非营利事业法人；供应商是指向采购人提供货物、工程或者服务的法人、其他组织或者自然人。采购人可以根据采购项目的特殊要求，规定供应商的特定条件，但不得以不合理的条件对供应商实行差别待遇或者歧视待遇。（2）监管政府采购活动的主体。各级人民政府财政部门是负责政府采购监督管理的部门，依法履行对政府采购活动的监督管理职责。各级人民政府其他有关部门依法履行与政府采购活动有关的监督管理职责，其中，审计机关应当对政府采购进行审计监督，政府采购

❶ 依据国际公认的经验数据，政府采购可使资金使用效益提高 10%。目前我国政府消费约占 GDP 的 10%，如果真正实行政府采购制度，可以使政府的支出大为节约。

监督管理部门、政府采购各当事人有关政府采购活动，应当接受审计机关的审计监督；监察机关应当加强对参与政府采购活动的国家机关、国家公务员和国家行政机关任命的其他人员实施监察。此外任何单位和个人对政府采购活动中的违法行为，有权控告和检举，有关部门、机关应当依照各自职责及时处理。

（三）政府采购方式制度

政府采购的方式主要有：（1）公开招标。该种方式应作为政府采购的主要采购方式；采购人不得将应当以公开招标方式采购的货物或者服务化整为零或者以其他任何方式规避公开招标采购；因特殊情况需要采用公开招标以外的采购方式的，应当在采购活动开始前获得设区的市、自治州以上人民政府采购监督管理部门的批准。（2）邀请招标。主要适用的情形是：具有特殊性，只能从有限范围的供应商处采购的货物或者服务；采用公开招标方式的费用占政府采购项目总价值的比例过大的。（3）竞争性谈判。主要适用的情形是：招标后没有供应商投标或者没有合格标的或者重新招标未能成立的；技术复杂或者性质特殊，不能确定详细规格或者具体要求的；采用招标所需时间不能满足用户紧急需要的；不能事先计算出价格总额的。（4）单一来源采购。主要适用的情形是：只能从唯一供应商处采购的；发生了不可预见的紧急情况不能从其他供应商处采购的；必须保证原有采购项目一致性或者服务配套的要求，需要继续从原供应商处添购，且添购资金总额不超过原合同采购金额百分之十的。（5）询价。主要适用的情形是采购的货物规格、标准统一、现货货源充足且价格变化幅度小的政府采购项目。（6）国务院政府采购监督管理部门认定的其他采购方式。

（四）政府采购合同制度

政府采购合同是指采购人和供应商之间设立、变更、终止有关政府采购方面权利义务关系的协议。政府采购合同适用《民法典》合同编。采购人和供应商之间的权利和义务，应当按照平等、自愿的原则以合同方式约定。政府采购合同应当采用书面形式。采购人与中标、成交供应商应当在中标、成交通知书发出之日起三十日内，按照采购文件确定的事项签订政府采购合同。政府采购项目的采购合同自签订之日起七个工作日内，采购人应当将合同副本报同级政府采购监督管理部门和有关部门备案。经采购人同意，中标、成交供应商可以依法采取分包方式履行合同。政府采购合同分包履行的，中标、成交供应商就采购项目和分包项目向采购人负责，分包供应商就分包项目承担责任。政府采购合同履行中，采购人需追加与合同标的相同的货物、工程或者服务的，在不改变合同其他条款的前提下，可以与供应商协商签订补充合同，但所有补充合同的采购金额不得超过原合同采购金额的百分之十。政府采购合同的双方当事人不得擅自变更、中止或者终止合同。

（五）政府采购监管制度

政府采购监督管理部门应当加强对政府采购活动及集中采购机构的监督检查。监督检查的主要内容包括：有关政府采购的法律、行政法规和规章的执行情况；采购范围、采购方式和采购程序的执行情况；政府采购人员的职业素质和专业技能。政府采购监督管理部门不得设置集中采购机构，不得参与政府采购项目的采购活动；采购代理机构与行政机关不得存在隶属关系或者其他利益关系。集中采购机构应当建立健全内部监督管理制度。采购人必须按照法律规定的采购方式和采购程序进行采购。政府采购监督管理部门应当对集中采购机构的采购价格、节约资金效果、服务质量、信誉状况、有无违法行为等事项进行考核，并定期如实公布考核结果。

（六）政府采购程序制度

政府采购涉及的程序较多，从政府采购预算的编制、审批、执行，到各类政府采购方式，都有相应的一套程序，需要根据程序要素法定原则，严格按照各类程序进行政府采购。具体包括：负有编制部门预算职责的部门在编制下一财政年度部门预算时，应当将该财政年度政府采购的项目及资金预算列出，报本级财政部门汇总；部门预算的审批，按预算管理权限和程序进行；采用公开招标和邀请招标方式采购的程序；采用竞争性谈判方式采购的程序；采取单一来源方式采购的程序；采取询价方式采购的程序等。此外还专章规定了供应商的质疑与投诉程序。

二、转移支付法律制度

（一）转移支付基本理论

转移支付，又称无偿支出，广义上是指中央政府或地方政府将部分财政收入无偿让渡给其他各级政府时所发生的财政支出；狭义上是指上级政府对下级政府无偿让渡的财政支出。从转移支付的方向看，转移支付包括纵向转移支付和横向转移支付。人们一般关注的仅是狭义转移支付和纵向转移支付。

转会支付产生的经济基础。中央政府及地方政府提供公共物品，均需要相应的财力支持。但由于体制、历史等诸多原因，各国不同地区的经济状况各异，发展普遍存在不均衡，从而必然导致"财政失衡"问题。财政失衡包括纵向失衡和横向失衡。前者是指上下级政府间的财政收支状况的不平衡，这会导致各级政府所能提供的公共物品不同，依据其所掌握的财力来配置资源的能力也不同；后者是指同级政府之间财政支出状况的不平衡，这会导致各同级政府所能提供的公共物品的质与量存在差别，进而导致各区域的经济和社会发展水平出现差异。一般认为，过度的财政失衡是有害的，它不仅是严重的经济问题，而且容易引发严重的社会问题甚至是政治问题。因此必须通过财政转移支付制度来解决财政失衡问题，以使各级政府在自然资源禀赋、人口密度、历史文化、经济结构和经济发展程度存在诸多差异的情况下，能够依其级次提供相应的、差别不大的公共物品，大略实现在公共物品提供方面的"均等化"。

转移支付具有宏观调控功能。主要表现在：（1）平衡区域财政收入，实现公共服务均等化。经济发展的差异和税收收入的不均导致各地区政府的财政收入呈现出较大的差异，进而导致各地在公共服务提供的数量和质量上产生差距。通过转移支付调节各地财政收入的不均衡，是实现全国各地公共服务均等化的经济基础和基本前提。

（2）调节收入分配，实现社会公平。通过转移支付制度将税收收入进行社会再分配，可以实现社会公平。（3）减少地区差距，促进经济均衡发展。转移支付通过税收返还、专项补贴等形式，实现中央对地方、发达地区对不发达地区的扶持，减少地区差距，以促进各地均衡发展。（4）调节产业结构。通过给予薄弱产业、新兴产业和高科技产业等补贴，促进产业结构和经济结构的优化和均衡，实现经济的可持续协调发展。

转移支付法是调整在财政转移支付的过程中所发生的社会关系的法律规范的总称。它是财政法的重要部门法。其调整对象是在转移支付过程中所发生的社会关系。我国目前尚无专门的财政转移支付法，相关规范散见于《预算法》及其实施条例等法律法规之中。

（二）转移支付主体制度

转移支付的主体包括两类：（1）发动转移支付的主体，包括中央政府和地方政府；（2）接受转移支付的主体，通常为下级地方政府。我国《预算法》规定，财政转移支付包括中央对地方的转移支付和地方上级政府对下级政府的转移支付，这里规定的是狭义的纵向转移支付。

（三）转移支付方式制度

转移支付的方式主要有两类：

1. 一般性转移支付

一般性转移支付即按照现行的财政体制所实施的无条件拨款。由于各地区的经济发展水平财政收入水平、各级地方政府辖区内人口数量、与履行社会管理职能相适应的财力等都不相同，因此不同地区的人们所享受到的由当地政府提供的公共物品也是不尽相同的。为了保障各级政府的顺利运转和保证其具有大体的社会服务功能，上级政府必须发挥财政的分配职能，对各地区的可支配财力予以适当的调节，从而形成一般性的或称体制性的转移支付。这是政府间转移支付的最基本和最主要的方式。《预算法》第16条第2款规定，财政转移支付包括中央对地方的转移支付和地方上级政府对下级政府的转移支付，以为均衡地区间基本财力、由下级政府统筹安排使用的一般性转移支付为主体。

2. 专项转移支付

专项转移支付是指为了实现某一特定的政治经济目标或专项任务，由上级政府财政向下级政府财政进行的专项拨款。由于我国地域辽阔，人口众多，财政职能范围广泛，担负的任务繁杂，因此专项转移支付经常发生。尤其在自然灾害等非常情况，以及国家重大政策调整会影响到地方财政利益，或者地方负担本应由中央承担的事务的情况下，由中央政府向地方政府进行专项转移支付非常必要。《预算法》第16条第3款规定，按照法律、行政法规和国务院的规定可以设立专项转移支付，用于办理特定事项；建立健全专项转移支付定期评估和退出机制；市场竞争机制能够有效调节的事项不得设立专项转移支付。

对于上述两种转移支付方式，也有学者将其分别称为均衡拨款和专项拨款。从国际经验看，前者由接受拨款的政府自主使用，上级政府不对其规定具体用途，是无条件的转移支付，其目的是实现基本公共服务的均等化；后者是附条件的、有特定使用范围，又被称为附条件转移支付，可以进一步分为委托事务拨款、共同事务拨款和鼓励或扶持性拨款。目前我国转移支付中，一般性转移支付所占的比重相对较低，专项转移支付比重偏高，影响了转移支付制度对于区域均衡发展的推动。应该构建更为规范的转移制度方式组合，进一步提高转移支付制度的透明度，以更好地发挥其宏观调控作用，实现其推进公共物品提供均等化的职能。

（四）转移支付监管制度

由于转移支付的资金来自上级财政，因此上级政府的财政部门是转移支付最主要、最经常的监管主体。在监管方式上，不同形式的转移支付可以有不同的监管方式。一般性转移支付因为可以就地抵留，成为地方固有财力的组成部分，地方财政可以独立地安排使用，因此其监管职能依据《预算法》，通过同级人大和上级财政对预决算的审查和对预决算执行的监督来实现。专项转移支付则可以由上级财政部门采用跟踪检查、验收项目等办法进行监管。此外我国《预算法》在预决算的审批、法律责任的追究等方面，都对转移支付的监督管理作出了规定。包括在预算审批方面，需要审查"对下级政府的转移性支出预算是否规范、适当"；在决算审批方面，需要审查"财政转移支付安排执行情况"；在法律责任方面，"擅自改变上级政府专项转移支付资金用途的"，要承担相应的预算法律责任等。

（五）转移支付程序制度

根据《预算法》规定，在中央和地方各级一般公共预算中，均包括转移支付预算。其中，一般性转移支付应当按照国务院规定的基本标准和计算方法编制；专项转移支付应当分地区、分项目编制。在预算下达时间方面，中央对地方的一般性转移支付应当在全国人民代表大会批准预算后 30 日内正式下达；中央对地方的专项转移支付应当在全国人民代表大会批准预算后 90 日内正式下达。省、自治区、直辖市政府接到中央一般性转移支付和专项转移支付后，应当在 30 内正式下达到本行政区域县级以上各级政府。县级以上地方各级预算安排对下级政府的一般性转移支付和专项转移支付，应当分别在本级人民代表大会批准预算后的 30 日和 60 日内正式下达。对自然灾害等突发事件处理的转移支付，应当及时下达预算；对据实结算等特殊项目的转移支付，可以分期下达预算，或者先预付后结算。县级以上各级政府财政部门应当将批复本级各部门的预算和批复下级政府的转移支付预算，抄送本级人民代表大会财政经济委员会、有关专门委员会和常务委员会有关工作机构。此外，在预算执行中，地方各级政府因上级政府增加不需要本级政府提供配套资金的专项转移支付而引起的预算支出变化，不属于预算调整；接受增加专项转移支付的县级以上地方各级政府应当向本级人民代表大会常务委员会报告有关情况；接受增加专项转移支付的乡、民族乡、镇政府应当向本级人民代表大会报告有关情况。

【思考题】

1. 我国国有企业采购是否应该纳入政府采购法的适用范围？为什么？

2. 《政府采购法》第 49 条规定，政府采购合同履行中，采购人需追加与合同标的相同的货物、工程或者服务的，在不改变合同其他条款的前提下，可以与供应商协商签订补充合同，但所有补充合同的采购金额不得超过原合同采购金额的百分之十。司法适用中对于该条款的性质有"效力性规范"与"管理型规范"认定的争议；第 31 条规定，符合下列情形之一的货物或者服务，可以依照本法采用单一来源方式采购：……（3）必须保证原有采购项目一致性或者服务配套的要求，需要继续从原供应商处添购，且添购资金总额不超过原合同采购金额百分之十的。结合第 31 条的规定，谈谈自己对于第 49 条规定性质的认识及其在司法中的具体适用。

3. 如何更好地实现政府采购制度和财政转移支付制度的宏观调控功能？

4. 谈谈对制定我国财政转移支付法必要性和可行性的认识。

税收调控法律制度

 本章知识要点

（1）掌握税收在增加国家宏观调控能力方面的功能。（2）掌握税收征纳实体法律制度，包括商品税、所得税、财产税三个方面的法律制度。（3）掌握税收征纳程序法律制度，包括税款征收制度、税务管理制度、税务检查制度。

第一节　商品税法律制度

商品税法是指调整因商品税的征管和缴纳而发生的社会关系的法律规范的总称。商品税法通常由各单行税种法组成，如增值税法、消费税法、营业税法、关税法等。商品税在实现国家宏观调控方面具有重要的意义，通过对流通环节的税率调整实现对不同环节的调控。

 案例一　C 市某食品有限公司诉 B 省某市国税局不履行法定职责案❶

【基本案情】

一、申请退税遭拒起诉国税局

（一）申请退税遭拒

原告 C 市某食品有限公司（以下简称某公司）于 2010 年 6 月起向国家税务总局某市税务局（简称某市国税局）申报出口货物应退税款。B 省某市国税局先后于 2012 年 1 月、2 月为该公司办理出口退税共计 34 万余元，剩余 42843.84 元某市国税局以该公

---

❶　济南丰宁食品有限公司诉山东省章丘市国家税务局不履行法定职责案，（2014）鲁行再终字第 4 号。

司提供了虚假发票为由没有退回。该公司不服，于 2012 年 4 月 19 日向 C 市国税局提起行政复议。复议过程中，双方达成和解协议，某市国税局在审查过程中认为出售人为杨某、张某的 33 份发票存在疑点，涉嫌虚开农产品收购发票，向该市公安局进行了通报。该市公安局立案后派员到 D 省某县找杨某、张某进行了调查，杨某、张某二人否认 2010 年和 2011 年与该公司发生过农产品买卖业务。该公司不服，诉至法院，请求法院判令某市国税局立即退还出口货物应退税 42843.84 元，利息 3602 元，共计人民币46445.84 元。

（二）一审法院审理

某市人民法院一审认为，根据相关法律、法规规定，某市国税局在审查某公司提供的相关资料进行出口退税的过程中，发现该公司提供的出售人为杨某、张某 33 份发票存在疑点后，对其产生的进项额暂停计算退税。某市国税局将存在疑点的发票通报公安机关，公安机关受理后找相关人员进行了调查，杨某、张某否认与该公司发生相应的农产品买卖业务。某市国税局根据自身和公安机关的证据材料对该 33 份发票的进项税不予退还并无不当。

（三）二审法院审理

C 市中级人民法院二审认为，根据《中华人民共和国发票管理办法实施细则》（国家税务总局令 2011 年第 25 号）第 26 条规定，"填开发票的单位和个人必须在发生经营业务确认营业收入时开具发票，未发生经营业务一律不准开具发票。"《某省国家税务局转发〈国家税务总局关于加强以农产品为主要原料生产的出口货物退税管理的通知〉的通知》（某国税函〔2006〕220 号文件）第 2 条规定，"凡发现其购、产、销、运输、报关、收汇等环节存在疑点、不能确定其业务真实性的，一律先暂停办理退税，并按有关规定落实和处理。"本案中，某市国税局在审核某公司的退税业务中发现涉案 33 张农产品收购发票存在疑点。经某市国税局及公安机关的调查，该宗发票载明的农产品出售人杨某、张某均否认存在经营业务。某市国税局据此暂不办理存在疑点发票的进项税退税并无不当。

二、再审法院审理

再审法院认为本案的主要争议焦点系某公司所诉某市国税局暂停办理退税是否构成不履行法定职责。税务机关发现存在疑点不能确定业务真实性的，应该尽快作出最终处理意见，否则亦构成不履行法定职责。特别是本案中，在某市公安局决定不予立案后，某公司申请退税问题实际上仍处于待处理状态，某市国税局应尽快按有关规定"落实和处理"，而某市国税局在该市公安局对某公司涉嫌虚开农产品收购发票一案决定不予立案后，未"按有关规定落实和处理"，属于适用法律错误，其行为构成不履行法定职责。原一审、二审判决驳回某公司的诉讼请求，亦属适用法律错误。

【主要法律问题】

1. 企业在何种情况下可以办理出口退税？

2. 企业虚开发票退税应当如何处罚？

【主要法律依据】

一、《出口货物劳务增值税和消费税管理办法》（2012 年 7 月 1 日起施行）

第 3 条　关于免税资格的认定，如果是增值税一般纳税人，一般情况下采用来料加工贸易方式出口实行出口免税政策，除来料加工贸易之外的方式出口实行出口退税政策；如果是小规模纳税人，出口后实行出口免税政策。

出口企业应在办理对外贸易经营者备案登记或签订首份委托出口协议之日起 30 日内，提供下列资料到主管税务机关办理出口退（免）税资格认定。（一）打印的纸质《出口退（免）税资格认定申请表》及电子数据；（二）加盖备案登记专用章的《对外贸易经营者备案登记表》或《中华人民共和国外商投资企业批准证书》；（三）中华人民共和国海关进出口货物收发货人报关注册登记证书；（四）银行开户许可证；（五）未办理备案登记发生委托出口业务的生产企业提供委托代理出口协议，不需提供第 1、2 项资料；（六）主管税务机关要求提供的其他资料。

二、《中华人民共和国发票管理办法》（1993 年 12 月 23 日起施行，2019 年 3 月 2 日修订）

第 22 条　开具发票应当按照规定的时限、顺序、栏目，全部联次一次性如实开具，并加盖发票专用章。任何单位和个人不得有下列虚开发票行为：（一）为他人、为自己开具与实际经营业务情况不符的发票；（二）让他人为自己开具与实际经营业务情况不符的发票；（三）介绍他人开具与实际经营业务情况不符的发票。

第 37 条　违反本办法第二十二条第二款的规定虚开发票的，由税务机关没收违法所得；虚开金额在 1 万元以下的，可以并处 5 万元以下的罚款；虚开金额超过 1 万元的，并处 5 万元以上 50 万元以下的罚款；构成犯罪的，依法追究刑事责任。

【理论分析】

出口退税，指出口国对符合条件的出口商品，在出口时退还（或免、抵）出口商品在国内生产和流通环节中已缴纳（或应缴纳）的间接税的税收制度。出口退税最大的功能在于避免在国际货物贸易中本国商品被征收两次税收。如果一国不实行出口退税，那么由于出口产品的税收成本上升，本国商品将在国际市场上缺乏竞争力，不利于一个国家的出口贸易。在我国，出口退税具有多种功能。第一，出口退税能够对出口贸易额进行调节。通过退税降低出口商品价格，促进出口增长。第二，出口退税推动了我国产业结构的优化。通过对不同产业规定不同的退税率，能够影响该产品在国际市场上的竞争力以及在国内的优势。退税率比较高的产业，能够在国内扩大生产。第三，针对不同地区的产业规定不同的退税率，也能够改善和调节我国的区域经济结构。第四，退税率的增减，能够直接影响政府财政收入。第五，通过退税促进出口贸易，会影响我国的外汇收支，从而对我国的汇率也产生影响。

　　具体而言，企业若要能够在出口贸易中退税，必须满足一定条件，否则退税行为的不确定性，将会影响国家通过出口退税的方式实现上述目标的举措。也就是说，退税行为也应该符合税收法定原则。在本案中，企业就是在履行退税手续过程中，被征收机关发现退税行为不符合我国相关法律规定，而不再对其进行退税。但问题是，税务征收机关的这一行为，也必须严格依照我国法律规定，履行一定职责。但遗憾的是，我国的税法体系并没有对出口退税进行详尽的规定，其相关规定散落在我国不同部门的法律规范之中，并且在政府的行政法规、部门规章等文件中也对退税行为进行了规定。这些导致我国的出口退税并没有真正实现税收法定原则。企业在进行退税的时候，需要根据税收行政机关的具体要求，履行相应的退税手续。《对外贸易法》和《税收征收管理法》等两部法律仅仅提及"国家通过出口退税发展对外贸易"和"纳税人依法享有退税权利"，并无实质性的规定，《税收征收管理法实施细则》《增值税暂行条例》和《消费税暂行条例》等法规也仅就出口退税作出原则性规定。关于出口退税的税基、征管、税率和退税范围等基本制度框架，都散见于国务院和国务院各部委发布的规范性文件中。

　　一般而言，企业如果要进行出口退税，必须按照相应的要求提交材料，根据自己所持有的增值税专用发票以及其他具有出口退税功能的发票向主管税务机关申请办理出口退税登记。也正因为此，企业通过各种手段非法获取增值税专用发票以及其他可以用于出口退税的发票，便是骗取国家出口退税的主要手段。本案中的企业，就是在退税发票环节上，出现了重大疑点。《全国人民代表大会常务委员会关于〈中华人民共和国刑法〉有关出口退税、抵扣税款的其他发票规定的解释》中明确规定，刑法规定的"出口退税、抵扣税款的其他发票"，是指除增值税专用发票以外的，具有出口退税、抵扣税款功能的收付款凭证或者完税凭证。

　　但需要注意的是，采用非法获得的增值税专用发票来骗取出口退税的行为，与其他涉税犯罪行为具有一定的相似性。我国《刑法》中规定了骗取出口退税罪、偷税罪等多种罪名。其中，《刑法》第204条规定，骗取出口退税罪是指以假报出口或者其他欺骗手段，骗取国家出口退税款，数额较大的。纳税人缴纳税款后，采取前款规定的欺骗方法，骗取所缴纳的税款的，依照偷税罪定罪处罚。

　　从以上规定可以看出，如果企业确实从事出口商品，并依法缴纳了税款，而后使用虚开的增值税专用发票或其他可以用于出口退税的发票骗取出口退税，则罪名因骗取的退税数额不同而不同；若所骗取的出口退税额小于其已缴纳的税款，则构成《刑法》第201条的偷税罪；若骗取的数额超过所缴纳的税款则构成骗取出口退税罪与偷税罪两罪并罚。如果企业根本未从事生产或未经营过出口商品，而虚开增值税专用发票或其他发票骗取出口退税，则以骗取出口退税罪定罪处罚。

【思考题】

骗取出口退税罪与偷税罪的差别何在？

第二节 所得税法律制度

所得税属直接税，是以纳税义务人的所得税为征收的税收。这一税种分为两类：企业所得税和个人所得税。所得税是一种直接税，难以被转嫁，在实现税收实质公平方面具有重要价值。同时，所得税的直接性也使得纳税人的税赋"痛感"最为直接、明显。因此在调整所得税税率的时候往往引发社会关注。

 **案例二　A 省甲县某公路有限公司与甲县国税局、乙市国税局行政诉讼案❶**

【基本案情】

一、基本事实

A 省甲县某公路有限公司（以下简称公路公司）是经工商管理部门依法登记的外国法人独资有限责任公司，经营范围是全长 16.76 公里某一级公路甲县路段的公路及其附属设施、沿线设施及配套与服务设施的经营管理。

乙市某收费站收取的车辆通行费，是公路公司取得公路经营收入的主要来源。批准的收费期限是 1997 年起至 2026 年 12 月 31 日止。该经营项目属于国家鼓励类产业，根据财税〔2011〕58 号文第 2 条"自 2011 年 1 月 1 日至 2020 年 12 月 31 日对设在西部地区的鼓励类产业企业减按 15% 的税率征收企业所得税"的规定，原告依法可以享受且在 2011 年度、2012 年度中也实际享受了该项税收优惠政策。

2013 年，乙市政府根据城市发展的需要，要求提前撤销某收费站，乙市政府与包含公路公司在内的相关六家公司反复协商，于 2013 年 6 月 14 日签订了《提前撤销某国道某收费站补偿协议》，确定该收费站于 2013 年 6 月 30 日前撤销，由乙市政府分六年支付补偿款 3.06 亿元给六家公司。

二、纳税争议

公路公司取得第一期补偿款后，甲县地税部门已经认定补偿款实质是政府提前为车主支付公路通行费，应视同取得了公路通行费收入，应按规定征收营业税，并于 2013 年 7 月 17 日，以原告取得的 20762100 元补偿款收入为基数，按 5% 的税率实际向原告征收了营业税税款 1183439.7 元。

公路公司取得第一期补偿款后向税务部门申请完税时，国家税务总局甲县税务局（以下简称甲县国税局）认定公路公司取得的撤站补偿收入属于补偿收入，归入企业所

---

❶　广西容县新容公路有限公司与容县国家税务局税务行政管理案，（2015）北行初字第 6 号判决书。

得税法上规定的其他收入，不是西部大开发地区鼓励类产业目录中规定的主营业务取得的收入，因此国税局核定公路公司 2013 年度企业所得的"主营业收入"占企业收入总额未达到享受西部大开发税收优惠政策规定的 70%以上的比例，不能享受减按 15%征收企业所得税的西部大开发税收优惠政策，国税局按 25%的税率于 2014 年 8 月 11 日向公路公司征收了 2013 年度企业所得税 4475521.11 元及税款滞纳金 39146.80 元。

三、争议解决

公路公司向乙市国税局申请行政复议，乙市国税局于 2014 年 12 年 2 日作出该市国税复决字（20××）第×号复议决定书，决定维持该县国税局对公路公司 2013 年度企业所得税按 25%税率征收的征税行为及在征收申请人 2013 年度企业所得税中加收滞纳金的行为。

公路公司不服乙市国税局的行政复议决定，向乙市法院提起行政诉讼。法院经审理后认为，国税局向公路公司按照按 25%的税率征收 2013 年度企业所得税并加收税款滞纳金的税务行政征收决定，事实不清，证据不足，予以撤销。

【主要法律问题】

1. 主营业务收入和其他收入存在什么区别，如何区分？
2. 实务中，对企业所得税的征收应当遵循什么原则？

【主要法律依据】

一、《中华人民共和国税收征收管理法》（2002 年 10 月 15 日起施行，2016 年 2 月 6 日修订）

第 3 条　税收的开征、停征以及减税、免税、退税、补税，依照法律的规定执行；法律授权国务院规定的，依照国务院制定的行政法规的规定执行。任何机关、单位和个人不得违反法律、行政法规的规定，擅自作出税收开征、停征以及减税、免税、退税、补税和其他同税收法律、行政法规相抵触的决定。

第 8 条　纳税人依法享有申请减税、免税、退税的权利。纳税人、扣缴义务人对税务机关所作出的决定，享有陈述权、申辩权；依法享有申请行政复议、提起行政诉讼、请求国家赔偿等权利。

二、《中华人民共和国企业所得税法》（2008 年 1 月 1 日起施行，2019 年 4 月 23 日修订）

第 6 条　企业以货币形式和非货币形式从各种来源取得的收入，为收入总额。包括：（1）销售货物收入；（2）提供劳务收入；（3）转让财产收入；（4）股息、红利等权益性投资收益；（5）利息收入；（6）租金收入；（7）特许权使用费收入；（8）接受捐赠收入；（9）其他收入。

第 27 条　企业的下列所得，可以免征、减征企业所得税：（1）从事农、林、牧、渔业项目的所得；（2）从事国家重点扶持的公共基础设施项目投资经营的所得；

（3）从事符合条件的环境保护、节能节水项目的所得；（4）符合条件的技术转让所得；（5）本法第 3 条第 3 款规定的所得。

第 57 条第 2 款　法律设置的发展对外经济合作和技术交流的特定地区内，以及国务院已规定执行上述地区特殊政策的地区内新设立的国家需要重点扶持的高新技术企业，可以享受过渡性税收优惠，具体办法由国务院规定。

三、《财政部　海关总署　国家税务总局关于深入实施西部大开发战略有关税收政策问题的通知》

第 2 条　自 2011 年 1 月 1 日至 2020 年 12 月 31 日对设在西部地区的鼓励类产业企业减按 15% 的税率征收企业所得税。上述鼓励类产业企业是指以《西部地区鼓励类产业目录》中规定的产业项目为主营业务，且其主营业务收入占企业收入总额 70% 以上的企业。

【理论分析】

本案例涉及企业所得税法。世界各国对企业征收所得税主要分为两种模式：双重课税模式与单一课税模式。其中，各国对公司一般都采用的是双重课税模式，即在公司层面上，对公司所得进行课税，然后当公司股东分配利润的时候，再对公司股东的所得进行课税。双重课税对公司经营而言，导致了较高的经营成本，并由此形塑了一些基于避税而产生的公司架构。单一课税模式，主要针对的是合伙以及类似合伙的不具备独立法人人格的企业。这些企业不存在法律上的独立地位，因此税法层面上也仅仅针对构成合伙的各个法律主体进行课税。企业在从事生产经营活动的过程中会获取收入，但这些收入是企业通过投入生产资料获取的，如果不考虑企业的投入，只针对取得收入进行课税，就会给企业带来沉重的纳税负担。所以在计算企业所得税的时候最关键的要素便是，如何明确在征收企业所得税时需要进行应纳税所得额的减免，将企业用于组织生产投入的资金从应纳税所得额当中进行扣除。

我国的企业所得税主要有如下特征：一是对税基进行明确，对企业每一纳税年度的收入总额进行计算，减除不征税收入、免税收入、各项扣除以及允许弥补的以前年度亏损后的余额，为应纳税所得额。二是采用综合所得概念，规定企业以货币形式和非货币形式从各种来源取得的收入为收入总额。三是明确排除不征税的收入范围，规定财政拨款、行政事业性收费、政府性基金等财政性资金收入为不征税收入。

上述规定对于我国通过企业所得税法对企业的生产经营活动进行调控提供了良好的抓手。国家可以通过调整计算企业应纳税所得额时的各项扣除，来指引企业从事或者不从事特定的行为，也可以通过加速设备折旧来增加抵扣额度，从而对企业形成正向激励。在本案中，公路公司由于从事的是国家鼓励的产业，因此在企业所得税征收方面享有了一定的优惠。如果依然按照一般产业的规则去征收企业所得税，就属于超额征收。企业没有缴纳超额征收的所得税，不应当承受滞纳金的处罚。

除此之外，我国在计算应纳税所得额的时候，还会充分考虑到国家对企业提供的各种优惠措施。这些税收优惠措施包括：（1）免税；（2）税款的免征、减征；（3）税率降低；（4）加计扣除支出、减计收入；（5）抵扣应纳税所得额；（6）缩短折旧年限或加速固定资产折旧；（7）税额抵免；（8）专项优惠政策。

同时，企业除了在正常经营过程中取得收入之外，还会基于中央或地方政府的政策，获得一些来自财政资金方面的经济补助。这些资金，是否能够被归类于企业的所得，并且成为课税对象，在我国实务领域中经常存在争议。一般而言，政府财政资金来自税收。国家利用税收收入对企业进行财政方面的补贴，应当具有公益性质。这部分收入如果依然进行征税，就意味着资金从补贴又回到了税收，失去了征税的本来意义。本案中，虽然公路公司取得的一部分收入来自政府对于撤销收费站之后的补贴，但是这部分收入本来就来自政府的财政资金，如果再进行征税，就意味着将该部分财政资金的一部分再次纳入财政资金，缺乏经济上的合理性和必要性。

【思考题】

1. 企业应纳税所得额是什么，应当如何计算？
2. 企业应纳税所得额与应纳税额有什么区别？
3. 纳税争议案件应当如何处理？

第三节　财产税法律制度

财产税是对法人或自然人在某一时点占有或可支配财产课征的一类税收的统称。财产税是人类社会最古老的一类税种，但是随着商品税的兴起，其在国家税收的地位有所下降。财产税具有税基稳定、不宜转嫁的优点，能够给政府带来稳定的税收收入。目前，世界范围内，财产税构成了地方税的主体，主要由地方政府征收。

 案例三　D省A投资发展集团有限责任公司与D省甲市地方税务局、D省地方税务局行政诉讼案❶

【基本案情】

一、受让土地，查封拍卖

（一）公司缴纳契税

2006年4月28日，经甲市人民政府国有资产监督管理委员会的国资〔2006〕20

---

❶　江苏白路投资发展集团有限责任公司与江苏省常州地方税务局等税务管理纠纷案，（2016）苏01行终137号。

号批复同意，甲市旅游局将某宾馆有限公司国有产权上市交易。2006 年 6 月 18 日，甲市旅游局与 A 投资发展集团有限责任公司（以下简称 A 公司）之间办理了某宾馆国有产权的移交手续。2006 年 8 月 25 日，双方签订《国有土地使用权出让合同》。2006 年 11 月 6 日，A 公司向甲市地税局缴纳受让土地的相关契税 3940942.52 元。

（二）法院查封拍卖受让地

2006 年 11 月 14 日，由于 A 公司所涉及的几款合同纠纷案，D 省甲市中级人民法院作出（2006）甲民二初字第 358 号、360 号、365 号民事裁定书及协助执行通知书，查封某宾馆的国有土地使用权。2009 年 10 月 26 日，D 省乙市中级人民法院作出（2008）乙执字第 0090-6 号民事裁定书，裁定将某宾馆的财产所有权及土地使用权归甲市 B 投资发展有限公司（以下简称 B 公司）所有。2009 年 11 月 26 日，D 省乙市中级人民法院作出（2008）乙执字第 0090-8 号民事裁定书，裁定注销甲市某宾馆的土地使用权证、房屋所有权证及已设定的他项权。2009 年 12 月 9 日，B 公司按规定办理该宗土地登记，现该块土地登记于 B 公司名下。

二、申请退还契税

2014 年 12 月，A 公司向甲市地税局申请退还 2006 年 11 月缴纳的契税 3940942.52 元，理由是该公司没有取得迎宾路 39 号的土地使用权，不具有相应纳税义务。2015 年 4 月 14 日，甲市地税局作出《关于 D 省 A 投资发展集团有限责任公司退税申请的回复》（以下简称《回复》）称：（1）根据《中华人民共和国契税暂行条例》（以下简称《契税条例》）第 8 条规定，缴纳契税并不以取得土地使用权为前提，而是以纳税人签订土地、房屋权属转移合同或取得其他具有土地、房屋权属转移合同性质凭证为依据；因 A 公司涉及的借款纠纷而导致该地块被法院查封拍卖并用于偿还 A 公司债务这系列行为不影响 A 公司履行缴纳契税的义务。（2）甲市地税局并未收到认定《国有土地使用权出让合同》无效的法律文件，以及撤销有关土地使用权的法律文件，A 公司与 B 公司分次竞得同幅土地使用权属于不同的契税应税行为，对此 A 公司应当缴纳契税。

2015 年 5 月 27 日，A 公司向省地税局提起行政复议申请，同年 6 月 1 日省地税局受理向甲市地税局寄送行政复议答复通知书，收到甲市地税局行政复议答辩书及证据、依据材料后，依申请安排 A 公司查阅卷宗材料，听取其意见，于 2015 年 7 月 24 日作出苏地税复决字〔2015〕3 号《税务行政复议决定书》（以下简称 3 号《复议决定书》），于 2015 年 7 月 28 日送达行政复议决定书，维持了甲市地税局征税行为。A 公司不服，提出诉讼。

三、法院审理

（一）一审法院审理

一审法院认为 A 公司与甲市国土资源局签订《国有土地使用权出让合同》，其依法缴纳承受该国有土地使用权的契税符合法律规定。A 公司虽由于人民法院对其所涉民事纠纷采取诉讼保全及执行措施未能办理国有土地使用权登记，但并不影响其对某宾馆的占有、使用和财产权，因此其为甲市迎宾路 39 号国有土地使用权的实际承受人。甲市地税局作出的《回复》及省地税局作出的 3 号《复议决定书》均符合法律规定，A 公司要求甲市地税局退还契税的诉讼请求不能成立，原审法院不予支持。依照《中华人民共和国行政诉讼法》第 6 条、第 63 条第 1 款和第 3 款、第 69 条的规定，判决驳回 D 省 A 公司的诉讼请求。A 公司不服，提出上诉。

（二）二审法院审理

二审法院认为，A 公司虽未办理房产土地过户手续，但其已经实际占有和使用该地块，拥有实际归属。根据《契税条例》第 8 条的规定，"契税的纳税义务发生时间，为纳税人签订土地、房屋权属转移合同的当天，或者纳税人取得其他具有土地、房屋权属转移合同性质凭证的当天"。A 公司与甲市国土资源局于 2006 年 8 月 25 日签订《国有土地使用权出让合同》，即成为契税交纳的义务人，其理应缴纳相关契税，A 公司并不符合法定退税的要求。此外被上诉人省地税局作出 3 号《复议决定书》的程序合法，适用法律法规正确。二审法院不支持 A 公司的上诉，判决驳回上诉，维持原判。

【主要法律问题】

什么是契税征税对象？

【主要法律依据】

一、《中华人民共和国契税暂行条例》

第 1 条　在中华人民共和国境内转移土地、房屋权属，承受的单位和个人为契税的纳税人，应当依照本条例的规定缴纳契税。

第 8 条　契税的纳税义务发生时间，为纳税人签订土地、房屋权属转移合同的当天，或者纳税人取得其他具有土地、房屋权属转移合同性质凭证的当天。

第 11 条　纳税人应当持契税完税凭证和其他规定的文件材料，依法向土地管理部门、房产管理部门办理有关土地、房屋的权属变更登记手续。纳税人未出具契税完税凭证的，土地管理部门、房产管理部门不予办理有关土地、房屋的权属变更登记手续。

二、国税函〔2007〕645 号《关于未办理土地使用权证而转让土地有关税收问题的请示》

土地使用者转让、抵押或置换土地，无论其是否取得了该土地的使用权属证书，无论其在转让、抵押或置换土地过程中是否与对方当事人办理了土地使用权属证书变更登记手续，只要土地使用者享有占有、使用、收益或处分该土地的权利，且有合同等证据表明其实质转让、抵押或置换了土地并取得了相应的经济利益，土地使用者及其对方当事人应当依照税法规定缴纳营业税、土地增值税和契税等相关税收。

【理论分析】

根据税收的基本分类，契税属于行为税的一种，征收对象是房地产权属转让过程中的承受人。根据契税法律规范，只要发生了房地产权属的转移，那么就会要求财产承受人向国家缴纳契税。契税是国家通过房产转移行为取得收入的重要方式，同时还具备调节城市房地产价格之功能。在缴纳契税的时候，首先需要明确的是纳税义务发生的时间。根据法律规定，契税是在签订了房地产转移的契约之时就要缴纳的。也就是说，纳税义务发生于债权产生的时间，而非物权实际发生变动的时间。因此，对纳税义务产生之后的物权转移之行为，并不会直接发生退税的实际效果。

根据我国民法基本原理，房地产权利转移被区分为基础性的契约行为和以登记作为要件的物权行为。民法上的该区分对契税缴纳时间点的价值便在于，如何确认契税义务的成立时间。《国家税务总局关于办理期房退房手续后应退还已征契税的批复》（国税函〔2002〕622号）规定了"未能完成交易"应当退还契税；《国家税务总局关于无效产权转移征收契税的批复》（国税函〔2008〕438号）规定了"法院判决无效产权转移行为或法院撤销房屋所有权证"应当退还契税；《财政部、国家税务总局关于购房人办理退房有关契税问题的通知》（财税〔2011〕32号）规定了"未办理房屋权属变更登记前退房的"应当退还契税。上述的文件确认了我国契税义务的成立时间就是在基础性的债权行为发生的时间，与物权本身的登记不具备直接的关联关系。相应的，也只有在物权转移的原因行为即债权行为被撤销的时候，才会产生税法上的返还效果。

在本案中，2006年8月25日，双方签订《国有土地使用权出让合同》。2006年11月6日，A公司向甲市地税局缴纳受让土地的相关契税3940942.52元。尽管此后根据生效的法律判决，A公司持有土地已经被转移给其他公司，但由于该公司持有这块土地的基本行为即债权行为依然是有效的，因此并没有被撤销。那么就应当基于该债权行为，向国家缴纳契税，而不能根据实际最终的土地所有权人的身份来确定契约缴纳义务人。

另外值得思考的问题是，在处理税收法律关系的时候，民事法律关系到底具有何种地位和意义？在本案中，虽然土地使用权已经伴随着民事法律关系的改变不再属于A公司，但在税收法律关系中，A公司依然是纳税人。若要解释该问题，首先要理解，税收法律关系是公法关系，它体现出来的是国家无偿取得收入的权力。如果依据民事法律关系对税收法律关系进行解释的话，私人主体就能够轻易地利用民事法律关系的构建来规避税收法律关系。因此，在税收法律关系中，一般不会介入民事法律关系的界定，而是严格依据纳税义务的构成要件和形式进行税收的征纳，而不考虑实际上的民事权益究竟是谁拥有。这种做法的目的在于，实现国家征税成本的降低以及对于纳税义务人避税行为的救济，具备合理性。

【思考题】

1. 不动产登记效力的产生是否等同于不动产权利的形成？
2. 契税在哪种情况下可以进行退税申请？

第四节　税收征纳程序法律制度

税收程序法律制度，包括税收征纳程序制度以及与其相关的各项程序制度，其中税收征纳程序制度是其核心。税收程序法也是税法的重要组成部分。在税收征纳过程中，要注意程序正义，在纳税人的纳税地点与纳税时间方面，要严格遵循法定原则，同时对于纳税人的异议，要给予一定的异议权。

 案例四　A 市某物资有限公司与 A 市国税局稽查局行政诉讼案❶

【基本案情】

一、税务局采取税收保全措施

2014 年 12 月 31 日至 2015 年 2 月 4 日期间，国家税务总局 A 市税务局（以下简称 A 市国税局）稽查局对 A 市某物资有限公司 2007 年 12 月 1 日至 2014 年 12 月 31 日的纳税情况进行检查，于 2015 年 8 月 28 日作出银国税稽冻〔2015〕11 号《冻结存款决定书》，对 A 市某物资有限公司之前纳税期的税款采取税收保全措施，冻结其在中国建设银行 A 市北门支行的存款 73 万元。

2015 年 10 月 15 日，A 市国税局经国税局局长审批于 2015 年 11 月 2 日制作银国税扣通〔2015〕002 号《扣缴税收款项通知书》，并从某物资有限公司的开户银行中国建设银行 A 市某支行扣缴原告被冻结账户资金 600848.94 元缴入国库，同时制作银国税稽解冻通〔2015〕002 号《解除冻结存款通知书》，送达其开户行解除对某物资有限公司存款账户资金的冻结，当天法定代表人陆某收到银国税强扣〔2015〕002 号《税收强制执行决定书》。

二、法院审理

一审法院认为对被告作出的涉案税收保全措施，由银川市国税局局长批准，向原告送达《冻结存款决定书》时，原告法定代表人董某玲拒绝签收，送达回证上注明见证人及稽查人员的签字，该批准及送达行为符合上述法律规定。《冻结存款决定书》中虽未告知原告申请行政复议或者提起行政诉讼的权利，但原告应补缴税款的事实存在，

---

❶ 银川市国家税务局稽查局与银川盛升物资有限公司税务行政管理案，（2016）宁 01 行终 33 号。

鉴于原告已经对该税收保全措施提起本案行政诉讼，故该瑕疵并未对有关的救济权利造成实质影响。

综上，涉诉税收保全措施决定事实清楚，证据充分，适用法律正确，文书中虽然存在瑕疵，但被告采取税收保全措施既是其法定职责，也是为保障国家税款及时、足额入库所采取的必要措施，且未对原告的权利产生实质影响，故被告的行政行为合法。原告主张赔偿的诉求，法院不予支持。

二审法院认为《冻结存款决定书》中虽未告知上诉人申请行政复议或者提起行政诉讼的权利，但上诉人应补缴税款的事实存在，故该瑕疵并未对上诉人的救济权利造成实质影响。上诉人提出被上诉人依据《中华人民共和国税收征收管理法》的相关规定，对上诉人实行税收保全，冻结上诉人银行账户是违法行为的上诉理由不能成立。

【主要法律问题】

1. 税收保全措施实施及解除应符合哪些必要条件？
2. 税收保全措施是否属于直接可诉的具体行政行为？

【主要法律依据】

一、《税收征收管理法》（1993 年 1 月 1 日起施行，2015 年 4 月 24 日修订）

第 38 条　税务机关有根据认为从事生产、经营的纳税人有逃避纳税义务行为的，可以在规定的纳税期之前，责令限期缴纳应纳税款；在限期内发现纳税人有明显的转移、隐匿其应纳税的商品、货物以及其他财产或者应纳税的收入的迹象的，税务机关可以责成纳税人提供纳税担保。如果纳税人不能提供纳税担保，经县以上税务局（分局）局长批准，税务机关可以采取冻结纳税人存款或扣押、查封纳税人商品、货物或者其他财产的税收保全措施。

第 39 条　纳税人在限期内已缴纳税款，税务机关未立即解除税收保全措施，使纳税人的合法利益遭受损失的，税务机关应当承担赔偿责任。

第 43 条　税务机关滥用职权违法采取税收保全措施、强制执行措施，或者采取税收保全措施、强制执行措施不当，使纳税人、扣缴义务人或者纳税担保人的合法权益遭受损失的，应当依法承担赔偿责任。

第 88 条　当事人对税务机关的税收保全措施不服的，可以依法申请行政复议，也可以依法向人民法院起诉。

二、《税务稽查工作规程》（2010 年 1 月 1 日起施行）

第 37 条　解除税收保全措施时，应当向纳税人送达《解除税收保全措施通知书》，告知其解除税收保全措施的时间、内容和依据，并通知其在限定时间内办理解除税收保全措施的有关事宜。

三、《行政诉讼法》（1990 年 10 月 1 日起施行，2017 年 6 月 27 日修订）

第 12 条　公民、法人或者其他组织对限制人身自由或者对财产的查封、扣押、冻结等行政强制措施和行政强制执行不服的，可向人民法院提起诉讼。

【理论分析】

税收程序法律关系是税收法律关系中的一类重要法律关系。我国长期以来在税收实践中存在"重实体轻程序"的执法误区，往往在计算纳税义务人应纳税所得额时严格按照相应的计算公式，但是在实际要求纳税义务人履行相关义务的时候，却忽略了程序性的要求。实际上，根据税法的基本原理，纳税人权利保护应当是适用税法的基本内涵之一。其中，对纳税人的程序性权利的保护是重要的保护方式。在本案中，虽然税务机关有权依据税收实体法征收税款，但在征收程序上存在瑕疵，因此法院审理过程中，便会对征收程序的违法之处进行法律上的否定性评价。

财产权是我国公民最基本的权利之一。而税收保全措施，虽然并不是对纳税人的财产权进行直接的剥夺，而是为了保证国家税款不会流失而采取的特别措施，但是这种行为毕竟会干涉公民对于自身财产的使用和利用，而且在某些情况下，还会严重影响纳税义务人的商业活动甚至资金链。因此，在采用税收保全措施的时候，需要严格遵循程序法的要求，对采取纳税保全措施的当事人进行充分的告知与通知。

目前，我国的税收保全可以分为两种：狭义的税收保全和广义的税收保全。其中狭义的税收保全是指对那些有逃避纳税义务行为的人，税务机关在法定的纳税期以前就可以责令其限期缴纳税款，限期内若有明显转移、隐匿财产迹象，又提供不了担保人的，税务机关可以采取扣押、查封财产或者通知纳税人开户银行暂停支付的保全措施。广义的税收保全还包括纳税期以前责令纳税人限期缴纳税款，即"提前开征""保全担保"和"限制出境"。

税收保全行为虽然在经济法中属于税法的领域，但在实践中具备行政行为的特点，与行政法具有交叉属性。从行政法的角度看，税收保全属于强制性的、具体性的行政行为，需要严格依法进行。同样的，由于是具体的行政行为，如果税务机关在采取保全措施的时候，没有严格按照法定程序履行自己的职能，一旦给当事人造成损害，就需要依据行政法，对当事人的损失进行赔偿。

当税收保全措施的当事人权益受到侵害的时候，当事人可以采用行政复议或者行政诉讼的方式来保护自己的权利。目前，纳税义务人保护自己权利的方式可以区分为两大类：双重前置模式和自由选择模式。根据《税收征收管理法》第88条第1款以及《税务行政复议规则》第33条的规定，针对税务机关的征税行为，我国采用的是双重前置模式。在这种情形下，纳税人、扣缴义务人、纳税担保人，必须先缴纳税款、滞纳金或提供担保才可以依法申请行政复议；如对复议决定不服，才能再向人民法院提起诉讼。自由选择模式则针对征税行为以外的税务行政行为。

征税行为以外的税务行政行为主要包括：税务机关责令纳税人提供担保的行为、税收保全措施的行为、税收强制执行措施的行为、税务行政处罚行为等。因此，被采取税收保全措施的纳税人对违反《税收征收管理法》的行为，可以依法申请行政复议，也可以向人民法院起诉，无须任何前置程序。案中，当事人便是通过提起行政诉讼的方式维护了自己的合法程序性权利。

【思考题】

1. 税收保全措施冻结资金是否仅限于企业应补缴的税款数额？
2. 企业资产不足以缴纳税款时，应如何保障国家税收利益？

CHAPTER 14 第十四章

金融调控法律制度

 本章知识要点

（1）了解金融法体系与组成部分；（2）掌握金融调控的主要特征；（3）思考金融调控法与金融监管法的关系；（4）从实际案例中理解掌握外汇管理法律制度的内涵与主要内容；（5）思考央行的调控原理。

第一节　中央银行法律制度

中国人民银行（简称央行）在一国银行体系中居核心地位。央行法律制度是对与银行的地位、组织结构、职能相关的法律制度之研究。《中华人民共和国中国人民银行法》确认了央行在一国金融体系中占据的核心地位，保障了央行在实施金融宏观调控权的职权、促进金融体系的稳定与健康发展。

 案例一　陈某与中国人民银行行政诉讼案[1]

【基本案情】

一、陈某向央行提出申请

2020 年 3 月 20 日，陈某向中国人民银行邮寄《请求履行反洗钱职责申请书》，请求中国人民银行对甲支付有限公司（以下简称甲公司）、北京乙投资管理有限公司（以下简称乙公司）、北京丙科技有限公司（以下简称丙公司）合谋将陈某 302 万资金进行大额可疑交易转移的行为进行反洗钱调查工作，责令被申请人归还陈某 302 万元并将被申请人涉嫌非法集资材料移交公安机关处理。中国人民银行于 2020 年 4 月 1 日收到

---

[1]　陈运水与中国人民银行行政复议案，（2021）京行终 672 号。

上述履职申请。

二、行政复议

因认为中国人民银行未在法定期限内履行查处职责，陈某于 2020 年 7 月 31 日向中国人民银行申请行政复议。请求事项为：（1）责令中国人民银行出具对陈某提交的履职申请是否受理的书面通知书；（2）依法认定中国人民银行拒不履行处理甲、乙、丙公司洗钱职责的行为违法；（3）责令中国人民银行继续对甲、乙、丙公司合谋将陈某 302 万元资金进行大额可疑交易转移的行为进行反洗钱调查工作；（4）督促中国人民银行责令甲、乙、丙公司归还陈某 302 万元；（5）责令中国人民银行将甲、乙、丙公司涉嫌非法集资犯罪材料移送公安机关并要求其立案处理。因复议申请材料不齐全，中国人民银行于 2020 年 8 月 4 日作出《中国人民银行行政复议补正通知书》（（银）复补字〔2020〕第 25 号），要求陈某对其复议申请材料进行补正。2020 年 8 月 12 日，中国人民银行收到陈某提交的补正材料。

2020 年 9 月 24 日，中国人民银行作出《行政复议决定书》（银复决字〔2020〕第 43 号，以下简称被诉复议决定），本案中，陈某作为个人投资者要求中国人民银行对甲、乙、丙公司合谋将其 302 万元资金进行大额可疑交易转移的行为进行反洗钱调查工作，系发现违法行为的线索来源，并无要求中国人民银行对其个人利益履行职责的请求权。中国人民银行是否对陈某的《请求履行反洗钱职责申请书》进行处理，对陈某的权利义务不产生实际影响，与陈某不具有法律上的利害关系。陈某提出的其他复议请求，不属于行政复议的受案范围，不予支持。被诉复议决定向陈某邮寄，陈某于 2020 年 9 月 28 日签收。2020 年 10 月 8 日，陈某向一审法院提起行政诉讼。

三、法院审查

一审法院认为，中国人民银行所负有的反洗钱的监管职责是通过维护国家整体金融秩序以保护社会公共利益实现的，不负有基于个别举报投诉而启动行政调查程序的法定义务。本案中，陈某基于个别投资者的地位，不具有要求中国人民银行履行反洗钱监管职责，为实现其个人利益而作出行政行为的请求权，陈某与中国人民银行履行反洗钱职责行为不具有利害关系。

【主要法律问题】

1. 个别投资者是否具有要求中国人民银行履行反洗钱监管职责的请求权？
2. 第三方支付企业未按规定履行反洗钱义务应受到何种处罚？

【主要法律依据】

一、《中华人民共和国反洗钱法》（2007 年 1 月 1 日起施行）

第 3 条　在中华人民共和国境内设立的金融机构和按照规定应当履行反洗钱义务的特定非金融机构，应当依法采取预防、监控措施，建立健全客户身份识别制度、客户身份资料和交易记录保存制度、大额交易和可疑交易报告制度，履行反洗钱义务。根据第八条规定，国务院反洗钱行政主管部门组织、协调全国的反洗钱工作，负责反洗钱的资金监测，制定或者会同国务院有关金融监督管理机构制定金融机构反洗钱规章，监督、检查金融机构履行反洗钱义务的情况，在职责范围内调查可疑交易活动，履行法律和国务院规定的有关反洗钱的其他职责。

二、《中华人民共和国中国人民银行法》（2004 年 2 月 1 日起施行）

第 4 条第 1 款第 10 项　中国人民银行指导、部署金融业反洗钱工作，负责反洗钱的资金监测。

三、《金融机构反洗钱监督管理办法（试行）》（2014 年 11 月 15 日起施行，2021 年 8 月 1 日起废止）

第 8 条　中国人民银行负责全国性法人金融机构总部的监督管理。中国人民银行分支机构负责辖区内地方性法人金融机构总部以及非法人金融机构的监督管理。中国人民银行可以授权法人金融机构所在地的中国人民银行分支机构对全国性法人金融机构总部代行监管职责。

四、《互联网金融从业机构反洗钱和反恐怖融资管理办法（试行）》（2018 年 10 月 10 日起施行）

第 3 条　中国人民银行是国务院反洗钱行政主管部门，对从业机构依法履行反洗钱和反恐怖融资监督管理职责。国务院有关金融监督管理机构在职责范围内配合中国人民银行履行反洗钱和反恐怖融资监督管理职责。中国人民银行制定或者会同国务院有关金融监督管理机构制定从业机构履行反洗钱和反恐怖融资义务的规章制度。

第 21 条　从业机构应当依法接受中国人民银行及其分支机构的反洗钱和反恐怖融资的现场检查、非现场监管和反洗钱调查，按照中国人民银行及其分支机构的要求提供相关信息、数据和资料，对所提供的信息、数据和资料的真实性、准确性、完整性负责，不得拒绝、阻挠、逃避监督检查和反洗钱调查，不得谎报、隐匿、销毁相关信息、数据和资料。金融机构、非银行支付机构以外的其他从业机构通过网络监测平台向中国人民银行报送反洗钱和反恐怖融资报告、报表及相关信息、数据和资料。从业机构应当依法配合国务院有关金融监督管理机构及其派出机构的监督管理。

第 22 条　从业机构违反本办法的，由中国人民银行及其分支机构、国务院有关金融监督管理机构及其派出机构责令限期整改，依法予以处罚。从业机构违反相关法律、行政法规、规章以及本办法规定，涉嫌犯罪的，移送司法机关依法追究刑事责任。

五、《支付机构反洗钱和反恐怖融资管理办法》（2012 年 3 月 5 日起施行）

第 40 条　中国人民银行及其分支机构发现可疑交易活动需要调查核实的，可以向支付机构进行调查。中国人民银行及其分支机构向支付机构调查可疑交易活动，适用中国人民银行关于反洗钱调查的有关规定。

第 41 条　中国人民银行及其分支机构实施反洗钱和反恐怖融资调查时，支付机构应当积极配合，如实提供调查材料，不得拒绝或者阻碍。

第 49 条　支付机构违反本办法的，由中国人民银行或其分支机构按照《中华人民共和国反洗钱法》第 31 条、第 32 条的规定予以处罚；情节严重的，由中国人民银行注销其《支付业务许可证》。

【理论分析】

洗钱是一种严重的金融犯罪，各国都在严厉打击洗钱。但是不同的国家，对打击洗钱犯罪的职能划分是不同的。美国是"洗钱"一词的发源地，也是洗钱犯罪较严重的国家。1970 年，美国国会通过了《银行保密法》（*Bank Secrecy Act*），该法对传统的银行保密规则进行了修改，规定银行等金融机构负有保存交易记录、报告可疑交易的义务，并规定了相应的民事和刑事处罚措施。《银行保密法》要求对于超过 1 万美元的现金交易，除赌场和邮政所以外的其他金融机构都必须予以报告；金融机构不予报告或者提交虚假报告的，构成犯罪。2003 年，英国通过《反洗钱法规》（*Money Laundering Regulations*），该法规定了有关机构防范洗钱犯罪的法律义务，并相应设定了相关金融机构及其他机构防范洗钱犯罪的法律责任，尤其是刑事责任。我国也在 2006 年专门制定了反洗钱法，并明确了中国人民银行是我国的反洗钱行政部门。

近些年来，由于国际洗钱活动的猖獗，金融活动趋于复杂化，反洗钱工作的新局面也逐渐展开。其中，较为重要的发展是反洗钱的职能机构逐渐从政府扩展至一般的金融机构。当前，各国也开始要求银行、证券公司等金融机构在反洗钱工作中发挥一定作用，并形成了相应的制度，如金融机构的客户管理责任。

所谓的客户管理责任，是指金融机构在为客户进行金融交易的过程中，需要对客户资金的来源与流向有所掌握，并且在出现可疑交易的时候，及时向反洗钱主管机构进行汇报。这种客户管理责任，帮助金融监管者将发现洗钱行为的线索进一步扩大化，发挥了金融交易系统中每一个交易节点的力量，对打击国际洗钱犯罪活动具有重要的意义与价值。我国反洗钱法中也明确规定了国务院反洗钱行政主管部门应设立反洗钱信息中心，负责大额交易和可疑交易报告的接收、分析，并按照规定向国务院反洗钱行政主管部门报告分析结果，履行国务院反洗钱行政主管部门规定的其他职责。作为金融机构，为了能够充分发挥客户管理责任，就需要建立全套的客户身份识别系统，对客户的身份和资金进行了解。当然，在反洗钱规则中，金融机构在向主管机构汇报客户信息的时候，是否与银行的保密义务有所冲突，也在学者们的研究范围之内。其原因是金融机构向政府进行信息报告是公法上的责任，而金融机构与客户之间的保密约定是私法上的义务。如果二者之间的边界不明晰，金融机构便有可能处于一种冲突的义务关系中，从而影响金融机构履行自己的客户管理职责。

值得注意的是，反洗钱虽然是中国人民银行的职责范围，但并不属于一般的行政行为，因此行政相对人无权基于自己的利害关系，要求中国人民银行履行自己的法定职责。本案情况便是原告方未能正确认识到中国人民银行的反洗钱责任的属性，而错误地选择了起诉中国人民银行要求其履行职责，于是被法院驳回。

【思考题】

1. 个别投资者遭遇非法集资应如何维护自己的合法权益？
2. 如何理解《防范和处置非法集资条例》中所规定的"损失由集资人自行承担"？
3. 金融消费者遭遇大宗交易平台非法集资是否有权要求开户行承担损失？

 案例二　王某与鲁某民间借贷纠纷案❶

【基本案情】

一、借贷起由

2017 年，借款人王某主张向出借人鲁某借款 15 万元，并于该年 8 月 2 日收到鲁某的银行转账 15 万元，后由王某出具借条一份，载明：今借到鲁某人民币 15 万元，月息为 2 分。借款人王某于当日收到 15 万元借款后，通过招商银行向出借人鲁某转账 4500元，业内称"砍头息"，因此借款人王某实际收到借款 145500 元。

二、还款经过

2017 年 12 月，借款人王某向出借人鲁某偿还借款 5 万元，剩余 10 万元未偿还。鲁某在得知王某投资 ORG 虚拟货币获得利润后，想以 10 万元投资 ORG 虚拟货币。和王某商议一致后，由借款人王某购入价值 10 万元的 ORG 虚拟货币，打入出借人鲁某的ORG 虚拟货币账户中，抵充剩余欠款 10 万元。当时 ORG 虚拟货币不断升值，借贷双方对账后表示此笔债务已结清，借款人王某向出借人鲁某索要借条时，鲁某表示借条丢失，并口头承诺债务结清，不会再向借款人王某索要借款 10 万元，于是借款人王某未将借条原件收回。随着 ORG 虚拟货币的大幅度贬值，价值 10 万元的 ORG 虚拟货币总价值已经不超过人民币 100 元，且账户网站出现故障无法打开，从而无法进行任何交易操作。鲁某认为自己的投资遭受重大损失，遂向借款人王某索要 10 万元款项。王某认为借贷双方债务已经结清，自己无须向鲁某支付 10 万元欠款，后出借人鲁某将借款人王某诉至法庭，要求王某偿还借款 10 万元及其利息。

三、法院审理

（一）一审

一审法院认为，被告王某购买价值 10 万元的 ORG 虚拟货币转入原告鲁某的 ORG虚拟账户中，用以抵销 10 万元欠款的行为是否具有法律效力是本案的争议焦点。中华人民共和国的法定货币是人民币，王某购买的价值 10 万元的 ORG 虚拟货币不能用来代

---

❶ 王月梅与鲁文安民间借贷纠纷案，（2020）苏 07 民终 322 号。

替人民币进行债务偿还，不具有正当性和合法性，因此债务双方的抵销行为违反了法律规定，视为无效行为。在双方的抵销行为无效之后，出借人鲁某应当返还借款人王某价值 10 万元的 ORG 虚拟货币，但现在的情况下，ORG 虚拟货币因网站关闭而无法直接返还，也无法兑换成人民币进行返还。在本案中，原告鲁某同意被告王某为其购买价值 10 万元的 ORG 虚拟货币，二人的共同过错行为造成了鲁某损失结果的发生。因此一审法院酌情认定原告鲁某承担自身损失 6 万元，被告王某承担原告鲁某损失 4 万元，对于原告鲁某主张的利息，由于没有合理的法律依据，一审法院不予支持。

（二）二审

被告王某不服一审判决提起上诉，二审中当事人均未提供新证据。经审理查明：一审法院查明的事实属实，予以确认。2018 年 1 月 2 日，王某购买价值 10 万元的 ORG "虚拟货币" 充入鲁某开设的 ORG "虚拟货币" 账户中，用以冲抵 10 万元借款。但本案所涉的 ORG 是一种类似于比特币的网络 "虚拟货币"，不具有与货币等同的法律地位，不能且不应作为货币在市场上流通使用，公民投资和交易不合法的 "虚拟货币" 虽系个人自由，但不能受到法律保护。本案鲁某、王某通过 "虚拟货币" 冲抵借款的行为不受法律保护，由此导致的后果及损失由鲁某、王某自行承担。

【主要法律问题】

1. 虚拟货币是否具有法定性？
2. 使用虚拟货币进行市场交易的行为是否受到法律保护？
3. 虚拟货币交易过程中产生的损失结果应当如何进行责任认定和划分？

【主要法律依据】

一、《中华人民共和国中国人民银行法》（2004 年 2 月 1 日起施行）

第 16 条　中华人民共和国的法定货币是人民币。以人民币支付中华人民共和国境内的一切公共的和私人的债务，任何单位和个人不得拒收。

第 20 条　任何单位和个人不得印制、发售代币票券，以代替人民币在市场上流通。

二、《中华人民共和国合同法》（1999 年 10 月 1 日起施行，2021 年 1 月 1 日废止）

第 52 条　有以下情形之一的，合同无效：……（五）违反法律、行政法规的强制性规定。

第 48 条　合同无效或者被撤销后，因该合同取得的财产，应当予以返还；不能返还或者没有必要返还的，应当折价赔偿。有过错的一方应当赔偿对方因此所受到的损失，双方都有过错的，应当各自承担相应的责任。

三、《防范代币发行融资风险的公告》

融资主体通过代币的违规发售、流通，向投资者筹集比特币、以太币等所谓 "虚拟货币"，本质上是一种未经批准、非法公开融资的行为，涉嫌非法发售代币票券、非法发行证券以及非法融资、金融诈骗、传销等违法犯罪活动，任何组织和个人不得非法从事代币发行融资活动。

【理论分析】

本案的焦点问题是虚拟货币在我国的法律地位。根据我国《中国人民银行法》，我国的法定货币是人民币。除了人民币之外，其他类型的货币均不能作为支付手段在国内市场进行流通。因此，即使当事人之间同意，也不能够直接采用虚拟货币进行金钱之债的清偿。人民币的这一属性被称为人民币的法偿性。

同样，在我国原《合同法》（现行《民法典》）中明确规定，违反法律、行政法规的强制性规定，合同无效。尽管民法学者通过法解释，将该条区分为效力性强制规范与管理性强制规范，并引发学术界与实务界对区分两类规范的争议，但此处，由于人民币作为法定货币的基础性地位，对一国的金融交易秩序具有至关重要的作用。如果无法确定人民币的法偿性，那么就会动摇我国政府的金融主权。所以，学者们将《中国人民银行法》中的该条规定明确为效力性强制规范：如果当事人之间通过协议，排除人民币作为支付与清算的工具，那么该条款是无效的。

但值得注意的是，尽管人民币是我国的法定货币，但人民币具有多种形式。严格意义上说，无论是钞票形式、电子形式、票据形式，只要对应的是一定量的人民币，那么就可以理解为是人民币。在金融法中，无论是采用何种形式的人民币进行支付与清算，都符合人民币的法偿性。近年来，随着我国电子支付的迅猛发展，一些接受人民币的商品或者服务提供商为了自身的结算方便，拒绝接受现金，只接受电子形式的人民币。在消费场景下，可以探讨消费者权益的问题，但是在金融法中，应当不构成对我国人民币法偿性的违反。

随着电子货币的发展，我国监管者也在主动拥抱新的技术。如果国家不在电子货币的赛道中积极参与，那么在未来的货币竞争中将处于不利的地位。比如，一些国家开始采纳私人发行的货币——比特币作为支付工具；我国在深圳已经进行了数字人民币的试点。未来，我国可能会发行电子人民币。国家主动采用数字货币，会有诸多利好，比如可以节约纸币的印刷成本，对环境更为友好，可以对货币的使用更能够进行全方位的监控。伴随着数字人民币的使用，未来的金融环境一定会发生深远的变化。作为金融法的学习与研究者，需要始终明确：作为国家主权机关发行的数字人民币，始终与私人货币之间存在本质区别。人民币数字化，改变的是人民币的存在形式，而不是发行了新类型货币。人民币的法偿性，并不会随着未来数字人民币的发行与使用而有所减损。

【思考题】

1. 虚拟货币是否具有财产价值？是否可以转让、处分？

2. 如何加强虚拟货币金融交易的监管？

3. 如何认定和划分虚拟货币交易过程中产生的财产损失责任？

 案例三　B 省甲市农村信用合作联社与乙县 A 城市信用合作社储蓄存款合同纠纷上诉案[1]

【基本案情】

一、公款私存，骗取高息

1997 年 3 月 4 日，秦某作为 B 省甲市农村信用合作联社（以下简称 B 省甲信用社）的员工，以自己的名义在 A 信用社办理了 400 万元定期整存整取的储蓄存款，于 1998 年 3 月 16 日取出，本息合为 4301080 元。秦某到期将存款取出后，又以本人及孙某等 11 人的名义将存款分为 20 笔再次存入 A 信用社中。

二、支付压力大，寻求央行帮助

2001 年 7 月初，A 信用社发现柜台已无法满足储蓄存款支付，开始动用存款准备金支付储户存款。2002 年 6 月 27 日，A 信用社向中国人民银行海口中心支行（以下简称人行海口支行）贷款 2600 万元给本信用社专项用于支付个人储蓄存款，贷款期限为 2002 年 7 月 4 日至 2003 年 6 月 12 日，按年息 3.24% 计收利息。2002 年 7 月 9 日，人行海口支行为确保金融稳定，发放紧急再贷款 2600 万元给 A 信用社用于支付自然人储蓄存款。2002 年 11 月 19 日，A 信用社使用人行海口支行的紧急再贷款资金，将秦某以其本人及孙某等 11 人名义所存的上述 20 笔存款本金及所得利息置换转至海南省乙县农村信用合作社营业部，扣除高利息后，已兑付全部金额 3982023.37 元，该款项由甲信用社的职工韩某代为领取。

三、法院审理

一审法院认为，原 B 省甲信用社电汇 400 万元给 A 信用社并以秦某的名义存款，后来又将该款项置换为孙某等自然人名下的活期存款，该款项属公款私存。而 B 省甲信用社将公款以秦某的名义存款 400 万元，而后又将该款置换到孙某等人名下存储，隐瞒公款私存的真实性，骗取了 A 信用社向人行海口支行所贷的紧急再贷款资金 3982023.37 元，属无效民事行为，B 省甲信用社依法应当承担民事法律责任。

【主要法律问题】

1. 如何认定行为人实施的行为是否属于职务行为？

2. 借款人违反法律规定使用紧急贷款的，将会承担何种法律责任？

---

[1] 山东省招远市农村信用合作联社与临高县金牌城市信用合作社储蓄存款合同纠纷案，（2007）海南民三终字第 244 号。

【主要法律依据】

一、《中国人民银行紧急贷款管理暂行办法》（1999 年 12 月 3 日起施行）

第 7 条　紧急贷款仅限用于兑付自然人存款的本金和合法利息，并优先用于兑付小额储蓄存款。

二、《中华人民共和国商业银行法》（1995 年 7 月 1 日起施行）

第 77 条　有下列情形之一的，由中国人民银行责令改正，有违法所得的，没收违法所得，可以处以违法所得一倍以上三倍以下罚款，没有违法所得的，可以处以 5 万元以上 30 万元以下罚款：（1）未经批准在名称中使用"银行"字样的；（2）未经批准购买商业银行股份总额百分之十以上的；（3）将单位的资金以个人名义开立账户存储的。

【理论分析】

银行业属于间接金融，通过吸储和放贷之间的差价实现利润。银行的这一业务特点，导致了银行业所特有的系统性风险。这种系统性风险主要是由于金融业的外部性所引起，当银行储户取款的时候，如果无法按照约定兑付，便会出现挤兑，银行很容易就破产倒闭。为了减少该风险，中国人民银行特向出现兑付自然人存款的本金和合法利息困难的银行机构提供紧急贷款。除此之外，均不得使用紧急贷款。本案当事人利用工作便利将公款私存，造成了自然人存款本金与利息兑付困难的假象，从而获得了央行提供的紧急贷款。这种破坏金融交易秩序的行为，在民事法律关系中应被认定为无效。

【思考题】

1. 中国人民银行的职责有哪些？
2. 中国人民银行在什么情况下会批准紧急贷款？

 **案例四　A 市甲科技有限公司与 B 市乙食品有限公司买卖合同纠纷上诉案❶**

【基本案情】

一、订购现金券、卡

2011 年 3 月 18 日，A 市甲科技有限公司（以下简称甲公司）与案外人丙物业中心签订现金券及其他现金类券的销售合同。2011 年 3 月 21 日，甲公司与 B 市乙食品有限

---

❶　淘礼网公司诉克莉丝汀公司买卖合同纠纷案，（2013）沪二中民四（商）终字第 418 号。

公司（以下简称乙公司）签订《协议书》，甲公司向乙公司订购面值累计 500 万元的券和卡，乙公司给予甲公司七六折优惠，后乙公司按约向甲公司交付了面值累计为 500 万元的券和卡并开具相应的增值税专用发票，甲公司也按约向乙公司支付了 380 万元货款。

二、遭受诈骗，要求协助将现金券、卡停止兑付

2011 年 3 月 25 日，甲公司将其从乙公司采购的券和卡均交付给丙物业中心的工作人员徐某。后因甲公司未收到相应货款并得知徐某涉嫌合同诈骗，故多次向乙公司发函，告知乙公司其交付给徐某券和卡的号码区间，要求乙公司停止兑换，并将该券及卡予以作废，或者向甲公司补发同等价值的券和卡，或者按照甲公司通知的时间、地点、数量送货。

三、法院查明

二审法院认为，涉案现金券（卡）从其本质上看并不属于代币票券，不能代替人民币流通，并且乙公司发行的现金券（卡）属于在本企业或本企业所属集团或同一品牌特许经营体系内兑付货物或服务的单用途商业预付卡，该协议书合法有效。并且，根据双方协议书内容来看，乙公司已向甲公司交付了面值累计为 500 万元的券和卡，甲公司也按照合同约定支付了 380 万元的货款，双方《协议书》项下的权利义务应属履行完毕。最后，三种类型的乙公司现金券和卡，均在纸面和卡面的显著位置标明了有关"不可挂失"的条款，对持券人作出了合理的提示注意，且未违反公平原则，该条款应当视为有效条款，持券人理应受到该条款的约束，甲公司认为涉案现金券（卡）记名且可挂失而要求乙公司停止兑付的主张，无法律依据。

【主要法律问题】

1. 企业发行的现金券、卡是否违法？
2. 企业所发行的现金券、卡的法律性质如何？

【主要法律依据】

一、《中华人民共和国中国人民银行法》（2004 年 2 月 1 日起施行）

第 20 条 任何单位和个人不得印制、发行代币票券，以代替人民币在市场上的流通"的规定，代币票券是单位或者个人发行，蕴含一定价值，能够代替人民币充当支付手段，在市场上进行流通的书面凭证。

二、《单用途商业预付卡管理办法（试行）》（2012 年 11 月 1 日起施行）

第 2 条第 2 款 本办法所称单用途商业预付卡（以下简称单用途卡）是指前款规定的企业发行的，仅限于在本企业或本企业所属集团或同一品牌特许经营体系内兑付货物或服务的预付凭证，包括以磁条卡、芯片卡、纸券等为载体的实体卡和以密码、串码、图形、生物特征信息等为载体的虚拟卡。

【理论分析】

人民币是我国唯一的法定货币。但随着市场经济的发展，我国逐渐出现了一些通过预先充值来进行结算服务的凭证，这些凭证一般是通过特制的卡片形式出现，因此往往被称为预付卡。本案纠纷就是由于预付卡的发行与使用所引发的。

从法律属性上来讲，预付卡在卡片内储存有一定数量的人民币，并没有取代人民币的法定地位，因此是合法的。卡片的合法持有人在向卡片的发行人充值的时候，会相应地获得对卡片发行人以人民币为记账单位的债权。在使用卡片进行消费的过程中，本质上不断地从卡片发行方或者与卡片发行方签署相关协议的一方获取财物，从而与自己已经拥有的债权进行抵销。因此，与其说预付卡是一种进行支付的工具，倒不如说预付卡是通过提前支付形成债权的行为，同时由于针对不特定对象，具备一定的证券属性。

既然预付卡存在证券属性，又是针对社会公众普遍发行，那么就存在一定的金融风险。比如预付卡如果预收的款项过高，那么提供预付卡的商家就有可能无法提供充分的商品或者服务。甚至，某些商家有可能以发行预付卡为名，实际上从事非法集资活动。为了进一步避免非法集资活动，预付卡在资金使用上也受到严格的限制。比如发卡企业应对预收资金进行严格管理；预收资金只能用于发卡企业主营业务，不得用于不动产、股权、证券等投资及借贷。同时，为了避免企业过分倚重预付卡所收取的款项，对一个企业能够采用预付卡收取的资金也进行了比例上的限制。如主营业务为零售业、住宿和餐饮业的发卡企业，预收资金余额不得超过其上一会计年度主营业务收入的40%；主营业务为居民服务业的发卡企业，其预收资金余额不得超过其上一会计年度主营业务收入；工商注册登记不足一年的发卡企业的预收资金余额不得超过其注册资本的两倍。

此外，由于预付卡本身可能存在道德风险，比如一些单位可能会通过采购预付卡对相关人员进行不正当的利益输送，导致贪腐，因此，对预付卡本身的管理还存在一些非金融属性的因素考量。

预付卡的发行与使用除了受到上述预付卡管理规则的制约，还受到原合同法的调整，预付卡关系的双方也构建了基础的民事法律关系。根据民法的意思自治原则，预付卡发行方制定的预付卡使用办法，往往会成为规定预付卡使用人与发行人之间关系的基本文件。

只要符合预付卡的管理规定，即采用预付卡模式进行经营的，应当受到法律的保护。本案中的乙公司现金券和卡，均在纸面和卡面的显著位置标明了有关"不可挂失"的条款，对持券人作出了合理的提示注意，且未违反公平原则，因此该条款应当被视为有效条款，持券人理应受到该条款的约束。法院如此判决是符合法理的。

【思考题】

1. 企业印制、发行代币票券会受到何种处罚？
2. 如何判断企业发行的现金券（卡）是代币票券还是商业预付卡？

第二节　商业银行法律制度

商业银行是银行的一种类型，通过存款、贷款、汇兑、储蓄等业务，承担信用中介的金融机构。商业银行法明确了商业银行的基本职能与责任，同时对设立商业银行制定了严格的准入条件，对防范金融风险起到了很好的事前预防的功能。商业银行法还对银行机构的各种经营行为设置了条件与要求，对金融风险进行了事中控制。

 案例五　甲银行违规担保乙集团债案❶

【基本案情】

一、债券无法兑付

（一）甲银行推诿责任

2016 年年末，广东省某市民营企业乙集团资金链断裂，其在某集团旗下理财平台某宝上的 10 亿元私募债无力兑付，整个链条上的多家机构相互扯皮。而甲银行称担保函系伪造，以期推诿履约责任。由于涉及多位个人投资者，引发高层关注，监管部门介入严查严处，最后浙商财险先行赔付。

（二）乙集团融资，甲行违规担保

在某宝销售的乙私募债仅是整个乙集团融资的一小部分。乙集团共涉资 120 亿元，主要为 100 亿元的银行业资金，其中包括邮储银行、兴业银行、恒丰银行、天津滨海农商行、吉林农商行等；另外，还有 10 亿元来自某宝平台，10 亿元来自丙集团旗下的某金交所。前述银行主要通过自营或理财资金，以同业投资的形式借道河北 A 银行、浙江 B 银行及上海信托等五家信托公司，表外放贷给了乙集团，甲银行惠州分行兜底担保。

2016 年 12 月 26 日，甲银行官网公告正式发声，宣称有不法分子假冒该行惠州分行名义，出具虚假银行履约保函，并称经该行鉴定，相关担保文件、公章、私章均系

---

❶ 浙商财产保险股份有限公司与广州发展银行惠州分行非法出具保函案。陈月石，胡初晖，李莹莹. 浙商财险也遭遇"萝卜章"？广发银行惠州分行称保函是假的 [EB/OL]. （2016-12-23）[2022-05-12]. 来源：https://www.thepaper.cn/newsDetail_forward_1585794.

伪造，涉及十余家金融机构。此公告发出后，涉及的十余家金融机构以兜底保函等协议先后向甲银行询问并主张债权，由此引发法律纠纷。

二、查明案件，予以严惩

（一）对甲银行的惩罚

在乙集团债违约引发高层关注后，银监会启动重大案件查处工作机制，经查明，甲银行惠州分行员工与乙集团人员内外勾结、私刻公章、违规担保案件，涉案金额共计约 120 亿元，其中银行业金融机构约 100 亿元，主要用于掩盖甲银行的巨额不良资产和经营损失。2017 年 12 月 8 日，银监会官网公告，对甲银行违规担保案开出罚单，罚没合计 7.22 亿元。

（二）对通道机构的惩罚

12 月 22 日，银监会对河北 A 银行、浙江 B 银行两家银行，以及国民信托、平安信托、陆家嘴信托、金谷信托、上海国际信托五家信托机构开出罚单，处罚依据均是机构违反审慎经营规则，处罚金额分别是 20 万元、20 万元、40 万元、50 万元、200 万元。同日，浙江 B 银行因同业业务交易未实施授信、同业业务专营部门实施了转授权负有直接责任，被浙江省某银监分局罚款 105 万元，负有直接责任的三人被处以警告至 8 万元不等处罚；河北 A 银行被河北银监局罚款 60 万元，多名高管被处以警告、罚款等处罚。河北银监局称，A 银行违反会计处理相关规定，掩盖同业投资实质，同业投资业务未对交易对手进行同业授信，严重违反审慎经营规则。

（三）对出资机构的惩罚

在 12 月 29 日开出的系列罚单中，某储蓄银行被罚 5.2 亿元，某银行青岛分行、郑州分行分别被罚 2.3 亿元、1.3 亿元，天津某农商行被罚 1.6 亿元，吉林某农商行被罚超 5300 万元，吉林另一农商行被罚超 3500 万元，某信托被罚 50 万元。同时，对这些出资机构的 45 名责任人作出行政处罚，其中，取消 6 人高管任职资格，禁止 3 人从一定期限直至终身从事银行业工作，对 36 名高级管理人员和相关责任人分别给予警告和经济处罚。银监会表示，被罚银行作为出资方，存在三大问题：一是业务开展不审慎，合规意识淡漠，以通道作为隐匿风险和规避监管的手段，用同业保函等协议为风险兜底，严重违反监管的禁止性规定，个别机构甚至屡查屡犯。二是对项目尽职调查不到位，投后管理缺失，借创新之名拉长融资链条，推高金融杠杆，助推乱象，扰乱市场秩序，客观上为其他机构和个人投资者树立了不良榜样。三是过度追求业务发展规模和速度，既不了解自己的客户，又不能穿透式管理风险，既不能提供实质金融服务，又缺少风险"防火墙"，资金损失数额巨大。

【主要法律问题】

1. 商业银行的董事会和高级管理层未能对风险管理体系实施有效监控应如何惩罚？违法的银行业金融机构从业人员应承担哪些法律责任？

2. 银行业金融机构的违法行为应承担哪些法律责任？

3. 商业银行内部应如何控制监管？

4. 对银行业金融机构的处置措施有哪些？

【主要法律依据】

一、《中华人民共和国银行业监督管理法》（2007 年 1 月 1 日起施行）

第 37 条 银行业金融机构违反审慎经营规则的，国务院银行业监督管理机构或者其省一级派出机构应当责令限期改正；逾期未改正的，或者其行为严重危及该银行业金融机构的稳健运行、损害存款人和其他客户合法权益的，经国务院银行业监督管理机构或者其省一级派出机构负责人批准，可以区别情形，采取下列措施：（一）责令暂停部分业务、停止批准开办新业务；（二）限制分配红利和其他收入；（三）限制资产转让；（四）责令控股股东转让股权或者限制有关股东的权利；（五）责令调整董事、高级管理人员或者限制其权利；（六）停止批准增设分支机构。

第 44 条 擅自设立银行业金融机构或者非法从事银行业金融机构的业务活动的，由国务院银行业监督管理机构予以取缔；构成犯罪的，依法追究刑事责任；尚不构成犯罪的，由国务院银行业监督管理机构没收违法所得，违法所得五十万元以上的，并处违法所得一倍以上五倍以下罚款；没有违法所得或者违法所得不足五十万元的，处五十万元以上二百万元以下罚款。

第 45 条 银行业金融机构有下列情形之一，由国务院银行业监督管理机构责令改正，有违法所得的，没收违法所得，违法所得五十万元以上的，并处违法所得一倍以上五倍以下罚款；没有违法所得或者违法所得不足五十万元的，处五十万元以上二百万元以下罚款；情节特别严重或者逾期不改正的，可以责令停业整顿或者吊销其经营许可证；构成犯罪的，依法追究刑事责任：（一）未经批准设立分支机构的；（二）未经批准变更、终止的； （三）违反规定从事未经批准或者未备案的业务活动的；（四）违反规定提高或者降低存款利率、贷款利率的。

第 46 条 银行业金融机构有下列情形之一，由国务院银行业监督管理机构责令改正，并处二十万元以上五十万元以下罚款；情节特别严重或者逾期不改正的，可以责令停业整顿或者吊销其经营许可证；构成犯罪的，依法追究刑事责任：（一）未经任职资格审查任命董事、高级管理人员的；（二）拒绝或者阻碍非现场监管或者现场检查的；（三）提供虚假的或者隐瞒重要事实的报表、报告等文件、资料的；（四）未按照规定进行信息披露的；（五）严重违反审慎经营规则的；（六）拒绝执行本法第三十七条规定的措施的。

第 47 条 银行业金融机构不按照规定提供报表、报告等文件、资料的，由银行业监督管理机构责令改正，逾期不改正的，处十万元以上三十万元以下罚款。

第 48 条 银行业金融机构违反法律、行政法规以及国家有关银行业监督管理规定的，银行业监督管理机构除依照本法第四十四条至第四十七条规定处罚外，还可以区别不同情形，采取下列措施：（一）责令银行业金融机构对直接负责的董事、高级管理人员和其他直接责任人员给予纪律处分；（二）银行业金融机构的行为尚不构成犯罪的，对直接负责的董事、高级管理人员和其他直接责任人员给予警告，处五万元以上五十万元以下罚款；（三）取消直接负责的董事、高级管理人员一定期限直至终身的任职资格，禁止直接负责的董事、高级管理人员和其他直接责任人员一定期限直至终身从事银行业工作。

二、《商业银行内部控制指引》（2014 年 9 月 12 日起施行）

第 6 条　商业银行应当建立健全内部控制系统，明确内部控制职责，完善内部控制措施，强化内部控制保障，持续开展内部控制评价和监督。

【理论分析】

银行是我国最重要的金融机构，也是防范金融系统性风险的关键节点。因此，我国金融监管的重中之重便是银行业监管。根据银行监管的方式，将银行业监管区分为宏观审慎监管与微观审慎监管。宏观审慎监管的目标是防范系统性风险，维护金融体系的整体稳定，防止经济增长受影响；而微观审慎监管的目的在于控制个体金融机构或行业的风险，保护投资者利益。微观审慎监管理念下，监管者认为只要维护了每个金融机构的稳定就足以保证金融稳定性的实现。当然，随着金融危机的爆发，监管者已经意识到仅仅保护个体金融机构的安全并不足以防范系统金融风险的爆发。因此，现在全世界范围内，都是将宏观审慎与微观审慎监管并行，进行协调性监管。

在本案中，依然侧重的是微观审慎监管，即如何保障个体金融机构的安全。而在乙集团债中，多家银行由于多个层面的违规导致被处罚。其中的违规行为即包括违反银行法中的程序性规定，也包括对资金运用方式的违规和理财产品销售的违规。

比如甲银行在销售乙集团债的过程中，存在未能按照银行监管要求报送监管数据、报送监管数据不真实的违法行为。这些程序性的违法会让银行监管者无法充分获取信息，从而影响到金融市场规制的职能实现。

更重要的是，在乙集团债案件中，多家银行通过违规开具票据，通过"通道业务"将银行资金输送给私募债的资金募集方，从而极大影响了银行的资金安全。所谓的通道业务，是指银行机构为了避免监管者对银行资金运用的限制，通过与其他金融机构签订协议，以合法形式，将银行资金输送给监管者禁止投向的产业。通道业务对于银行机构的吸引力在于，它们往往都是在短期内具有高额回报的业务，比如房地产、信托，但是国家出于市场调控、降低风险等目的，禁止银行向某些产业投入资金。银行为了能够扩大利润，便会通过协议搭建通道，比如将资金投入某适当的机构所发行的证券，而这些证券资金募集完毕后会投向高风险的产业部门。这些通道业务会引发银行资金配置的风险积累，进而影响金融机构的安全。2017 年 12 月，银监会下发《关于规范银信类业务的通知》，从商业银行和信托公司双方规范银信类业务，并提出了加强银信类业务监管的要求。该通知要求，不得接受委托方银行直接或间接提供的担保，不得与委托方银行签订抽屉协议，不得为委托方银行规避监管要求或第三方机构违法违规提供通道服务，不得将信托资金违规投向房地产、地方政府融资平台、股市、产能过剩等限制或禁止领域等。在乙集团债的涉案机构中，多家机构都是由于搭建通道而被处罚。例如上海某信托因"在开展信托贷款业务过程中，内部控制严重违反审慎经营规则"被罚款 200 万元。国民信托、金谷国际信托因"管理信托财产不审慎严重违反审慎经营规则"分别被罚款 20 万元、50 万元。陆家嘴国际信托因"内控管理不到位，违反审慎经营规则办理信托业务"被罚款 40 万元。平安信托因"违反程序签订信托文件，作为受托人履职不审慎，严重违反审慎经营规则"被罚款 20 万元。

除此之外，乙集团债案件中还体现了国家对银行刚性兑付行为的禁止。例如涉案的甲银行惠州分行、长沙分行在内的八家经营机构销售不保本某系列理财产品违规保本保收益，开具与事实不符的金融票据。刚性兑付看似对投资者利益保护有积极作用，但该行为会对金融市场的资金配置带来严重扭曲，因此监管者禁止银行发行保本保收益的产品。从本质上说，银行之间发行的理财产品竞争应当在投资能力领域进行竞争。但刚性兑付的存在，导致这些银行之间的竞争实质上不存在，即使某银行的投资能力较弱，但只要承诺了收益，就可以从其他收入来源中对不能实现的收益率进行补贴。长此以往，银行的金融安全就会受到影响。

总之，该案体现了我国银行监管者对整治银行系统的决心，也间接促进了我国金融市场健康、可持续发展。

【思考题】

1. 如何规范信用保证风险，抵御信用违约风险？

2. 如何解决监管机构各司其职导致监管真空，各监管部门无法检测真实资金流向的问题？

3. 互联网金融领域平台罔顾风险把私募债出售给个人投资者是否违法？

案例六　甲银行与乙银行营业部同业拆借纠纷再审案❶

【基本案情】

一、同业拆借起由

1993 年 4 月，湖南省某县 A 实业公司以开展广东房地产业务造成资金短缺、急需资金为由，申请向乙银行营业部申请贷款。乙银行同意贷款给 A 实业公司，但提出由该公司所在地的银行与乙银行签订同业拆借合同，然后由 A 实业公司当地的银行作为

---

❶ 中国农业银行邵阳市分行与中国建设银行湖南省分行营业部同业拆借纠纷案。张金锁. 银行风险与规避法律实务应用全书［M］. 北京：中国法制出版社，2012.

拆入行将拆入资金贷款给该公司，完成资金的转贷。

二、拆借合同签署

A 实业公司找到甲银行的直属业务部门国际业务部某代办处（以下简称某代办处），申请与乙银行签订同业拆借合同，进行资金转贷。某代办处同意后，应 A 实业公司的要求，在 1993 年 5 月 4 日与乙银行签订了借款 300 万元的资金拆借合同，并于该年 5 月 13 日又与乙银行签订了借款 200 万元的资金拆借合同。与此同时，某代办处分别在资金拆借合同签署当日，又与 A 实业公司签订了借款契约以及贷款的补充协议。

三、转贷过程

1993 年 5 月 4 日，乙银行为 A 实业公司办理了 300 万元贷款的划拨手续，并由 A 实业公司向乙银行支付了 115000 元的利息。该年 5 月 13 日，乙银行又为 A 实业公司办理了 200 万元的贷款划拨手续，A 实业公司向乙银行支付利息 5 万元。1995 年 7 月 4 日，乙银行、某代办处及 A 实业公司三方对拆借 500 万元资金的过程进行了情况说明，重述了上述两份资金拆借合同的签订情况，并写明"在两笔资金的汇划上，为了减少在途时间，应 A 实业公司的要求，经过甲银行同意，乙银行将款项直接汇入广东省某县 A 实业公司指定的银行账户上"。

四、纠纷产生

借款到期后，A 实业公司未能及时偿还贷款本金以及贷款剩余利息，形成了借贷纠纷。乙银行已经通过协议将自身的债权让与某资产管理公司长沙办事处。目前，A 实业公司已经被工商管理部门注销，由某县人民政府财贸工作办公室（以下简称某县财贸办）对 A 实业公司进行财产清算。

五、法院审理

该同业拆借纠纷案件后由甲银行申请最高人民法院进行再审。最高人民法院认为，本案中所涉及的资金主要用途是进行房地产开发业务，甲、乙银行和 A 公司对该事实确认无误。同业拆借资金用于房地产开发等营利性经济活动的行为违反了 1990 年 3 月 8 日由中国人民银行公布实施的《同业拆借管理试行办法》。该办法第 5 条规定，拆入资金只用于弥补票据清算、联行汇差头寸的不足和解决临时性周转资金的需要，严禁用拆借资金发放固定资产贷款。按照该条规定，本案中所涉及的拆借合同应当认定为无效合同。本案原判决认定合同中除约定利息以外的条款是有效的这一说法是错误的。因此，甲银行对于该拆借合同无效的再审申请成立。本案中，资金拆借合同以及其所涉及的贷款补充协议约定乙银行将资金拆借给某代办处，再由某代办处将资金转贷给 A 实业公司，但合同当事人在事后对于履行情况所写的说明证实：为了减少资金的在途时间，在 A 实业公司的要求下，经过甲银行的同意，乙银行将贷款直接划拨到了 A 实业公司的账户上。乙银行划拨给 A 实业公司的 500 万元，是某代办处依照约定给 A 实业公司的贷款，同时是乙银行与某代办处资金拆借合同的实际简化履行。乙银行将 500 万元转入 A 实业公司法定代表人石某的个人账户，属于资金拆借后的转贷行为，A

实业公司对此并无异议。因此，甲银行对于拆借合同并未实际履行的再审申请理由不成立。甲乙银行均对拆借合同无效有过错，二者都是国家金融机构，应当严格遵守国家法律法规，维护国家金融秩序，在知晓拆借资金违法的情况下，仍然签订了合同并得到实际履行。某代办处应当向乙银行返还拆借本金和合法孳息，甲银行作为其具有法人资格的上属机构，应当承担某代办处在业务活动中职务行为产生的法律后果，因此乙银行关于不承担责任的再审理由不能成立。乙银行按照合同所取得的利息属于违法所得，应当在本金中扣除。原判决中未认定乙银行的责任，只认定甲银行的责任是属于判决失当。A 实业公司和某代办处的借贷合同做另案处理。

【主要法律问题】

1. 拆借资金的适用范围是什么？
2. 违反法律规定的拆借合同是否有效？

【主要法律依据】

一、《中华人民共和国商业银行法》（1995 年 7 月 1 日起施行）

第 46 条　同业拆借，应当遵守中国人民银行的规定。禁止利用拆入资金发放固定资产贷款或者用于投资。拆出资金限于交足存款准备金、留足备付金和归还中国人民银行到期贷款之后的闲置资金。拆入资金用于弥补票据结算、联行汇差头寸的不足和解决临时性周转资金的需要。

二、《同业拆借管理办法》（2007 年 8 月 6 日起施行）

第 2 条　本办法适用于在中华人民共和国境内依法设立的金融机构之间进行的人民币同业拆借交易。

第 3 条　本办法所称同业拆借，是指经中国人民银行批准进入全国银行间同业拆借市场（以下简称同业拆借市场）的金融机构之间，通过全国统一的同业拆借网络进行的无担保资金融通行为。

第 14 条　同业拆借交易必须在全国统一的同业拆借网络中进行。政策性银行、企业集团财务公司、信托公司、金融资产管理公司、金融租赁公司、汽车金融公司、证券公司、保险公司、保险资产管理公司以法人为单位，通过全国银行间同业拆借中心的电子交易系统进行同业拆借交易。通过中国人民银行分支机构拆借备案系统进行同业拆借交易的金融机构应按照中国人民银行当地分支机构的规定办理相关手续。

第 22 条　商业银行同业拆借的拆入资金用途应符合《中华人民共和国商业银行法》的有关规定。

【理论分析】

银行开展业务，需要资金。作为金融中介，银行最重要的资金来源是客户存款。除客户存款之外，银行也需要一些其他来源的资金作为应急使用。同业拆借，便是银行获取临时性资金的重要办法。同业拆借是金融机构彼此间互相帮助的一种资金调剂活动，具备期限较短、拆借主体的资信较好、利率水平低、融资对象与数额灵活的特点。但是银行在开展同业拆借业务的时候，需要遵循一定的程序与条件，这也是我国金融监管者为了避免出现系统性的金融风险所采取的必要措施。比如，银行在进行同业拆借的时候，可能会为了快速得到资金支持而接受高利息，但由于银行资金并非自有资金，接受高利息之后在还款环节可能给银行稳健经营带来不利影响。

根据我国的《商业银行法》与《同业拆借管理办法》，拆借资金需要根据规定进行使用。这些规定的目的就是能够防范银行机构的个体风险。之所以禁止利用拆入资金发放固定资产贷款或者投资，是由于这些领域的资金流向存在损失本金的风险，如果利用拆入资金从事高风险的投资活动，一旦投资失败，无法收回的资金就会对拆入行形成巨大的资金压力，并进一步影响到银行的稳健经营。为了银行资金的安全性，《同业拆借管理办法》中还直接对拆借资金的期限进行规定，并且要求期限到期后不得展期，进一步限制了银行机构之间的意思自治。这些对银行机构意思自治的限制，便体现了我国金融监管者对银行机构的审慎监管态度。在民事法律关系中，也需要对金融监管的这一态度进行评价。

从维护公共秩序的角度出发，如果任由银行自由约定拆借资金的用途和期限，势必会对我国的银行同业拆借市场造成严重的干扰和破坏。与此同时，由于拆借导致的高风险，也可能为金融机构带来系统性风险。民事法律制度需要对金融监管者所意欲维护的市场秩序保持尊重。也就是说，如果银行在从事同业拆借活动中违反了商业银行法和同业拆借的相关规定，那么民法应当对该拆借合同做出否定性的评价。本案中，法院正是依据同业拆借的有关规定，对相关银行机构之间的合同做出了否定性评价。

【思考题】

1. 同业拆借市场及其主要特征是什么？
2. 某商业银行通过同业拆借获得一笔资金，是否可以用于发放贷款和投资？

第三节　外汇管理法律制度

外汇管理法律制度是调整外汇管理机构及其在外汇收支活动中所发生的经济关系的法律规范的总称。外汇管理法对维护国内外收支平衡、汇率稳定、对外投资、外资引入都发挥有关键性的作用，对促进国民经济健康发展发挥了重要作用。

 **案例七　某技术开发有限公司与国家外汇管理局某省分局、国家外汇管理局行政诉讼案**[●]

【基本案情】

一、某技术开发有限公司未按规定上传外汇年检报告

（一）外汇管理机关发布关于企业进行外汇年检申报的公告

2013 年 3 月 29 日，被告国家外汇管理局某省分局在"全国外商投资企业网上联合年检"网上发布《2013 年外商投资企业外汇年检公告》，要求外商投资企业应于 2013 年 3 月 1 日至 6 月 30 日参加 2012 年度外汇年检，并告知参检方式、内容及逾期未参检法律责任等事宜。2014 年 5 月 6 日，被告国家外汇管理局某省分局在"全国外商投资企业年度运营情况网上联合申报及共享系统"发布《2014 年外商投资企业年度外汇经营状况申报工作公告》，要求外商投资企业于 2014 年 5 月 12 日至 8 月 31 日报送 2013 年度外汇经营状况，并告知申报方式、内容及逾期未申报法律责任等事宜。

（二）某技术开发有限公司未按规定上传外汇年检报告

原告某技术开发有限公司称已委托甲会计师事务所于 2013 年 10 月 8 日出具关于原告 2012 年度财务报表的审计报告，该省乙会计师事务所有限责任公司于 2014 年 6 月 30 日出具关于原告 2013 年度财务报表的审计报告。并且 2012 年、2013 年两年的审计报告已作为外汇年检申报的材料上传至国家外汇管理局的上传系统中。但国家外汇管理局某省分局与国家外汇管理局未收到原告某技术开发有限公司上传的外汇年检材料或认为原告上传的材料不完整，不符合相关规定对上传材料的要求，故认定其未完成 2012 年度、2013 年度外汇年检报告的上传。国家外汇管理局某省分局与国家外汇管理局基于服务企业的宗旨，已进一步通过公告和电话告知等方式，通知原告及时报送财务会计报告、统计报表等资料。但原告某技术开发有限公司依然未按照国家外汇管理局的规定报送相关资料。

二、行政处罚

国家外汇管理局某省分局认定原告未按规定参加外汇年检及申报外汇经营状况的行为违反了《中华人民共和国外汇管理条例》第 35 条规定，于 2016 年 5 月 17 日作出闽汇罚〔2016〕4 号《国家外汇管理局某省分局行政处罚决定书》，根据《中华人民共和国外汇管理条例》第 48 条第 2 项规定，责令原告改正，决定对原告给予警告，处罚款 3 万元人民币。原告不服，向被告国家外汇管理局提起行政复议。被告国家外汇管

[●]　晟视（福建）眼科技术开发有限公司、国家外汇管理局福建省分局、国家外汇管理局行政复议案，(2016) 闽 0102 行初 265 号。

理局于 2016 年 7 月 28 日作出汇发〔2016〕18 号《行政复议决定书》，维持闽汇罚〔2016〕4 号《国家外汇管理局某省分局行政处罚决定书》。

三、法院审理

法院认为，依据《中华人民共和国外汇管理条例》第 2 条、第 48 条的规定，被告国家外汇管理局某省分局作为外汇管理机关，具有作出行政处罚决定的职权。本案中，被告国家外汇管理局某省分局已在"全国外商投资企业网上联合年检"网及"全国外商投资企业年度运营情况网上联合申报及共享系统"发布了 2012 年度外汇年检、2013 年度外汇经营状况的申报具体事项的公告，原告作为外商投资企业，应当按照公告上的要求参加外汇年检及申报外汇经营状况，但原告未按照上述要求办理的事实，有原告《营业执照》《组织机构代码证》《中华人民共和国台港澳侨投资企业批准证书》、资本项目信息系统企业 FDI 存量权益登记信息查询截屏打印件、事实确认书等证据证实。因此，被告国家外汇管理局某省分局作出的行政处罚行为事实清楚、证据确凿。被告国家外汇管理局某省分局认定原告未按规定参加外汇年检及申报外汇经营状况的行为，违反了《中华人民共和国外汇管理条例》第 35 条"有外汇经营活动的境内机构，应当按照国务院外汇管理部门的规定报送财务会计报告、统计报表等资料"的规定，根据《中华人民共和国外汇管理条例》第 48 条第 2 项"有下列情形之一的，由外汇管理机关责令改正，给予警告，对机构可以处 30 万元以下的罚款，对个人可以处 5 万元以下的罚款：……（2）未按照规定报送财务会计报告、统计报表等资料的；……"之规定，对原告作出行政处罚行为，法律适用正确。被告国家外汇管理局某省分局在检查工作中发现原告的违法行为，经过立案、调查取证、处罚事先告知、作出处罚并送达，程序合法，法院予以确认。被告国家外汇管理局受理原告的行政复议申请后，按规定要求行政复议被申请人提交书面答复，并在法定期限内作出汇发〔2016〕18 号《国家外汇管理局行政复议决定书》，复议程序合法。

本案中原告关于被告国家外汇管理局某省分局缺失告知原告未申报及何时必须申报的程序，且已审核认可原告申报 2014 年、2015 年两年年检报告的行为已构成对原告 2012 年度、2013 年度年检所涉行为不予处罚的默示认可，故被告作出的行政处罚程序违法且滥用职权的主张，因被告国家外汇管理局某省分局已在专门用于年检与年度经营情况申报相关工作的网站发布了 2012 年度、2013 年度申报工作的公告，公告中已明确告知参检及申报方式、内容及逾期未参检、申报的法律责任等事宜，且原告于 2012 年已通过"全国外商投资企业网上联合年检"网参加了 2011 年度外汇年检，故原告知晓通过上述网站了解并执行有关外汇年检或年度经营情况申报规定。原告作为外商投资企业，应当按规定进行每年的参检申报工作，其不能以完成了 2014 年、2015 年两年年检申报来否定其未按规定进行 2012 年度外汇年检、2013 年度外汇经营状况的申报的事实，更不能以此作为被告国家外汇管理局某省分局的默示认可。故原告的主张，法院不予支持。

【主要法律问题】

1. 企业应在何时按照何程序进行外汇申报?
2. 未及时进行申报应当如何处罚?

【主要法律依据】

一、《中华人民共和国外汇管理条例》（2008 年 8 月 5 日起施行）

第 4 条 境内机构、境内个人的外汇收支或者外汇经营活动，以及境外机构、境外个人在境内的外汇收支或者外汇经营活动，适用本条例。

第 35 条 有外汇经营活动的境内机构，应当按照国务院外汇管理部门的规定报送财务会计报告、统计报表等资料。

第 48 条 有下列情形之一的，由外汇管理机关责令改正，给予警告，对机构可以处 30 万元以下的罚款，对个人可以处 5 万元以下的罚款:

（一）未按照规定进行国际收支统计申报的;

（二）未按照规定报送财务会计报告、统计报表等资料的;

（三）未按照规定提交有效单证或者提交的单证不真实的;

（四）违反外汇账户管理规定的;

（五）违反外汇登记管理规定的;

（六）拒绝、阻碍外汇管理机关依法进行监督检查或者调查的。

二、《中华人民共和国外商投资法》（2020 年 1 月 1 日起施行）

第 34 条 国家建立外商投资信息报告制度。外国投资者或者外商投资企业应当通过企业登记系统以及企业信用信息公示系统向商务主管部门报送投资信息。

第 37 条 外国投资者、外商投资企业违反本法规定，未按照外商投资信息报告制度的要求报送投资信息的，由商务主管部门责令限期改正;逾期不改正的，处十万元以上五十万元以下的罚款。

第 38 条 对外国投资者、外商投资企业违反法律、法规的行为，由有关部门依法查处，并按照国家有关规定纳入信用信息系统。

【理论分析】

外汇是一个国家在参与国际经济财富分配过程中所掌握的重要资源。在世界范围内，不同国家会根据自己的金融政策采用不同的外汇管理制度。根据蒙代尔不可能三角理论，一个国家追求的外汇管理目标包括外汇自由流动、固定汇率、独立的外汇政策不可能同时实现，只能追求其中的两项。我国目前这个阶段，追求的是独立的外汇政策，同时采用浮动的外汇汇率，追求外汇一定程度的自由流动。为了配合这样的外汇目标的实现，就需要外汇管理法。

外汇管理法，是调整在外汇管理活动中发生的社会关系的法律规范的总称。其中，被管理的客体是外汇。在我国，外汇指代的不仅仅是外国货币，而是包含了一系列能够进行国际清偿的支付手段或者资产。其中包括（1）外币现钞，包括纸币、铸币；（2）外币支付凭证或者支付工具，包括票据、银行存款凭证、银行卡等；（3）外币有价证券，包括债券、股票等；（4）特别提款权；（5）其他外汇资产。

同时，我国的外汇管理法还规定境内机构、境内个人的外汇收支或者外汇经营活动，以及境外机构、境外个人在境内的外汇收支或者外汇经营活动，都适用我国的外汇管理法，明确了我国外汇管理法的适用范围。

我国将外汇管理项目区分为经常外汇管理项目与资本外汇管理项目。经常外汇项目是指国内机构在从事日常的商业往来活动中，作为支付手段进行的外汇购买与出售。对这部分的外汇管理无须登记，仅仅需要依据外汇管理法，确保经常项目外汇收支具有真实、合法的交易基础。经营结汇、售汇业务的金融机构应当按照国务院外汇管理部门的规定，对交易单证的真实性及其与外汇收支的一致性进行合理审查。而资本外汇项目涉及没有交易基础的、大批量的外汇转移，因此国家需要采用更为严格的方式进行管理，避免国家外汇流失。境外机构、境外个人在境内直接投资，经有关主管部门批准后，应当到外汇管理机关办理登记。境内机构、境内个人向境外直接投资或者从事境外有价证券、衍生产品发行、交易，应当按照国务院外汇管理部门的规定办理登记。国家规定需要事先经有关主管部门批准或者备案的，应当在外汇登记前办理批准或者备案手续。除此之外，如果涉及对外担保、举借外债，同样都需要进行批准程序。

另一方面，国家为了能够掌握我国外汇流动的准确数据，还要求境内机构对外汇流动进行数据的报送。这些数据的报送，应当符合外汇管理部门对信息准确性、完整性、及时性的要求。

违反了上述的外汇管理规定就会承担相应的责任。在本案中，尽管某技术开发有限公司认为自己没有违反法律的规定逃避外汇管理，并且上传了数据，但由于外汇管理部门认为该数据的及时性不足，完全可以依据我国现行的《外汇管理条例》对其进行处罚。

【思考题】

境外直接投资的境内主体与外商投资企业在外汇申报程序上有什么不同？

CHAPTER 15　第十五章

其他调控法律制度

 本章知识要点

（1）产业政策法律制度。产业政策法是指调整在国家产业政策的制定和实施过程中发生的各种社会关系的法律规范的总称。产业政策法律制度主要包括：产业结构法、产业组织法、产业技术法、产业布局法。（2）投资调控法律制度。投资调控法是指调整在国家调节和控制固定资产投资活动过程中发生的经济关系的法律规范的总称。投资调控法律制度包括：投资主体制度、投资资金管理制度、投资程序制度、投资法律责任制度。（3）对外贸易调控法律制度。对外贸易法是指国家或地区调整、规范本国或本地区开展外贸活动中所产生的经济关系的法律规范。对外贸易调控法律制度包括：货物进出口、技术进出口法律制度，国际服务贸易法律制度，对外贸易调查、救济与促进。（4）计划调控法律制度。计划法有形式意义计划法和实质意义计划法之分，形式意义计划法即关于计划法的基本规范性文件；实质意义计划法即作为一个法的部门的计划法。计划调控法律制度包括：计划实体法律制度、计划程序法律制度。

第一节　产业政策法律制度

产业结构法是指政府为了推动产业结构的合理化，实现产业结构优化升级，促进产业间的资源配置优化和国家经济增长，依据本国的产业结构演化趋势而制定的法律规范。产业组织法是指政府为了获得理想的市场绩效而对产业的市场结构和市场行为进行调节的法律规范。产业技术法是指为了促进产业技术进步，对产业技术发展实施指导、选择、促进与控制而规定产业技术发展目标、途径、措施的法律制度。产业布局法是指政府为了促进经济协调布局和均衡发展而制定的法律制度。

案例一　某矿业有限公司诉某县人民政府行政补偿案❶

【基本案情】

2007年3月，某矿业有限公司（以下简称某矿业公司）的法定代表人郑某收购了某县银矿矿区在内的所有资产。2008年初，某矿业公司取得探矿权，核定勘查面积8.54平方千米。同年，某矿业公司也取得A省国土资源厅《划定矿区范围批复》，A省国土资源厅对已完成详查的0.7449平方千米确定为矿区范围，规划生产能力为10万吨/年，预计服务年限6年，并要求某矿业公司在一年内办理采矿登记手续。2009年1月7日，A省人民政府作出《关于某县饮用水源保护区调整方案的批复》（闽政文〔2009〕7号），批复确定某县的水资源保护区划定范围，某矿业公司所有的罗厝银矿采矿项目被划入某县饮用水源二级保护区范围内。2010年8月2日，某县国土资源局向某公司发出《通知》：因罗厝矿区项目与引水工程水源保护区有冲突，待水源保护区解决冲突后再继续投入资金探矿。2018年6月14日，A省国土资源厅作出《关于停止某县罗厝矿区银矿探矿权与水源保护区重叠区域勘查活动的函》，要求某县人民政府通知原告停止勘查活动。2018年7月27日，某县人民政府通过某县国土资源局向原告出具了《关于停止开展勘查区与岭下乡二级饮用水水源保护区重叠范围勘查活动的通知》，要求某矿业公司停止勘查活动。2018年8月26日，A省国土资源厅作出《A省国土资源厅关于及时督促水源保护区内探矿权尽快办理勘查范围变更登记手续的函》（闽国土资函〔2018〕412号），要求某县人民政府立即通知本辖区内探矿权人务必于2018年9月25日前往A省国土资源厅办理探矿权缩小勘查范围变更或注销登记手续。此后，某县国土资源局作出《关于办理与保护区重叠探矿权缩小勘查范围变更或注销登记手续的通知》，要求某矿业公司于2018年9月25日前往A省国土资源厅办理探矿权注销登记手续。至此，某矿业公司停止了矿区项目的继续勘查和采矿许可证的申领工作。

2018年12月7日，某矿业公司向某县人民政府递交了《关于要求对某矿业公司给予行政补偿的申请》，要求其予以行政补偿，但某县人民政府逾期未作出补偿决定。某矿业公司因诉某县人民政府行政补偿一案，向A省B市中级人民法院（以下简称B市中院）提起行政诉讼，B市中院于2019年10月14日作出（2019）闽09行初76号行政判决书，判决责令某县人民政府在本判决生效之日起两个月内对某矿业公司给予行政补偿。某县人民政府不服，提起上诉，A省高级人民法院作出（2019）闽行终1210号行政裁定书，裁定撤销（2019）闽09行初76号行政判决，发回B市中院重审。

---

❶　一审判决：福建省宁德市中级人民法院（2019）闽09行初76号行政判决书，（2020）闽09行初12号；二审裁定：福建省高级人民法院（2019）闽行终1210号行政裁定书。

B 市中院经审理认为，某县人民政府系本案适格的补偿主体，某矿业公司要求某县人民政府给予行政补偿，于法有据，依法应予支持。某县人民政府应补偿某矿业公司的财产损失包括：（1）在建工程、管理费用、生产成本等损失 3306272.03 元，（2）固定资产损失 50 万元，（3）材料及低值易耗品损失 185766.9 元，（4）收购罗厝矿区探矿权、探矿、采矿设施在内的所有资产转让费 300 万元，合计 6992038.93 元及利息（自 2018 年 7 月 27 日起按中国人民银行同期存款基准利率计算）。

【主要法律问题】

1. 本案中，某县政府的行为是否违反了产业政策法？
2. 人民法院在审理产业布局法纠纷时，如何协调经济发展与生态保护的关系？

【主要法律依据】

一、《中华人民共和国水污染防治法》（2008 年 6 月 1 日起施行，2017 年 6 月 27 日最新修正，以下简称《水污染防治法》）

第 4 条第 2 款　地方各级人民政府对本行政区域的水环境质量负责，应当及时采取措施防治水污染。

第 66 条第 1 款　禁止在饮用水水源二级保护区内新建、改建、扩建排放污染物的建设项目；已建成的排放污染物的建设项目，由县级以上人民政府责令拆除或者关闭。

二、《中华人民共和国行政许可法》（2004 年 7 月 1 日起施行，2019 年 4 月 23 日修正，以下简称《行政许可法》）

第 8 条第 2 款　行政许可所依据的法律、法规、规章修改或者废止，或者准予行政许可所依据的客观情况发生重大变化的，为了公共利益的需要，行政机关可以依法变更或者撤回已经生效的行政许可。由此给公民、法人或者其他组织造成财产损失的，行政机关应当依法给予补偿。

【理论分析】

我国产业政策立法，最早可以追溯到 1986 年开始实施的《中华人民共和国国民经济和社会发展第七个五年计划》。尤其值得一提的是，为了完善产业政策法体系，我国于 2021 年制定了《中华人民共和国国民经济和社会发展第十四个五年规划和 2035 年远景目标纲要》（以下简称《"十四五"规划纲要》）。此纲要阐明了国家发展的战略意图，明确了政府工作重点，引导了市场主体行为，是未来五年我国经济社会发展的宏伟蓝图，是政府履行经济调节、市场监管、社会管理和公共服务职责的重要政策性依据。

产业政策法包括产业结构法、产业组织法、产业技术法和产业布局法，在某矿业公司诉某县人民政府行政补偿案中，主要涉及某县政府的行为是否违反产业布局法、政府如何协调经济发展与生态保护的关系。

一、产业结构法

（一）产业结构法概述

产业结构法是指政府为了推动产业结构的合理化，实现产业结构优化升级，促进产业间的资源配置优化和国家经济增长，依据本国的产业结构演化趋势而制定的法律规范。产业结构法主要包括整体产业结构规划制度、主导产业的保护和扶植制度、衰退产业调整和援助制度、弱小产业扶植政策等综合性产业结构法以及促进产业结构合理化的其他单项产业法。

（二）调整产业结构的具体措施

我国尚未制定统一的产业结构法，现行产业结构法的具体内容散见于不同的法规和政策中。目前我国产业结构调整的主要措施包括：

1. 巩固和加强农业的基础地位

第一，推进农业现代化。农业是全面建成小康社会和实现现代化的基础，必须加快转变农业发展方式，着力构建现代农业产业体系、生产体系、经营体系，提高农业质量效益和竞争力，走产出高效、产品安全、资源节约、环境友好的农业现代化道路。

第二，增强农产品安全保障能力。确保谷物基本自给、口粮绝对安全，调整提高农产品综合生产能力和质量安全水平，形成结构更加合理、保障更加有力的农产品有效供给。提高粮食生产能力保障水平，加快推进农业结构调整，推进农村一二三产业融合发展，确保农产品质量安全，促进农业可持续发展，开展农业国际合作。

第三，构建现代农业经营体系。以发展多种形式适度规模经营为引领，创新农业经营组织方式，构建以农户家庭经营为基础、合作与联合为纽带、社会化服务为支撑的现代农业经营体系，提高农业综合效益。发展适度规模经营，培育新型农业经营主体，健全农业社会化服务体系。

第四，提高农业技术装备和信息化水平。健全现代农业科技创新推广体系，加快推进农业机械化，加强农业与信息技术融合，发展智慧农业，提高农业生产力水平。提升农业技术装备水平，推进农业信息化建设。

第五，完善农业支持保护制度。保障主要农产品供给、促进农民增收、实现农业可持续发展为重点，完善强农惠农富农政策，提高农业支持保护效能。持续增加农业投入，完善农产品价格和收储制度，创新农村金融服务。

第六，加快农业转移人口市民化。维护进城落户农民土地承包权、宅基地使用权、集体收益分配权，支持引导其依法自愿有偿转让上述权益。

2. 推进工业结构优化升级

要实施制造强国战略，深入实施 2015 年 5 月由国务院印发的部署全面推进实施制造强国的战略文件《中国制造 2025》，以提高制造业创新能力和基础能力为重点，推进信息技术与制造技术深度融合，促进制造业朝高端、智能、绿色、服务方向发展，培育制造业竞争新优势。全面提升工业基础能力，加快发展新型制造业，推动传统产业改造升级，加强质量品牌建设，积极稳妥化解产能过剩，降低实体经济企业成本。要支持战略性新兴产业发展，瞄准技术前沿，把握产业变革方向，围绕重点领域，优化政策组合，拓展新兴产业增长空间，抢占未来竞争制高点，使战略性新兴产业增加值占国内生产总值比重达到15%。提升新兴产业支撑作用，培育发展战略性产业，构建新兴产业发展新格局，完善新兴产业发展环境。

3. 加快发展服务业

根据配第—克拉克定理，随着社会人均国民收入水平的提高，就业人口首先由第一产业向第二产业转移，当人均国民收入水平有了进一步提高时，就业人口便大量向第三产业转移。因此，随着我国国民经济水平的提高，我们应该加大以服务业为主的第三产业的发展。

《"十四五"规划纲要》提出，"促进服务业繁荣发展"。聚焦产业转型升级和居民消费升级需要，扩大服务业有效供给，提高服务效率和服务品质，构建优质高效、结构优化、竞争力强的服务产业新体系。具体而言，促进服务业繁荣发展的主要举措为：（1）推动生产性服务业融合化发展。以服务制造业高质量发展为导向，推动生产性服务业向专业化和价值链高端延伸。（2）加快生活性服务业品质化发展。以提升便利度和改善服务体验为导向，推动生活性服务业向高品质和多样化升级。（3）深化服务领域改革开放。扩大服务业对内对外开放，进一步放宽市场准入，全面清理不合理的限制条件，鼓励社会力量扩大多元化多层次服务供给。

二、产业组织法

（一）产业组织法概述

产业组织法是指政府为了获得理想的市场绩效而对产业的市场结构和市场行为进行调节的法律规范。广义的产业组织法应当包含反垄断法、企业合并法、企业集团法、中小企业法、国有资产重组法、外商投资企业法等。

（二）升级产业组织的具体措施

《"十四五"规划纲要》提出，我们要"激发各类市场主体活力"。毫不动摇巩固和发展公有制经济，毫不动摇鼓励、支持、引导非公有制经济发展，培育更有活力、创造力和竞争力的市场主体。因此，目前我国主要应从以下几方面来加强产业组织的调整：

1. 健全管资本为主的国有资产管理体制

以管资本为主加强国有资产监管，提高资本回报，防止国有资产流失。改组组建国有资本投资、运营公司，提高国有资本配置和运行效率，形成国有资本流动重组、布局调整的有效平台。健全国有资本合理流动机制，推进国有资本布局战略性调整，引导国有资本更多投向关系国家安全、国民经济命脉的重要行业和关键领域。建立国有资产出资人监管权力清单和责任清单，稳步推进经营性国有资产集中统一监管，建立覆盖全部国有企业、分级管理的国有资本经营预算管理制度。对国有企业国有资本和企业领导人员履行经济责任情况实行审计全覆盖。

2. 发展混合所有制经济

依法监管各种所有制经济。支持国有资本、集体资本、非公有资本等交叉持股、相互融合。推进公有制经济之间股权多元化改革。稳妥推动国有企业发展混合所有制经济，开展混合所有制改革试点示范。引入非国有资本参与国有企业改革，鼓励发展非公有资本控股的混合所有制企业。鼓励国有资本以多种方式入股非国有企业。

3. 支持非公有制经济发展

坚持权利平等、机会平等、规则平等，更好激发非公有制经济活力和创造力。废除对非公有制经济各种形式的不合理规定，消除各种隐性壁垒，保证依法平等使用生产要素、公平参与市场竞争、同等受到法律保护、共同履行社会责任。鼓励民营企业依法进入更多领域。

4. 优化企业组织机构

应当形成以大企业为主导、大中小企业协调发展的局面。为改善中小企业经营环境，扩大城乡就业，发挥中小企业在国民经济和社会发展中的重要作用，我国在2002年6月颁布了《中华人民共和国中小企业促进法》（2003年1月1日起施行，2017年9月1日修订，以下简称《中小企业促进法》）。《中小企业促进法》规定，国家对中小企业提供资金支持，创业扶持，鼓励中小企业进行技术创新和市场开拓，鼓励政府及社会等组织和机构建立健全针对中小企业的服务体系。

5. 培育企业发展环境

开展降低实体经济企业成本行动，优化运营模式，增强盈利能力。限制政府对企业经营决策的干预，减少行政审批事项。清理和规范涉企行政事业性收费，减轻企业负担，放宽市场准入，健全市场退出机制。强化竞争政策基础地位，坚持鼓励竞争、反对垄断，完善竞争政策框架，构建覆盖事前、事中、事后全环节的竞争政策实施机制。强化公平竞争审查制度的刚性约束，完善公平竞争审查细则，持续清理废除妨碍全国统一市场和公平竞争的规定及做法。在某矿业公司诉某县人民政府行政补偿案中，司法机关通过对地质矿产行政管理纠纷的处理，保护了某矿业公司申请和获得行政补偿的权利，培育了有利于企业健康发展的营商环境。

三、产业技术法

（一）产业技术法概述

产业技术法是指为了促进产业技术进步，对产业技术发展实施指导、选择、促进与控制而规定产业技术发展目标、途径、措施的法律制度。产业技术法是保障产业技术有效发展、促进资源向技术开发领域投入的主要法律制度。

《中华人民共和国科学技术进步法》（1993年10月1日起施行，2021年12月24日最新修订，以下简称《科学技术进步法》），是目前我国产业技术政策领域的基本法。新修订的《科学技术进步法》已经于2022年1月1日起开始施行。该法将新时期国家发展科学技术的目标、方针、战略上升为法律，强化了科技工作的统筹协调和资源共享，突出了企业的技术创新主体地位，明确了科技创新知识产权工作的目标和措施，确立了科研诚信和宽容失败的制度，完善了科研机构管理制度和对科技人员的激励机制，从财政、金融、税收、政府采购等各方面构建促进自主创新的制度体系。因此，《科学技术进步法》将为我国产业自主创新能力的提高和建设创新型国家提供重要的法律保障。

（二）发展产业技术的具体措施

1. 实施创新驱动发展战略

智力资本是现代产业的核心要素，在知识经济时代，技术改造才可以使生产率提高，高新科技的投资回报要远远高于传统产业。为此，党的十八大提出实施创新驱动发展战略，强调科技创新是提高社会生产力和综合国力的战略支撑，必须摆在国家发展全局的核心位置。2015年3月，中国政府网公布《中共中央 国务院关于深化体制机制改革加快实施创新驱动发展战略的若干意见》。2016年5月，中共中央、国务院印发《国家创新驱动发展战略纲要》。通过实施创新驱动发展战略，可以增加技术的创新能力，形成产业的比较优势基础，从而维持国家产业的持续竞争力。

2. 推动重点领域技术创新

《"十四五"规划纲要》中提出，"在事关国家安全和发展全局的基础核心领域，制定实施战略性科学计划和科学工程。瞄准人工智能、量子信息、集成电路、生命健康、脑科学、生物育种、空天科技、深地深海等前沿领域，实施一批具有前瞻性、战略性的国家重大科技项目。"因此，落实创新驱动发展战略，必须把重点领域的科技创新摆在更加突出的地位，将优势资源聚集到重点领域，打好关键核心技术攻坚战。这既有利于我国在战略必争领域打破重大关键核心技术受制于人的局面，更有利于开辟新的产业发展方向和重点领域、培育新的经济增长点。我国同发达国家的科技经济实力差距主要体现在创新能力上。提高创新能力，必须强化国家战略科技力量，加快建设以国家重点、技术创新中心为引领的创新平台。

3. 支持战略性新兴产业发展

《"十四五"规划纲要》要求构筑战略性新兴产业体系，"聚焦新一代信息技术、生物技术、新能源、新材料、高端装备、新能源汽车、绿色环保以及航空航天、海洋装备等战略性新兴产业，加快关键核心技术创新应用，增强要素保障能力，培育壮大产业发展新动能。"与此同时，以前瞻性眼光谋划未来产业，"在类脑智能、量子信息、基因技术、未来网络、深海空天开发、氢能与储能等前沿科技和产业变革领域，组织实施未来产业孵化与加速计划，谋划布局一批未来产业。"

四、产业布局法

（一）产业布局法概述

产业布局法是指政府为了促进经济协调布局和均衡发展而制定的法律制度。其主要内容包括经济特区法律制度、贫困地区发展支持制度、中西部地区优惠制度和东部沿海地区与中西部地区合作制度。

（二）优化产业布局的具体措施

产业布局法律制度的目的主要是通过地区分工协作的合理化、资源地区配置和利用的合理化来实现经济发展、社会稳定、生态平衡和国家安全。我国目前尚未制定产业布局法，现行产业布局的规范多是以政策形式表现出来的。

根据《"十四五"规划纲要》，我国要"深入实施区域重大战略、区域协调发展战略、主体功能区战略，健全区域协调发展体制机制，构建高质量发展的区域经济布局和国土空间支撑体系"。在某矿业公司诉某县人民政府行政补偿案中，政府部门要求某矿业公司提出"环境影响专题评价报告"、划定某县"引水工程水源二级保护区范围"，都是我国产业法实施过程中引人关注的问题。在该案中，某县人民政府的行为符合我国《水污染防治法》第4条和第66条规定。但是，"探矿权"属于行政许可事项，某县人民政府为了公共利益的需要，可以依法变更或者撤回已经生效的行政许可，由此给公民、法人或者其他组织造成财产损失的，行政机关应当依法给予补偿。某县人民政府"逾期未作出补偿决定"违反了《行政许可法》第8条第2款的规定。因此，法院经审理认为，某县人民政府系本案适格的补偿主体，某矿业公司要求某县人民政府给予行政补偿，于法有据，依法应予支持。目前我国产业布局调整的具体措施包括：

1. **实施区域发展总体战略**

深入实施区域重大战略：加快推动京津冀协同发展、全面推动长江经济带发展、积极稳妥推进粤港澳大湾区建设、提升长三角一体化发展水平、扎实推进黄河流域生态保护和高质量发展。深入实施区域协调发展战略：深入推进西部大开发、东北全面振兴、中部地区崛起、东部率先发展，支持特殊类型地区加快发展，在发展中促进相对平衡。发挥城市群辐射带动作用，优化发展京津冀、长三角、大湾区三大城市群。发展一批中心城市，强化区域服务功能。支持绿色城市、智慧城市、森林城市建设和城际基础设施互联互通。推进重点地区一体发展，培育壮大若干重点经济区。推进城乡发展一体化，开辟农村广阔发展空间。要扶持特殊类型地区发展，加大对革命老区、民族地区、边疆地区和困难地区的支持力度，实施边远贫困地区、边疆民族地区和革命老区人才支持计划，推动经济加快发展、人民生活明显改善。

2. **加快建设主体功能区**

以提高环境质量为核心，以解决生态环境领域突出问题为重点，加大生态环境保护力度，提高资源利用效率，为人民提供更多优质生态产品，协同推进人民富裕、国家富强、中国美丽。在某矿业公司诉某县人民政府行政补偿案中，为了助力当地的主体功能区建设，人民法院在审理中力求协调市场主体探矿权、采矿权保护与饮用水水源保护区划定之间的关系，既维护了社会整体利益，也保护了市场主体的利益，实现了经济发展与生态保护的平衡。要加快建设主体功能区，强化主体功能区作为国土空间开发保护基础制度的作用，加快完善主体功能区政策体系，推动各地区依据主体功能定位发展。推动主体功能区布局基本形成，健全主体功能区配套政策体系，建立空间治理体系。

3. 促进城镇化健康发展

坚持以人的城镇化为核心、以城市群为主体形态、以城市综合承载能力为支撑、以体制机制创新为保障，加快新型城镇化步伐，提高社会主义新农村建设水平，努力缩小城乡发展差距，推进城乡发展一体化。要加快农业转移人口市民化，统筹推进户籍制度改革和基本公共服务均等化，健全常住人口市民化激励机制，推动更多人口融入城镇。深化户籍制度改革，实施居住证制度，健全促进农业转移人口市民化的机制。

【思考题】

1. 产业政策与产业政策法如何界定？两者有何不同？
2. 分析我国《"十四五"规划纲要》如何体现产业政策。

第二节　投资调控法律制度

投资主体是指享有投资决策权利、具备资金筹措能力、享有投资收益并能够独立承担投资风险的个人或组织。投资程序是指在固定资产投资建设过程中各项工作所必须遵循的先后顺序。投资责任制度是投资法实施的基本保障，投资法规定的法律责任包括经济责任、行政责任和刑事责任。

 案例二　18 个火电项目涉及节能评估文件造假、用能设备能效未达到能评要求等❶

【基本案情】

根据《中华人民共和国节约能源法》（1998 年 1 月 1 日起施行，2018 年 10 月 26 日最新修正，以下简称《节约能源法》）、《国务院办公厅关于推广随机抽查规范事中事后监管的通知》（国办发〔2015〕58 号）、《固定资产投资项目节能评估和审查暂行办法》（国家发展和改革委员会 2010 年第 6 号令）有关规定，2015 年 11 月 23 日至 12 月 11 日，国家发展改革委组织对内蒙古、浙江、广东、陕西、甘肃、宁夏、新疆七个省（自治区）和新疆生产建设兵团的 47 个固定资产投资项目节能审查意见落实情况进行了现场监督检查。现将有关情况公告如下：

---

❶ 中华人民共和国国家发展和改革委员会公告 2016 年第 7 号［EB/OL］.（2016-04-05）［2021-09-10］.
https://www.ndrc.gov.cn/xxgk/zcfb/gg/201604/t20160405_961149.html?code=&state=123.

一、检查结果

检查表明，项目节能审查意见落实情况总体较好。多数项目建设单位把节能审查意见和节能评估文件作为项目设计、施工和管理的重要依据，有效提升项目能效水平、强化节能管理，从源头上减少能源浪费，能评对实现能耗总量和强度"双控"目标发挥了积极作用。同时，也存在一些项目没有严格落实节能审查意见要求，个别项目甚至存在违反相关法律法规、产业政策，弄虚作假、骗取节能审查意见的情况。主要问题如下：

（一）节能评估文件造假。新疆农六师煤电有限公司（项目建设单位）与山东省工程咨询院（节能评估报告编制机构）共同弄虚作假，出具的《新疆农六师煤电有限公司2×300MW自备热电机组项目节能评估报告书》内容严重失实。新疆农六师煤电有限公司2×300MW自备热电机组项目在开展节能评估前已开工建设，但节能评估文件却谎称项目未开工建设；节能评估文件中机组选型、主要用能工艺等与实际建设情况不一致。其中，项目实际建设两台360MW湿冷机组，而评估报告中建设方案为两台300MW空冷机组，隐瞒项目违反国家产业政策的情况。

（二）项目建设单位未执行能评要求，擅自扩大建设规模、更改技术方案、调整主要用能工艺。新疆广汇新能源有限公司白石湖露天煤矿800万吨/年建设项目未配套建设选煤厂，擅自扩大筛分工序规模；宁夏发电集团有限责任公司银星一井及选煤厂项目未配套建设选煤厂。神华宁夏煤业集团400万吨/年煤炭间接液化项目、宁夏庆华煤化集团有限公司韦二煤矿等项目擅自调整部分主要用能工艺。

（三）用能设备能效未达到能评要求。红庆河1500万吨/年矿井及选煤厂项目燃煤锅炉、主变压器等主要耗能设备能效未达到强制性国家标准要求，锅炉补水泵、加压泵等设备属于国家明令淘汰的落后设备。北方联合电力蒙西电厂2×30万千瓦循环流化床空冷机组工程、内蒙古能源发电投资集团有限公司乌斯太热电厂2×300MW空冷发电供热机组工程、神华神东电力公司店塔电厂2×600MW机组改扩建工程、府谷清水川低热值燃料资源综合利用项目2×300MW电厂工程、陕西郭家河煤业有限责任公司郭家河矿井及选煤厂项目、双马一矿矿井及选煤厂项目、浙江安吉天子湖环保热电工程、金昌市热电联产（2×330MW）工程、银川河东机场三期扩建工程、国电哈密大湖南煤电一体化2×660MW工程、国投哈密电厂一期（2×660MW）工程、国网能源哈密电厂4×660MW工程、鄂尔多斯煤炭深加工项目一期工程（煤炭部分）等项目部分用能设备能效指标未达到能评要求。

（四）节能措施未有效落实。浙江浙能温州电厂"上大压小"扩建项目、黄陵矿业集团有限责任公司2×300MW低热值资源综合利用项目电厂工程、兰州市城市轨道交通1号线一期工程（陈官营-东岗段）、甘肃白银2×350MW热电联产工程、国电兰州热电2×350MW"上大压小"热电联产异地扩建项目、新疆天富合盛2×330MW热电联产园区电站工程、新疆生产建设兵团农八师天山铝业有限公司2×35万千瓦自备热电项目等项目部分节能措施落实不到位。

（五）能源管理制度不健全，计量器具配备不完备。新疆农六师煤电有限公司 2×300MW 自备热电机组项目、宁夏发电集团有限责任公司银星一井及选煤厂等项目未建立能源管理体系，能源管理人员严重不足，计量器具配备不完备。

二、处理意见

（一）依据《固定资产投资项目节能评估和审查暂行办法》第 18 条，撤销对新疆农六师煤电有限公司 2×300MW 自备热电机组项目的节能审查意见。

（二）给予新疆农六师煤电有限公司 2×300MW 自备热电机组项目、红庆河 1500 万吨/年矿井及选煤厂项目、宁夏发电集团有限责任公司银星一井及选煤厂项目和新疆广汇新能源有限公司白石湖露天煤矿 800 万吨/年建设项目等 4 个项目建设单位通报批评，将有关情况录入国家发展改革委信用信息归集及应用系统，纳入全国信用信息共享平台，在信用中国网站公开。

（三）给予山东省工程咨询院通报批评，责令整改，将有关情况录入国家发展改革委信用信息归集及应用系统，纳入全国信用信息共享平台，在信用中国网站公开，并依据整改情况，调整公开期限。责成山东省节能主管部门依据《节约能源法》第 76 条对山东省工程咨询院进行处罚，对该单位近三年从事的节能评估服务进行重点监督检查，并将检查结果报国家发展改革委。

（四）责成新疆生产建设兵团发展改革委对其近三年通过节能审查的高耗能行业项目进行全面检查，对违反能评相关法律法规及未落实节能审查意见的项目进行处理，并将检查和处理结果报国家发展改革委。

（五）存在问题的项目单位要按照本次监督检查提出的整改意见，抓紧整改。地方节能主管部门及节能审查机关督促相关单位做好整改工作，并将整改情况及时报国家发展改革委。国家发展改革委将择时组织复查，对整改不到位或逾期不改的，将予以严肃处理。

【主要法律问题】

1. 项目业主责任如何界定及其在本案中如何体现？
2. 结合案例，分析可行性研究在投资程序中的地位。

【主要法律依据】

一、《中华人民共和国节约能源法》

第 7 条第 1 款　国家实行有利于节能和环境保护的产业政策，限制发展高耗能、高污染行业，发展节能环保型产业。

第 68 条第 2 款　固定资产投资项目建设单位开工建设不符合强制性节能标准的项目或者将该项目投入生产、使用的，由管理节能工作的部门责令停止建设或者停止生产、使用，限期改造；不能改造或者逾期不改造的生产性项目，由管理节能工作的部门报请本级人民政府按照国务院规定的权限责令关闭。

二、《固定资产投资项目节能评估和审查暂行办法》（2010 年 11 月 1 日起施行）

第 18 条　建设单位以拆分项目、提供虚假材料等不正当手段通过节能审查的，由节能审查机关撤销对项目的节能审查意见或节能登记备案意见，由项目审批、核准机关撤销对项目的审批或核准。

【理论分析】

一、投资主体制度

（一）投资主体的概念

投资主体是指享有投资决策权利、具备资金筹措能力、享有投资收益并能够独立承担投资风险的个人或组织。投资主体一般需要同时具备以下三个方面的条件，才能构成责、权、利、效统一的投资主体：（1）能够相对独立地做出投资决策，包括投资方向、投资数额、投资方式等；（2）要有足够的资金实力，即投资决策者可以通过各种方式合法地筹集到投资资金；（3）投资决策者对其投资所形成的资产享有所有权和法人财产权或经营管理权，并能够相对独立地承担投资风险。

（二）投资主体的类型

在计划经济体制时期，我国的投资主体主要是国家。随着改革开放的深入和市场经济体制的建立与发展，投资主体制度也不断变革。一方面合理确定了中央、地方、企业等各类投资主体的投资范围，逐渐建立起投资主体责权利相统一的自我约束机制；另一方面也逐渐构建起了以经济、法律手段为主的全社会固定资产投资的宏观调控体系，建立起了谁投资、谁决策、谁受益、谁承担风险的业主责任制，按照社会主义市场经济体制发展的内在要求逐步解决投资体制中所存在的问题。在社会主义市场经济体制条件下，我国的投资主体可以分为如下几类：政府、企业、事业单位和公民个人及外商。在本案例中，新疆农六师煤电有限公司、新疆广汇新能源有限公司、宁夏发电集团有限责任公司、神华宁夏煤业集团、宁夏庆华煤化集团有限公司、北方联合电力蒙西电厂、浙江浙能温州电厂等都是投资法上的合格投资主体，但案例中的 18 个火电项目在项目设计、施工和管理等环节存在违反相关法律法规、产业政策的问题。

（三）投资范围的界分

1. 公益性项目投资

主要由政府承担，包括中央政府和地方政府。公益性项目基本属于非营利性项目，市场机制不能或者很难发挥作用。政府在投资主体体系中是占主导地位的投资主体，同时政府又是社会投资的宏观调控者，其所承担的社会经济管理职能要求其应当承担起公益性项目的投资责任。这部分项目的投资按照"谁受益、谁投资"的原则，由各级政府根据自己的财政资金状况各自承担相应的投资责任。

2. 基础性项目投资

主要由各级政府通过成立专业投资公司或企业法人作为投资主体进行投资，并积极鼓励和吸引其他各类投资主体参与这类项目的投资。这类投资项目一般投资大、见效慢、风险高，市场机制难以充分发挥作用，并且有的属于国家垄断性的项目，市场机制不能有效发挥作用，因此主要由政府承担这类项目的投资责任。这类项目中大部分具有经营性特点，要通过一定的经济实体进行运作，以便管理好这部分投资项目。对这类项目需要根据其效益辐射的范围，按照"谁受益、谁投资"的原则，由各级政府授权的投资主体单独负责投资或者采取参股、控股方式等来进行投资。作为基础性项目投资主体的企业法人，要对筹划、筹资、建设直至生产经营、归还投资贷款本息以及资产保值增值等全过程负责。

3. 竞争性项目投资

这类项目主要由企业法人投资主体自主决策、自担风险，所需资金自行筹集，自负盈亏。企业投资主体是多元化投资主体体系中居于基础性地位的投资主体，属于市场竞争主体。为保证其在市场上的竞争能力，应当根据市场供求情况和国家产业政策，由其自行决策是否进行此类经营项目的投资，并承担相应的投资风险。市场机制能够在这类投资项目中充分发挥作用。自然人和外商可以依法积极参与此类项目的投资。

（四）项目业主责任制

项目业主责任制是指由项目业主从建设项目的筹划、筹资、设计、建设实施直至生产经营、归还贷款以及国有资产的保值、增值实行全过程负责的一种项目组织管理形式。这种制度的建立和实施，有利于各类投资主体的自我约束意识，使建设的责任和经营的责任密切结合，从而克服现行建设项目管理体制中筹资、建设与生产、经营相脱节等多种弊端。我国从1992年起开始试行项目业主责任制，1996年起在建设领域开始全面推行项目法人责任制。项目业主的建设、生产和经营权受法律保护。项目业主在项目建设过程中，必须执行国家投资管理的各项规定。项目建成后，其生产经营的管理必须按照有关规定执行，因主观原因造成项目重大损失浪费的，要依法追究业主的法律责任。在本案例中18个火电项目因违反相关法律法规、产业政策被国家发展改革委通报批评。本案中项目业主存在的主要问题为：节能评估文件造假；项目建设单位未执行能评要求，擅自扩大建设规模、更改技术方案、调整主要用能工艺；用能设备能效未达到能评要求；节能措施未有效落实；能源管理制度不健全，计量器具配备不完备。

二、投资程序制度

投资程序是指在固定资产投资建设过程中各项工作所必须遵循的先后顺序。这个顺序是由固定资产投资过程的客观性所决定的，是我国固定资产投资实践的科学总结。

（一）提出项目建议书

项目建议书是确定建设项目、编制设计文件的主要依据，是对项目的轮廓设想。一般应包括以下主要内容：项目提出的必要性和依据；拟建规模、产品方案和建设地点的初步设想；建设条件的初步分析；投资估算和资金筹措设想；项目的进度安排；

经济效果和社会效益的估计等。

（二）进行可行性研究

可行性研究是指在决定一个建设项目之前，对有关建设项目的一些主要问题，包括建设项目的技术、工程、经济条件，项目建成后的市场需求、项目盈利情况、投资效果等进行认真调查研究，进行全面分析和论证，得出项目可行与否的结论。可行性研究报告一般包括以下内容：确定拟建项目规模和产品方案；资源、原材料、燃料及公用设施落实情况；建设项目地点及条件；设计方案；建设项目的布置方案；环境保护、防震、文物保护等要求和采取的相应措施方案；内部组织结构、人员编制和培训设想；建设工期和实施进度；投资估算和资金措施；经济效果和社会效益等。从本案例来看，节能评估是火电投资项目可行性研究的关键环节，将节能审查意见和节能评估文件作为项目设计、施工和管理的重要依据，能够有效提升项目能效水平、强化节能管理，从源头上减少能源浪费。本案中的部分项目建设单位与节能评估报告编制机构共同弄虚作假，出具内容严重失实的节能评估文件，受到国家发展改革委处理。

（三）编制设计任务书

设计任务书是确定基本建设项目能否成立和进行初步设计的主要依据。所有新建、改建、扩建项目都要由主管部门组织计划、设计单位编制设计任务书。设计任务书一般包括以下内容：建设目的和依据；建设规模、产品方案，生产方法和工艺技术；矿产资源、水文、地质和原材料、燃料、动力、供水、运输等协作配合条件；资源综合利用和"三废"治理要求；建设地区或地点以及占用土地的估算；防风、抗震要求；建设工期的数据；投资控制数；未来企业的劳动定员控制数；要求达到的经济效益和技术水平等。

（四）建设项目的设计

建设项目的设计是国家基本建设计划的具体化，是组织施工的主要依据。建设项目应该严格按照被批准的设计任务书的要求进行设计，不得随意修改或变更。设计工作根据项目大小和技术复杂程度有所不同。大中型项目一般采用两阶段设计，即初步设计和施工图设计；技术复杂、有特殊要求的项目，可以增加技术设计阶段；小型项目中技术要求和建设条件比较简单的，可以将初步设计和施工图设计合并进行。

初步设计是按设计任务书要求所作的具体实施方案，是解决建设项目最重要的经济和技术问题，确定建设项目在指定地点和规定期限内进行建设的可能性和合理性，并拟出工程概算。初步设计是编制技术设计和施工图设计的重要依据。技术设计是要具体解决初步设计中所确定的工艺、土建和结构等方面的一些主要的技术问题，补充、修订初步设计和修订工程总概算。施工图设计是在批准的初步设计基础上编制的，但比初步设计更加具体、准确。在施工图设计中还要编制施工图预算。概预算一经批准即成为预算包干、工程价款结算的依据。施工图是现场施工的根本依据。

（五）组织施工

建设项目进入施工阶段后，首先需要做好施工前的准备工作。施工准备一般包括以下主要内容：进行征地、拆迁和平整场地；选定施工单位，签订施工合同；完成施工用水、用电和道路等工程；组织设备和材料订货；申请贷款和签订贷款协议书等。其次就是正式的施工，正式施工使建设项目变为现实。施工单位必须严格按照施工图纸和合理的施工顺序组织施工，对所承担的工程应按质量和工期要求全面竣工，不留尾工。生产性建设项目在施工准备时，根据需要，经上级主管部门同意后，建设单位可以及时组织专门力量，有计划有步骤地开展生产准备工作，以保证项目建成后就能够及时投产，以尽早发挥项目的效益。

（六）竣工验收交付使用

这是投资程序的最后一个阶段。竣工验收有三个作用：一是检验设计和工作质量，及时发现可能影响生产的各种问题；二是总结经验教训，作为对施工单位奖惩的依据；三是通过验收使固定资产顺利转入生产领域，发挥设计的作用。根据国家规定，所有建设项目都应当按照批准的设计文件所规定的内容建设完工。生产性项目经过试车，能够生产出合格产品；非生产性项目符合设计要求，能够正常使用的，都应当立即组织验收。有的项目由于少数非主要设备和特殊材料短期内不易解决，未能按设计文件的规定全部建完，但对近期生产影响不大的，也应当组织竣工验收，办理交付生产使用的手续。凡是符合验收条件的项目不及时办理验收手续的，后果由责任者负责。

三、投资责任制度

投资责任制度是投资法实施的基本保障。在投资责任制度中，投资主体对投资项目的筹划、筹资、人事任免、招标定标、建设实施直至生产经营、债务偿还以及资产保值、增值，要全过程负责。投资法规定的法律责任包括三种，分别是民事责任、行政责任和刑事责任。在政府投资中，政府作为投资者主要承担的是民事责任，而政府的投资决策者要承担的是行政责任或刑事责任；在国有企业投资中，国有企业主要承担民事责任，而国有企业管理人员除了承担民事责任，还需承担行政责任或刑事责任。这些责任承担方式的划分是以政府投资或国有企业投资中的法律关系为基础进行的。如政府投资活动中，政府作为投资人（法人）进行的投资活动可以视为民事活动，政府与被投资企业之间依公司法确立相互之间的责、权、利关系；同时，政府与银行之间形成了投资信贷关系，以合同法（民法典）明确相互间的责、权、利。但当投资决策失误造成国家资产流失时，有关责任人要承担行政责任，甚至刑事责任。[1] 在本案例中，18个火电项目的投资主体主要承担了行政责任，国家发展改革委对相关投资主体进行"通报批评""纳入全国信用信息共享平台""责令整改"以及其他处罚。

---

[1] 张守文. 经济法学（马克思主义理论研究和建设工程重点教材）[M]. 北京：高等教育出版社，2016：206-207.

【思考题】

1. 评析投资法中投资监管与节能审批的关系。
2. 分析《外商投资法》对固定资产投资法体系的影响。

第三节 对外贸易调控法律制度

改革开放以来，我国积极同世界各国开展贸易，对外贸易成为我国经济中最为活跃、增长最快的部分之一，为规范管理对外贸易活动，引导其健康有序发展，我国先后制定了一系列与对外贸易有关的法律、法规。对外贸易法是指国家或地区调整、规范本国或本地区开展对外贸易活动中所产生的经济关系的法律规范，其主要内容包括对外贸易调查、对外贸易救济和对外贸易促进。

 案例三 关于对原产于澳大利亚的进口相关葡萄酒反倾销调查❶

【基本案情】

2020 年 8 月 18 日，商务部（以下称调查机关）发布公告，决定对原产于澳大利亚的进口相关葡萄酒（以下称被调查产品）进行反倾销立案调查。

调查机关对被调查产品是否存在倾销和倾销幅度、被调查产品是否对国内产业造成损害及损害程度以及倾销与损害之间的因果关系进行了调查。调查结束后，调查机关作出最终裁定。

一、最终裁定

调查机关最终认定，原产于澳大利亚的进口相关葡萄酒存在倾销，国内相关葡萄酒产业受到实质损害，而且倾销与实质损害之间存在因果关系。

二、征收反倾销税

根据《中华人民共和国反倾销条例》第 38 条规定，商务部向国务院关税税则委员会提出征收反倾销税的建议，国务院关税税则委员会根据商务部的建议作出决定，自 2021 年 3 月 28 日起，对原产于澳大利亚的进口相关葡萄酒征收反倾销税。

三、征收反倾销税的方法

自 2021 年 3 月 28 日起，进口经营者在进口（含跨境电商）原产于澳大利亚的相

---

❶ 商务部公告 2021 年第 6 号［EB/OL］.（2020-03-26）［2021-08-20］. http://trb.mofcom.gov.cn/article/cs/202103/20210303047613.shtml.

关葡萄酒时，应向中华人民共和国海关缴纳相应的反倾销税。反倾销税以海关审定的完税价格从价计征，计算公式为：反倾销税额＝海关审定的完税价格×反倾销税税率。进口环节消费税以海关审定的完税价格加上关税和反倾销税，再除以（1－消费税税率）作为计税价格从价计征。进口环节增值税以海关审定的完税价格加上关税、反倾销税和进口环节消费税作为计税价格从价计征。

四、反倾销税的追溯征收

对自 2020 年 11 月 28 日起至 2021 年 3 月 27 日有关进口经营者依初裁公告向中华人民共和国海关所提供的保证金，按终裁所确定的征收反倾销税的商品范围和反倾销税税率计征并转为反倾销税，并按相应的增值税税率和消费税税率分别计征进口环节增值税和进口环节消费税。在此期间有关进口经营者所提供的保证金超出反倾销税的部分，以及由此多征的进口环节增值税和进口环节消费税部分，海关予以退还，少征部分则不再征收。

五、征收反倾销税的期限

对原产于澳大利亚的进口相关葡萄酒征收反倾销税的实施期限自 2021 年 3 月 28 日起五年。

 ## 案例四　关于原产于美国的进口正丙醇反补贴调查[1]

【基本案情】

2019 年 7 月 29 日，商务部（以下称调查机关）发布公告，决定对原产于美国的进口正丙醇（以下称被调查产品）进行反补贴立案调查。

调查机关对被调查产品是否存在补贴和补贴金额、被调查产品是否对国内正丙醇产业造成损害及损害程度以及补贴与损害之间的因果关系进行了调查。本案调查结束，调查机关作出最终裁定。

一、最终裁定

调查机关最终认定，原产于美国的进口正丙醇存在补贴，国内正丙醇产业受到实质损害，而且补贴与实质损害之间存在因果关系。

二、征收反补贴税

根据《反补贴条例》第 39 条的规定，商务部向国务院关税税则委员会提出征收反补贴税的建议。国务院关税税则委员会根据商务部的建议作出决定，自 2020 年 11 月 18 日起，对原产于美国的进口正丙醇征收反补贴税。

---

[1] 商务部公告 2021 年第 6 号 ［EB/OL］．（2020－11－17）［2021－08－20］．http：//trb. mofcom. gov. cn/article/cs/202012/20201203023965. shtml.

三、征收反补贴税的方法

自 2020 年 11 月 18 日起，进口经营者在进口原产于美国的正丙醇时，应向中华人民共和国海关缴纳相应的反补贴税。反补贴税以海关审定的完税价格从价计征，计征公式为：反补贴税税额＝海关完税价格×反补贴税税率；进口环节增值税以海关审定的完税价格加上关税和反补贴税作为计税价格从价计征。

四、反补贴税的追溯征收

对自 2020 年 9 月 9 日起至 2020 年 11 月 17 日有关进口经营者依初裁公告向中华人民共和国海关所提供的临时反补贴税保证金，按终裁所确定的征收反补贴税的商品范围和反补贴税税率计征并转化为反补贴税，并按相应的增值税税率计征进口环节增值税。对在此期间有关进口经营者所提供的保证金超出反补贴税和与之相应的进口环节增值税的部分，海关予以退还，少征部分则不再征收。

对实施临时反补贴措施之前进口的原产于美国的正丙醇产品不再追溯征收反补贴税。

五、征收反补贴税的期限

对原产于美国的进口正丙醇征收反补贴税，实施期限自 2020 年 11 月 18 日起五年。

【主要法律问题】

1. 对外贸易法中，对外贸易调查的范围和方式包括哪些？
2. 对外贸易救济中，反倾销措施如何实施？
3. 结合案例分析反补贴措施实施的具体条件。
4. 反倾销程序与反补贴程序存在哪些不同之处？

【主要法律依据】

一、《中华人民共和国对外贸易法》（2004 年 7 月 1 日起施行，2016 年 11 月 7 日修正，以下简称《对外贸易法》）

第 41 条　其他国家或者地区的产品以低于正常价值的倾销方式进入我国市场，对已建立的国内产业造成实质损害或者产生实质损害威胁，或者对建立国内产业造成实质阻碍的，国家可以采取反倾销措施，消除或者减轻这种损害或者损害的威胁或者阻碍。

第 42 条　其他国家或者地区的产品以低于正常价值出口至第三国市场，对我国已建立的国内产业造成实质损害或者产生实质损害威胁，或者对我国建立国内产业造成实质阻碍的，应国内产业的申请，国务院对外贸易主管部门可以与该第三国政府进行磋商，要求其采取适当的措施。

第 43 条　进口的产品直接或者间接地接受出口国家或者地区给予的任何形式的专向性补贴，对已建立的国内产业造成实质损害或者产生实质损害威胁，或者对建立国内产业造成实质阻碍的，国家可以采取反补贴措施，消除或者减轻这种损害或者损害的威胁或者阻碍。

二、《中华人民共和国反倾销条例》（2002 年 1 月 1 日起施行，2004 年 3 月 31 日修订，以下简称《反倾销条例》）

第 37 条　终裁决定确定倾销成立，并由此对国内产业造成损害的，可以征收反倾销税。征收反倾销税应当符合公共利益。

三、《中华人民共和国反补贴条例》（2002 年 1 月 1 日起施行，2004 年 3 月 31 日修订，以下简称《反补贴条例》）

第 38 条　在为完成磋商的努力没有取得效果的情况下，终裁决定确定补贴成立，并由此对国内产业造成损害的，可以征收反补贴税。征收反补贴税应当符合公共利益。

【理论分析】

一、对外贸易法基本原理

（一）对外贸易和对外贸易法

对外贸易，是指一个国家或地区同其他国家或地区开展商品、服务、技术交换活动，这种交换活动由两部分组成，即出口与进口。对输入商品、服务、技术的国家（地区）而言，就是进口；对输出商品、服务、技术的国家（地区）而言，就是出口。

对外贸易法指的是国家或地区调整、规范本国或本地区开展对外贸易活动中所产生的经济关系的法律规范。其调整对象是在国家规范本国或者本地区进行对外贸易过程中发生的经济关系。

（二）对外贸易法的法律渊源

改革开放以来，我国积极同世界各国开展贸易，对外贸易成为我国经济中最为活跃、增长最快的部分之一，为规范管理对外贸易活动，引导其健康有序发展，我国先后制定了一系列与对外贸易有关的法律、法规，如 2021 年最新修订的《海关法》、2021 年最新修订的《进出口商品检验法》、2016 年修订的《对外贸易法》、2004 年修订的《反倾销条例》《反补贴条例》《保障措施条例》等对外贸易法律制度逐渐完备，法律体系已经形成。

（三）对外贸易法的基本原则

1. 实行统一的对外贸易制度

我国实行统一的对外贸易制度不仅是世界贸易组织（WTO）对成员国的具体要求，也是我国发展市场经济的必然要求。为了履行"入世"承诺，发展我国对外贸易，维护对外贸易秩序，我国《对外贸易法》第 4 条明确规定，我国实行统一的对外贸易制度。

2. 坚持互惠互利原则

平等互惠互利的原则是我国对外政策的具体体现，我国的《对外贸易法》也充分地体现这一原则。《对外贸易法》第 5 条明确规定，我国根据平等互利的原则，促进和发展同其他国家和地区的贸易关系，缔结或者参加关税同盟协定、自由贸易区协定等区域经济贸易协定，参加区域经济组织。

3. 坚持平等非歧视原则

平等非歧视原则是指一个国家或者地区在对外贸易活动中，根据该国家或者地区所缔结或者参加的国际条约、协定，也可以依据互惠对等原则，给予其他国家或者地区同等的优惠或者待遇。《对外贸易法》第 6 条、第 7 条对我国在对外贸易活动中坚持的平等非歧视原则进行了详细的阐述。

二、对外贸易调查

为了规范我国的对外贸易秩序，保证对外贸易活动健康快速发展，《对外贸易法》明确规定了对外贸易调查的主管部门、范围、程序、方式等基本内容。

依据现行行政设置，对外贸易调查权应由商务部或者商务部会同与国务院其他有关部门依据《对外贸易法》及相关法律法规的规定行使。

调查事项的范围如下：货物进出口、技术进出口、国际服务贸易对国内产业及其竞争力的影响；有关国家或者地区的贸易壁垒；为确定是否应当依法采取反倾销、反补贴或者保障措施等外贸救济措施，需要调查的事项；规避外贸救济措施的行为；对外贸易中有关国家安全利益的事项；其他影响外贸秩序，需要调查的事项。

调查的具体方式包括书面问卷、召开听证会、实地调查、委托调查等，启动对外贸易调查时，商务部应当向社会发布公告。调查结束后，由商务部根据调查结果，提出调查报告或者作出处理裁定，并向社会发布公告。

三、对外贸易救济

(一) 反倾销

倾销是指一个国家或地区的商品以低于其正常价值的价格进入其他国家或地区，对该国家或地区已有的国内产业造成实质损害或者产生实质损害威胁，或者对该国家或地区建立国内产业造成实质阻碍的行为。

我国《对外贸易法》第 41 条、第 42 条对倾销及应对措施作了明确的规定，具体如下：其一，其他国家或者地区的产品以低于正常价值的倾销方式进入我国市场，对我国已建立的国内产业造成实质损害或者产生实质损害威胁，或者对我国建立国内产业造成实质阻碍的，我国可以采取反倾销措施，消除、减轻上述实质损害、损害威胁或者实质阻碍，维护我国的合法权益。其二，其他国家或者地区的产品以低于正常价值出口至第三国市场，对我国已建立的国内产业造成实质损害或者产生实质损害威胁，或者对我国建立国内产业造成实质阻碍的。商务部在国内产业申请的前提下，可以与该第三国政府或其他管理机关进行磋商，要求其采取相应的措施。

在案例三中，商务部经过调查，作出如下初步裁决：原产于澳大利亚的进口相关葡萄酒存在倾销、国内相关葡萄酒产业受到实质损害、倾销与实质损害之间的因果关系成立。其后，商务部对倾销及倾销幅度、损害及损害程度继续进行调查，并根据调查结果作出了终裁决定，对原产于澳大利亚的进口相关葡萄酒征收反倾销税。

（二）反补贴

补贴是指从一个国家或地区进口的商品直接或者间接地接受该国家或者地区给予的任何形式的专向补贴，对其他国家或地区已建立的国内产业造成实质损害或者产生实质损害威胁，或者对建立国内产业造成实质阻碍的行为。我国《对外贸易法》对补贴及应对措施作了明确的规定，进口的产品直接或者间接地接受出口国家或者地区给予的任何形式的专向性补贴，对我国已建立的国内产业造成实质损害或者产生实质损害威胁，或者对我国建立国内产业造成实质阻碍的，我国可以采取反补贴措施，消除、减轻上述实质损害、损害威胁或者实质阻碍，维护我国的合法权益。

在案例三中，商务部根据对原产于美国的进口正丙醇的调查结果，作出补贴、损害和二者之间的因果关系成立的初裁决定，其后，对补贴及补贴金额、损害及损害程度继续进行调查，并最终认定，原产于美国的进口正丙醇存在补贴，国内正丙醇产业受到实质损害，而且补贴与实质损害之间存在因果关系，进而对原产于美国的进口正丙醇征收反补贴税。

（三）反倾销与反补贴的区别

从本章案例三和案例四来看，反补贴程序与反倾销程序相似性很大，但因为反补贴针对的是他国政府而反倾销针对的是他国企业，因此两者存在一些不同之处。

反补贴的认定要比反倾销的认定要困难。反倾销主要是从价格上认定。而反补贴认定就困难很多，首先要区分这些补贴是不是可申诉补贴，然后才能认定补贴的存在，包括补贴产品的数量、补贴幅度、补贴进口产品对国内同类产品价格的影响、补贴产品的市场占有率和补贴对国内产业的损害和损害程度等。

反补贴调查程序包括立案、调查、初裁、终裁。其中包含的调查方式与调查期限都与反倾销调查非常相似。关键的不同在于，反倾销调查是针对企业的，而反补贴调查是针对政府的。因此在决定立案调查前，主管部门应当就有关补贴事项向产品可能被调查的国家（地区）政府发出进行磋商的邀请。

反补贴措施与反倾销措施也非常相似，包含初裁确定补贴存在时可以适用的临时措施、经营者价格承诺与征收反补贴税。区别在于，反补贴的价格承诺可以由出口国（地区）政府提出。❶

（四）保障措施

《对外贸易法》规定，在我国对外贸易活动中，如果某种进口产品数量大量增加，已经对我国生产同类产品或者生产与其直接竞争产品的行业造成严重损害，或者产生严重损害威胁的，我国可以依照法律法规的规定采取必要的保障措施，消除、减轻上

---

❶ 李曙光. 经济法学案例研究指导［M］. 北京：中国政法大学出版社，2019：289.

述实质损害、损害威胁，维护我国的合法权益，同时也可以对该国内行业提供相应的支持。目前，我国的主管部门主要依据《对外贸易法》的有关规定和《保障措施条例》开展相关调查，采取保障措施。

四、对外贸易促进

改革开放以后，我国坚持支持和鼓励对外贸易发展的政策，一方面积极缔结、参加各种国际条约、协定，加入了世界贸易组织等经济组织，另一方面加强改革开放以后，我国坚持支持和鼓励对外贸易发展的政策，加强对外贸易法制建设，修改了《对外贸易法》及相关法律法规，依法管理对外贸易活动，大力推动我国对外贸易的发展。

目前，我国促进推动对外贸易发展的措施，具体有以下几种：建立和完善对外贸易服务金融机构，设立对外贸易发展基金、风险基金；采取多种对外贸易促进措施，包括进出口信贷、出口退税等；根据我国的具体国情，扩大对外贸易经营者的范围，推动我国的对外贸易体制改革；在对外贸易活动中，充分发挥对外贸易行业组织、贸易促进组织的作用；深化改革开放，大力鼓励、扶持和促进我国中西部地区发展对外贸易；扶持和促进中小型企业开展外贸经营活动。

【思考题】

1. 对外贸易救济中反倾销调查的程序如何进行？
2. 对外贸易救济中，保障措施的实施条件是什么？
3. 对外贸易法中，反倾销与保障措施的区别是什么？

主要参考文献

中文类

一、论文

［1］张守文. 经济法中的法理及其类型化［J］. 法制与社会发展，2020（05）：37-49.

［2］卢代富. 经济法中的国家干预解读［J］. 西南政法大学学报，2019（04）：116-122.

［3］史际春. 改革开放40年：从懵懂到自觉的中国经济法［J］. 政治与法律，2018（06）：70-82.

［4］陈婉玲. 我国经济法的观念更新与当代转向——以经济结构调整为中心［J］. 法学，2017（07）：112-122.

［5］张守文. 减负与转型的经济法推进［J］. 中国法学，2017（06）：187-202.

［6］刘大洪. 论经济法上的市场优先原则：内涵与适用［J］. 法商研究，2017（02）：82-90.

［7］姚海放. 经济法国家观研究：基于社会本位与国家概念的展开［J］. 政治与法律，2016（12）：13-21.

［8］杜永波. 市场准入负面清单制度与产业法协同性考量［J］. 中国政法大学学报，2020（04）：45-54，207.

［9］陈立虎，张艳阳. 论现行《对外贸易法》功能的强化［J］. 法治研究，2012（01）：45-51.

［10］杨力. 论外商投资立法的竞争性牵引与治理［J］. 政法论丛，2011（04）：48-58.

［11］张广良. 具有广告过滤功能浏览器开发者的竞争法责任解析［J］. 知识产权，2014，（01）：8-11.

［12］廖建求，陈锦涛. 网络不当干扰行为的认定标准：学理与裁判的双重视角［J］. 湖南科技大学学报，2021，24（02）：94-103.

［13］谭宇航. 反不正当竞争法中的"互联网条款"的适用逻辑——兼评相关典型案例［J］. 市场周刊（理论研究），2017，（08）：144-147.

［14］黄佳. 房地产合作开发中的法律风险与规避［D］. 重庆：重庆大学，2017.

［15］李嘉. 探讨房地产开发企业施工合同签订的重点注意事项［J］. 建材与装饰，2012（03）：145-146.

［16］党致远. 我国房地产市场监管法律问题研究［D］. 兰州：兰州财经大学，2018.

［17］夏都健. 房地产开发过程政府监管研究［D］. 北京：北京交通大学，2017.

［18］王鹏. 城市商业房地产市场主体之间的利益均衡博弈研究［D］. 长春：吉林大学，2013.

［19］大猫财经. "摇号"成新宠，能够降房价吗？［J］. 城市开发，2018（08）：74-75.

［20］陈志强. 实名登记　公证摇号　购房行为渐趋规范［J］. 中国房地产，2018（16）：79.

［21］唐国峰，盛梦娇. 对追究开发商虚假宣传民事责任的检视与修订［J］. 人民司法，2019（28）：56-72.

［22］孔彦丹. 房地产中介服务市场亟待规范管理［J］. 住宅与房地产，2017（21）：19.

［23］夏丹青. 当前我国房地产中介市场存在的问题、原因及对策分析［J］. 理论观察，2013（09）：32-33.

［24］刘远新. 我国房地产中介服务市场存在的问题及对策研究［J］. 商，2015（44）：268，254.

［25］陈志江. 市场价格监管执法情况和案例分析［J］. 中国价格监督检查，2012（07）：6-9.

［26］孟雁北. 论禁止滥用市场支配地位行为的分析框架——以利乐反垄断为例［J］. 竞争政策研究，2017（03）：5-12.

［27］叶明，梁静. 我国互联网领域经营者集中反垄断审查的不足与改进［J］. 西南政法大学学报，2021，23（01）：65-74.

［28］王晓晔. 论电商平台"二选一"行为的法律规制［J］. 现代法学，2020（03）：151-165.

［29］李剑. 中国反垄断法实施中的体系冲突与化解［J］. 中国法学，2014（06）：138-153.

［30］时建中. 共同市场支配地位制度拓展适用于算法默示共谋研究［J］. 中国法学，2020（02）：89-107.

［31］孙晋. 数字平台的反垄断监管［J］. 中国社会科学，2021（06）：101-127，206-207.

［32］王健. 垄断协议认定与排除、限制竞争的关系研究［J］. 法学，2014（03）：35-49.

［33］杨东. 论反垄断法的重构：应对数字经济的挑战［J］. 中国法学，2020（03）：206-222.

［34］刘继峰. 反垄断法益分析方法的建构及其运用［J］. 中国法学，2013（06）：20-33.

［35］李国海. 论反垄断法对国有企业的豁免［J］. 法学评论，2017（04）：115-123.

［36］王先林. 涉及专利的标准制定和实施中的反垄断问题［J］. 法学家，2015（04）：62-70，178.

［37］戴龙. 论组织帮助型垄断协议的规制——兼议我国《反垄断法》的修订［J］. 法学评论，2021（01）：105-114.

［38］宁立志.《反不正当竞争法》修订的得与失［J］. 法商研究，2018（04）：118-128.

［39］侯利阳. 市场与政府关系的法学解构［J］. 中国法学，2019（01）：186-203.

［40］郭宗杰. 反垄断视角中转售价格限制的比较法研究［J］. 法学评论，2014（05）：74-82.

［41］应飞虎. 歧视性召回行为终结的制度回应——兼论产品缺陷的定义［J］. 法学，2018 （03）：14-28.

［42］钱玉文. 论我国产品责任归责原则的完善——以《产品质量法》第41、42条为分析 对象［J］. 中国政法大学学报，2017（02）：89-91，160-161.

［43］杨立新，韩煦. 我国虚假广告责任的演进及责任承担［J］. 法律适用，2016（11）： 42-51.

［44］王田，董莉. 针对企业虚假广告宣传的政府监管策略研究［J］. 中国管理科学， 2021，29（04）：179-191.

［45］倪嵋. 行政执法机关勿任性适用新《反不正当竞争法》处罚虚假广告［J］. 中国广 告，2018（01）：96-97.

［46］张龙. 互联网广告管理的法律规制与问题思考［J］. 编辑之友，2018（04）：70-75.

［47］殷洁，王雨情. 绝对化用语广告过罚失当问题研究［J］. 河北法学，2021，39 （01）：135-150.

［48］郑琦. 行政裁量基准适用技术的规范研究——以方林富炒货店"最"字广告用语行 政处罚案为例［J］. 政治与法律，2019（03）：89-100.

［49］刘雅婷，李楠. 直播电商虚假宣传的法律规制［J］. 知识产权，2021（05）：68-82.

［50］梅傲，侯之帅. "直播+"时代电商直播的规范治理［J］. 电子政务，2021（03）： 28-37.

［51］刘双舟. 关于网红"直播带货"法律属性的思考［J］. 中国市场监管研究，2020 （05）：21-23.

［52］李毅，戴林莉. 论我国比较广告的法律规制——以立法衔接与补足为视角［J］. 新闻 界，2018（08）：78-83，92.

［53］许多奇，埃米利奥·阿福古利亚斯. 中国金融稳定性监管变革的法律框架［J］. 法学 论坛，2017，32（05）：99-111.

［54］陈雨露. 四十年来中央银行的研究进展及中国的实践［J］. 金融研究，2019（02）： 1-19.

［55］鲁篱，田野. 金融监管框架的国际范本与中国选择——一个解构主义分析［J］. 社会 科学研究，2019（01）：72-85.

［56］刘志伟. 金融法中混业"但书"规定之反思［J］. 法学研究，2019，41（06）： 93-114.

［57］杨明. 美国金融监管放松改革的影响与启示研究——《经济增长、监管放松与消费 者保护法案》评析［J］. 金融监管研究，2018（08）：61-77.

［58］王喆，张明，刘士达. 从"通道"到"同业"——中国影子银行体系的演进历程、 潜在风险与发展方向［J］. 国际经济评论，2017（04）：128-148，8.

［59］郭晔，程玉伟，黄振. 货币政策、同业业务与银行流动性创造［J］. 金融研究，2018 （05）：65-81.

［60］李思阳. 票据融资的理论清源与监管研究［J］. 北方金融，2020（04）：45-52.

［61］刘高明. 民间票据贴现行为的界定及对票据市场发展的启示［J］. 金融市场研究，2020（01）：110-122.

［62］邢会强. 我国《证券法》上证券概念的扩大及其边界［J］. 中国法学，2019（01）：244-263.

［63］彭冰. 重新定性"老鼠仓"——运动式证券监管反思［J］. 清华法学，2018，12（06）：24-42.

［64］蒋辉宇. 美国跨境股票融资信息披露监管法律制度及经验启示——兼谈我国证券融资市场对外开放时对境外企业信息披露监管的制度设计［J］. 东北师大学报（哲学社会科学版），2018（05）：85-91.

［65］曹兴权，洪喜琪. 证券虚假陈述中监事民事责任研究——兼论《证券法》第85条的适用［J］. 北方法学，2021，15（05）：38-50.

［66］李有星，潘政. 瑞幸咖啡虚假陈述案法律适用探讨——以中美证券法比较为视角［J］. 法律适用，2020（09）：118-128.

［67］缪因知. 操纵证券市场民事责任的适用疑难与制度缓进［J］. 当代法学，2020，34（04）：126-137.

［68］李珍，夏中宝. 新《证券法》中操纵市场条款修订的得失评析［J］. 金融理论与实践，2020（07）：82-89.

［69］刘宪权. 操纵证券、期货市场罪司法解释的法理解读［J］. 法商研究，2020，37（01）：3-15.

［70］曾洋. 证券内幕交易主体识别的理论基础及逻辑展开［J］. 中国法学，2014（02）：158-182.

［71］吕成龙. 中国证监会内幕交易处罚的裁量之治［J］. 法学评论，2021，39（05）：87-100.

［72］金燚. 内幕交易之违法所得：行刑衔接视角下的实证考察与理论辨析［J］. 湖北社会科学，2021（02）：134-144.

［73］陈洁，孟红. 我国证券市场政府监管权与市场自治的边界探索——基于监管目标及监管理念的重新厘定［J］. 南通大学学报（社会科学版），2020，36（03）：116-124.

［74］王建魁，赵颖. 保险市场行为监管理论及对监管实践的启示［J］. 保险理论与实践，2018（10）：67-75.

［75］刘福寿. 我国保险监管法制建设70年：回顾与展望［J］. 保险研究，2019（09）：3-10.

［76］武亦文. 投保欺诈的法律规制路径［J］. 法学评论，2019，37（05）：59-71.

［77］孙宏涛. 我国保险业风险处置的制度构建研究［J］. 政法论丛，2019（02）：115-128.

［78］沈小军. 从明确说明义务到信息提供义务——保险消费者自主决定权保障制度再造［J］. 法商研究，2021，38（02）：145-158.

［79］李玉泉，乔石. 大金融背景下保险欺诈的新特征和风险防范路径［J］. 保险研究，

2021（04）：121-127.

［80］赛铮. 刍议保险公司破产时保险金债权的优先清偿权——兼论我国《保险法》第91条之立法缺陷［J］. 南方金融，2020（11）：84-92.

［81］贾林青，贾辰歌. 互联网金融与保险监管制度规则的博弈——以保险监管制度的制度创设为视角［J］. 社会科学辑刊，2014（04）：71-75.

［82］周玉华. 民法典实施背景下保险法若干疑难问题研究［J］. 法学评论，2021（06）：1-15.

［83］初北平. 我国保险法因果关系判断路径与规则［J］. 中国法学，2020（05）：263-283.

［84］焦蕾. 保险行业软法规范对《保险法》的促进作用——以保险协会自律规范和指导性规范为研究进路［J］. 东南大学学报（哲学社会科学版），2018，20（S1）：130-132.

［85］陈兴良. 案例指导制度的法理考察［J］. 法制与社会发展，2012，18（03）：73-80.

二、著作

［1］张守文. 经济法总论［M］. 北京：高等教育出版社，2021.

［2］史际春. 经济法［M］. 3版. 北京：中国人民大学出版社，2015.

［3］邱本. 经济法总论［M］. 北京：法律出版社，2007.

［4］刘继峰. 经济法学［M］. 北京：中国政法大学出版社，2019.

［5］李昌麒. 经济法学［M］. 北京：法律出版社，2016.

［6］赵旭东. 中国对外贸易法律制度［M］. 北京：中国民主法制出版社，2020.

［7］孙晋，李胜利. 竞争法原论［M］. 2版. 北京：法律出版社，2020.

［8］董晓慧. 不正当竞争行为案例评选［M］. 北京：中国工商出版社，2020.

［9］刘继峰. 反不正当竞争法案例评析［M］. 北京：对外经济贸易大学出版社，2009.

［10］张守文. 经济法学［M］. 7版. 北京：北京大学出版社，2018.

［11］邹晓燕. 房地产法律制度［M］. 北京：化学工业出版社，2010.

［12］王晓晔. 反垄断法［M］. 北京：法律出版社，2011.

［13］理查德·A. 波斯纳. 反托拉斯法［M］. 孙秋宁，译. 北京：中国政法大学出版社，2003.

［14］让·梯若尔. 创新、竞争与平台经济［M］. 寇宗来，张艳华，译. 北京：法律出版社，2017.

［15］张守文. 经济法原理［M］. 2版. 北京：北京大学出版社，2020.

［16］孔祥俊. 反不正当竞争法新原理·原论+分论+总论［M］. 北京：法律出版社，2019.

［17］吕明瑜. 竞争法教程［M］. 3版. 北京：中国人民大学出版社，2021.

［18］杨紫烜. 经济法［M］. 5版. 北京：中国人民大学出版社，2015.

［19］王玉辉. 日本反垄断法的历史沿革与制度变迁［M］. 上海：上海三联书店，2021.

［20］王先林. 竞争法学［M］. 3版. 北京：中国人民大学出版社，2018.

［21］金泽良雄. 经济法概论［M］. 满达人，译. 甘肃：甘肃人民出版社，1985.

［22］阿莱克西·雅克曼，居伊·施郎斯. 经济法［M］. 宇泉，译. 北京：商务印书馆，1997.

［23］冀玮，明星星. 食品安全法实务精解与案例指引［M］. 北京：中国法制出版社，2016.

［24］宋亚辉. 虚假广告的法律治理［M］. 北京：北京大学出版社，2019.

［25］程远. 广告法理论与实务［M］. 北京：法律出版社，2018.

［26］董晓慧. 市场监督管理机关查处广告违法案件实务［M］. 北京：中国工商出版社，2018.

［27］水志东. 互联网广告法律实务［M］. 北京：法律出版社，2017.

［28］全国人大常委会法制工作委员会. 中华人民共和国广告法释义［M］. 北京：法律出版社，2015.

［29］韦恩·奥弗贝克. 媒介法原理［M］. 周庆山，等，译. 北京：北京大学出版社，2011.

［30］吴志攀. 金融法概论［M］. 5 版. 北京：北京大学出版社，2020.

［31］朱崇实，刘志云. 金融法学教程［M］. 4 版. 北京：法律出版社，2017.

［32］乔安妮·凯勒曼，雅各布·德汗，费姆克·德弗里斯. 21 世纪金融监管［M］. 张晓朴，译. 北京：中信出版社，2016.

［33］肖江平. 经济法学理研究与案例分析［M］. 北京：北京大学出版社，2014.

［34］朱锦清. 证券法学［M］. 4 版. 北京：北京大学出版社，2019.

［35］李东方. 证券监管法论［M］. 北京：北京大学出版社，2019.

［36］袁康. 互联网时代的证券业务创新与法律监管［M］. 北京：人民出版社，2020.

［37］李玉泉. 保险法学［M］. 3 版. 北京：中国金融出版社，2020.

［38］王静. 保险案件裁判精要［M］. 北京：法律出版社，2019.

［39］人民法院出版社法规编辑中心. 保险法司法解释及司法观点全编［M］. 北京：人民法院出版社，2020.

［40］肯尼斯. S. 亚伯拉罕. 美国保险法原理与实务［M］. 韩长印，等，译. 北京：中国政法大学出版社，2012.

外文类

一、论文

［1］Rosenberg Anat. Exaggeration：Advertising，Law and Medical Quackery in Britain，c. 1840-1914［J］. The Journal of Legal History，2021，42（2）.

［2］Hargous Carolina Venegas，Reyes Marcela，Taillie Lindsey Smith，González Carmen Gloria，Correction to：Consumption of non-nutritive sweeteners by pre-schoolers of the food and environment Chilean cohort（FECHIC）before the implementation of the Chilean food labelling and advertising law［J］. Nutrition journal，2020，19（1）.

［3］Daiana Quintiliano Scarpelli，Anna Christina Pinheiro Fernandes，Lorena Rodriguez Osiac，

Tito Pizarro Quevedo. Changes in Nutrient Declaration after the Food Labeling and Advertising Law in Chile: A Longitudinal Approach [J]. Nutrients, 2020, 12 (8).

［4］León Carlos, Miguélez Javier. Interbank relationship lending revisited: Are the funds available at a similar price? [J]. Research in International Business and Finance, 2021, 58.

［5］Li Ming, Sun Hang, Zong Jichuan. Intertemporal imitation behavior of interbank offered rate submissions [J]. Journal of Banking and Finance, 2021, 132.

［6］Abbassi Puriya, Bräuning Falk, Schulze Niels. Bargaining power and outside options in the interbank lending market [J]. Financial Management, 2020, 50 (2).

［7］Mitja Steinbacher, Timotej Jagrič. Interbank rules during economic declines: Can banks safeguard capital base? [J]. Journal of Economic Interaction and Coordination, 2020, 15 (2).

［8］Chen Hui, Jorgensen Bjorn N. Insider Trading, Competition, and Real Activities Manipulation [J]. Management Science, 2021.

［9］Loureiro Gilberto, Silva Sónia. The impact of securities regulation on the information environment around stock-financed acquisitions [J]. Journal of International Financial Markets, Institutions & Money, 2021, 73.

［10］Ergün Hilal Ok, Yalaman Abdullah, Manahov Viktor, Zhang Hanxiong. Stock market manipulation in an emerging market of Turkey: how do market participants select stocks for manipulation? [J]. Applied Economics Letters, 2021, 28 (5).

［11］Benjamin M. Blau, Todd G. Griffith, Ryan J. Whitby. On the Ethics of "Non-Corporate" Insider Trading [J]. Journal of Business Ethics, 2021.

［12］Kai Li. A Brief Talk on the Incontestable Clause in China's Insurance Law [J]. International Journal of Social Science and Education Research, 2021, 4 (3).

［13］Anifalaje Kehinde. Changing legal perspectives of the requirement of insurable interest in insurance contracts [J]. Commonwealth Law Bulletin, 2021, 47 (2).

［14］Bourgeon Jean-Marc, Picard Pierre. Insurance law and incomplete contracts [J]. The RAND Journal of Economics, 2020, 51 (4).

［15］Donatella Porrini. Risk Classification Efficiency and the Insurance Market Regulation [J]. Risks, 2015, 3 (4).

二、著作

Matthias Haentjens, Pierre Gioia Carabellese. European Banking and Financial Law [M]. 2nd ed. London & New York: Routledge, 2020.